职业院校汽车类专业人才培养改革创新示范教材

彩色图说汽车电器结构与维修

左效波 主 编

電子工業出版社
Publishing House of Electronics Industry
北京 • BEIJING

内 容 简 介

本书的主要内容有：汽车电工专用工具与测量仪表，蓄电池，汽车发动机起动系统，汽车发动机点火系统，汽车充电系统，仪表、信号与照明系统，汽车辅助电器装置。本书适合作为职业技术学校的教学用书和爱车族的参考书。

图书在版编目（CIP）数据

彩色图说汽车电器结构与维修 / 左效波主编 .— 北京：电子工业出版社，2015.6

ISBN 978-7-121-26348-4

Ⅰ . ①彩… Ⅱ . ①左 … Ⅲ . ①汽车－电气设备－构造－中等专业学校－教材 ②汽车－电气设备－车辆修理－中等专业学校－教材 Ⅳ . ① U472.41

中国版本图书馆 CIP 数据核字（2015）第 130322 号

策划编辑：杨宏利　　特约编辑：李淑寒

责任编辑：杨宏利

印　　刷：北京虎彩文化传播有限公司

装　　订：北京虎彩文化传播有限公司

出版发行：电子工业出版社

北京市海淀区万寿路 173 信箱　邮编 100036

开　　本：787×1 092　1/16　印张：12　字数：307.2 千字

版　　次：2015 年 6 月第 1 版

印　　次：2019 年 1 月第 3 次印刷

定　　价：39.50 元

凡所购买电子工业出版社图书有缺损问题，请向购买书店调换。若书店售缺，请与本社发行部联系，联系及邮购电话：（010）88254888，88258888。

质量投诉请发邮件至 zlts@phei.com.cn，盗版侵权举报请发邮件至 dbqq@phei.com.cn。

本书咨询联系方式：（010）88254592，bain@phei.com.cn。

前　言

随着我国工业化进程的加速、产业结构的调整和升级，对高质量技能人才的需求不断扩大。然而，技能人才短缺已是不争事实，并曰益严重。面对技能人才短缺现象，各职业技术学校和技术再培训机构快速做出反应，采取措施加大培养力度，鼓励各种社会力量倾力投入技能人才培训领域。

本书编写的要点是以彩色图说的方式，直观地把传统车用电器介绍给读者；从零起点学习和掌握汽车电工的基础知识，为进一步学习汽车电子控制技术、读懂有关汽车电子控制技术资料、掌握现代汽车电子控制系统的使用与维修打下良好基础。

本书编写特点：

（1）零起点，以彩图的方式对照普通汽车电器，适合汽车电气维修技术的初学者。

（2）突出汽车电器的结构、原理、检测与维修，便于对实际操作技能的掌握和运用。

（3）内容规范，依据最新《维修电工国家职业技能标准》（初级、中级）编写。

（4）图文并茂，全书提供彩色插图以辅助学习和理解，易于阅读和掌握。

本书由左效波主编，文艳宇、陈才连、邓宏霞、辛星、徐伯田参加了部分章节的编写，同时也参考了本类题材大量的优秀文献，使其内容更加丰富，知识范围更加全面，再此我们衷心表示谢意。

如果由于我们的疏忽，没有把在本书的编写过程中，给予我们很大帮助的朋友和参考了其文献的同仁在此予以致谢，那么我们会感到由衷的歉意。由于我们知识的欠缺，在本书中难免会出现不少的错误和不足，诚望各位读者及朋友提出宝贵的意见。

编者

2015.2

目　录

第1章 汽车电工专用工具与测量仪表

1. 螺钉旋具

螺钉旋具又称起子、改锥和螺丝刀，它是一种紧固和拆卸螺钉的工具。螺钉旋具的式样和规格很多，按头部形状可分为一字形和十字形两种，如图 1-1 所示。

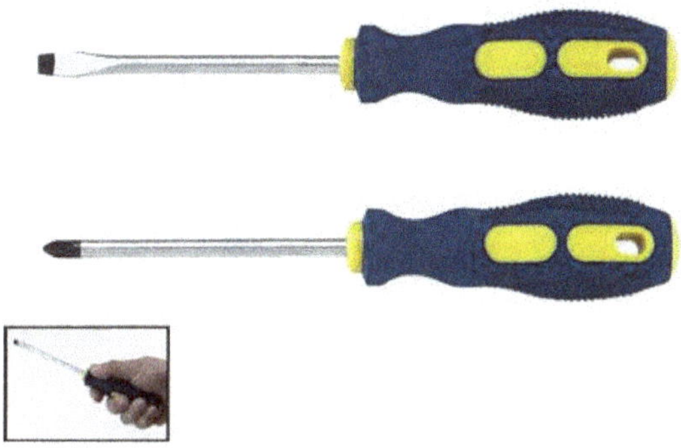

图 1-1 螺钉旋具

一字形螺钉旋具常用的有 50mm、100mm、150mm、200mm 等规格，电工必备的是 50mm 和 150mm 两种。

十字形螺钉旋具用于紧固或拆卸十字槽的螺钉，常用的有四种规格：Ⅰ号适用于直径为 2.0～2.5mm 的螺钉，Ⅱ号适用于 3～5mm 的螺钉，Ⅲ号适用于 6～8mm 的螺钉，Ⅳ适用于 10～12mm 的螺钉。

2. 钢丝钳

钢丝钳有绝缘柄和裸柄两种，如图 1-2 所示。绝缘柄钢丝钳为电工专用钳（简称电工钳），常用的有 150mm、175mm、200mm 三种规格。裸柄钢丝钳电工禁用。

图 1-2 钢丝钳

钢丝钳种类比较多，大致可以分为：专业日式钢丝钳、VDE 耐高压钢丝钳（VDE 是钳类的一级德国专业认证）、镍铁合金欧式钢丝钳、精抛美式钢丝钳、镍铁合金德式钢丝钳等。

常用的钢丝钳以6”、7”、8”为主，1in（英寸）=25mm（毫米）；按照中国人平均身高1.7m左右计算，7in（175mm）的用起来比较合适，8in的力量比较大，但是略显笨重，6in的比较小巧，剪切稍微粗点的钢丝就比较费力，5in的就是精巧的钢丝钳了。

3. 尖嘴钳

尖嘴钳又称修口钳、尖头钳、尖咀钳，它由尖头、刀口和钳柄组成，电工用尖嘴钳的材质一般是45#钢，类别为中碳钢，含碳量为0.45%，韧性硬度都合适。

尖嘴钳的头部尖细，如图1-3所示，适于在狭小的工作空间作业。尖嘴钳也有裸柄和绝缘柄两种。裸柄尖嘴钳电工禁用，绝缘柄的耐压强度为500V，常用的有130mm、160mm、180mm、200mm四种规格，握法与电工钳的握法相同。

图1-3　尖嘴钳

尖嘴钳的用途：钳柄上套有额定电压为500V的绝缘套管，它是一种常用的钳形工具，主要用来剪切线径较细的单股与多股线，以及给单股导线接头弯圈、剥塑料绝缘层等，能在较狭小的工作空间操作，不带刃口者只能夹捏工作，带刃口者能剪切细小零件，它是电工（尤其是内线电工）、仪表及电讯器材等装配及修理工作常用工具常用的工具之一。

4. 斜口钳

如图1-4所示，斜口钳主要用于剪切导线、元器件多余的引线，还常用来代替一般剪刀剪切绝缘套管、尼龙扎线卡等。

斜口钳功能以切断导线为主，$2.5mm^2$的单股铜线剪切起来已经很费力了，而且容易导致钳子损坏，所以斜口钳不宜剪切$2.5mm^2$以上的单股铜线和铁丝。在尺寸选择上以5”、6”、7”为主，普通电工布线时选择6”、7”，切断能力比较强，剪切不费力。线路板安装维修以5”、6”为主，使用起来方便灵活，长时间使用不易疲劳。4”的属于迷你钳子，只适合做一些小的工作。

斜口钳的刀口可用来剖切软电线的橡皮或塑料绝缘层。钳子的刀口也可用来切剪电线、铁丝。剪8号镀锌铁丝时，应用刀刃绕表面来回割几下，然后只须轻轻一扳，铁丝即断。铡口也可以用来切断电线、钢丝等较硬的金属线。电工常用的有150mm、175mm、200mm及250mm等多种规格。

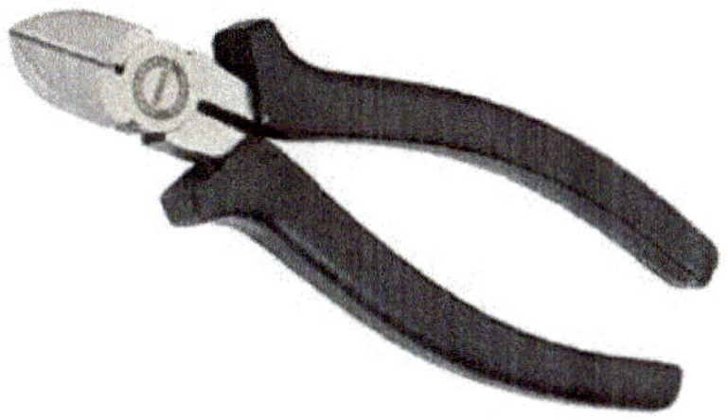

图 1-4　斜口钳

5. 鲤鱼钳

如图 1-5 所示，鲤鱼钳也称鱼嘴钳，用于加持扁形或圆柱形金属零件。使用鲤鱼钳可用钳口夹紧或拉动，也可在颈部切断细导线。

图 1-5　鲤鱼钳

鲤鱼钳因外形酷似鲤鱼而得名，其特点是钳口的开口宽度有两挡调节位置，可放大或缩小使用，主要用于夹持圆形零件，也可代替扳手旋小螺母和小螺栓，钳口后部刃口可用于切断金属丝，在汽修行业中运用较多。

6. 弯头钳

如图 1-6 所示，与尖嘴钳（不带刃口的）相似，适宜在狭窄或凹下的工作空间使用。

主要规格：分柄部不带塑料套和带塑料套，长度为 140mm、160mm、180mm、200mm。

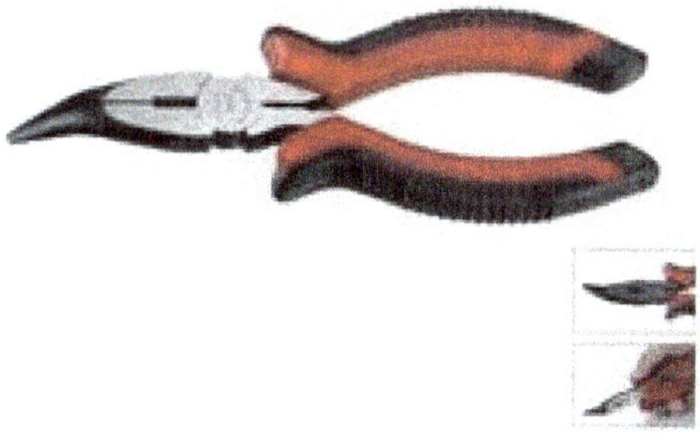

图 1-6　弯头钳

7. 剥线钳

剥线钳是剥削小直径导线接头绝缘层的专用工具。使用时，将要剥削的导线绝缘层长度用标尺定好，右手握住钳柄，用左手将导线放入相应的刃口槽中（比导线直径稍大，以免损伤导线），用右手将钳柄向内一握，导线的绝缘层即被割破拉开自动弹出，如图 1-7 所示。

剥线钳为内线电工、电动机修理、仪器仪表电工常用的工具之一，专供电工剥除电线头部的表面绝缘层。

剥线钳的规格分为 140mm、160mm、180mm（都是全长）。

图 1-7 剥线钳

使用方法：

（1）根据缆线的粗细型号，选择相应的剥线刀口。

（2）将准备好的电缆放在剥线工具的刀刃中间，选择好要剥线的长度。

（3）握住剥线工具手柄，将电缆夹住，缓缓用力使电缆外表皮慢慢剥落。

（4）松开工具手柄，取出电缆线，这时电缆金属整齐露出外面，其余绝缘塑料完好无损。

8. 电工刀

电工刀是电工常用的一种切削工具。普通的电工刀由刀片、刀刃、刀把、刀挂等构成。不用时，把刀片收缩到刀把内。刀片根部与刀柄相铰接，其上带有刻度线及刻度标识，前端有螺丝刀刀头，两面加工有锉刀面区域，刀刃上具有一段内凹形弯刀口，弯刀口末端形成刀口尖，刀柄上设有防止刀片退弹的保护钮。电工刀的刀片汇集有多项功能，使用时只需一把电工刀便可完成连接导线的各项操作，无须携带其他工具，具有结构简单、使用方便、功能多样等有益效果。

电工刀是用来剖削导线线头、切割木台缺口、削制木榫的专用工具，如图 1-8 所示。

图 1-8 电工刀

9. 电烙铁

电烙铁是钎焊（也称锡焊）的热源，规格有 15W、25W、45W、75W、100、300W 等多种。功率在 45 W 以上的电烙铁，通常用于强电元件的焊接，弱电元件的焊接一般使用功率在 15W、25W 等级的电烙铁。

1）电烙铁的分类

电烙铁有外热式和内热式两种，如图 1-9 所示。内热式的发热元件在烙铁头的内部，其热效率较高；外热式电烙铁的发热元件在外层，烙铁头至于中央的孔中，其热效率较低。

电烙铁的功率应选用适当，功率过大不但浪费电能，而且会烧坏弱电元件；功率过小，则会因热量不够而影响焊接质量（出现虚焊、假焊）。在混凝土和泥土等导电地面使用电烙铁，其外壳必须可靠接地，以免触电。

（a）外热式

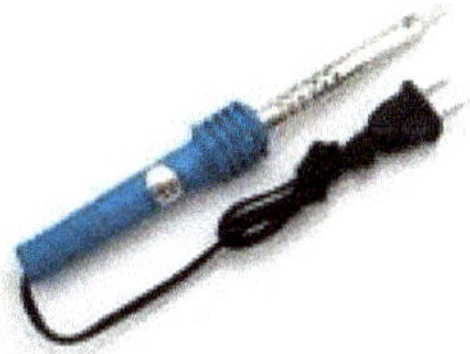

（b）内热式

图 1-9 电烙铁

2）钎焊材料的分类

钎焊材料分为焊料和焊剂两种。

（1）焊料是指焊锡或纯锡，常用的有锭状和丝状两种。丝状焊料称为焊锡条，通常在其中心包有松香，使用很方便。

（2）焊剂有松香、松香酒精溶液（松香 40%、酒精 60%）、焊膏和盐酸（加入适量锌，经过化学反应才可使用）等几种。松香适用于所有电子器件和小线径线头的焊接，松香酒精溶液适用于小线径线头和强电电路中小容量元件的焊接，焊膏适用于大线径线头的焊接和大截面导体表面或连接处的加固搪锡，盐酸适用于钢制件连接处表面搪锡或钢制件的连接焊接。

10. 双头呆扳手

如图 1-10 所示，为双头呆扳手，它是一种通用工具，是装配机床或备件及交通运输、农用机械维修必需的工具。

（1）呆头扳手规格：5.5mm、7mm、8mm、10mm、14mm、17mm、19mm、22mm、24mm、27mm、30mm、32mm、36mm、41mm、46mm、55mm、65mm。

（2）对应的螺母规格：M3、M4、M5、M6、M8、M10、M12、M14、M16、M18、M20、M22、M24、M27、M30、M36、M42。

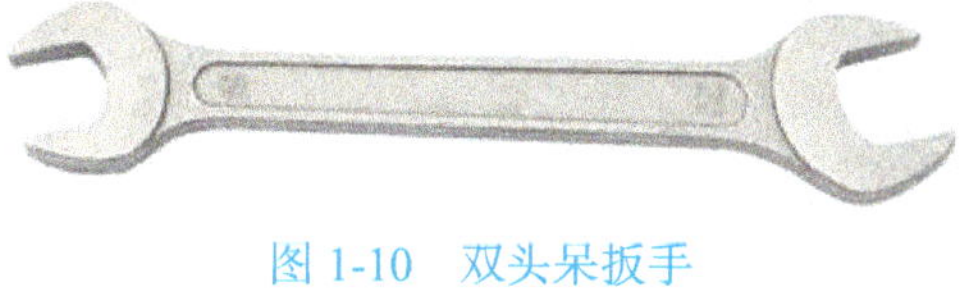

图 1-10 双头呆扳手

11. 高颈呆扳手

如图 1-11 所示。高颈呆扳手一般采用工具钢或者 40Cr 合金钢整体锻造而成，主要适用于工作空间狭小，不能使用普通扳手的场合。转角较小，可用于只有较小摆角的地方（只要转过扳手 1/2 的转角），且由于接解面大，可用于强力拧紧。

图 1-11　高颈呆扳手

12. 两用呆扳手

如图 1-12 所示，两用扳手是设备安装、装置及设备检修、维修工作中的必需工具。两用扳手分为公制和英制两种。两用扳手主要采用 45 号中碳钢或 40Cr 合金钢整体锻造加工制作，方便易用且使用寿命较长。

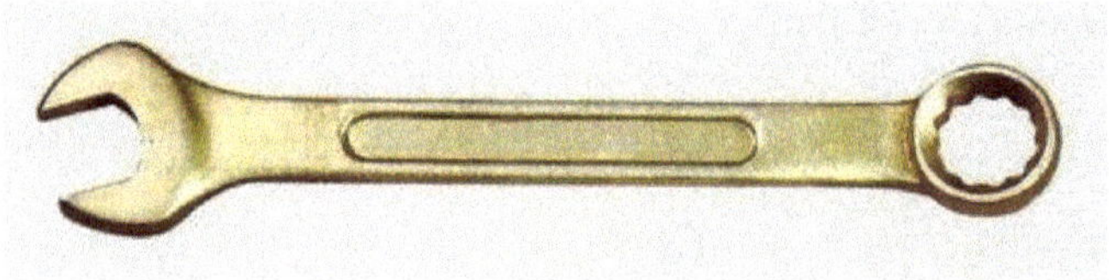

图 1-12　两用呆扳手

（1）常用的扳手规格：7mm、8mm、10mm、14mm、17mm、19mm、22mm、24mm、27mm、30mm、32mm、36mm、41mm、46mm、55mm、65mm。

（2）对应螺纹规格：M4、M5、M6、M8、M10、M12、M14、M16、M18、M20、M22、M24、M27、M30、M36、M42。

13. 内六角扳手

内六角扳手也叫艾伦扳手，如图 1-13 所示。它体现了内六角扳手和其他常见工具（比如一字螺丝刀和十字螺丝刀）之间最重要的差别，它通过扭矩施加对螺钉的作用力，大大降低了使用者的用力强度。可以这么说，在现代家具工业所涉及的安装工具中，内六角扳手虽然不是最常用的，但却是最好用的。

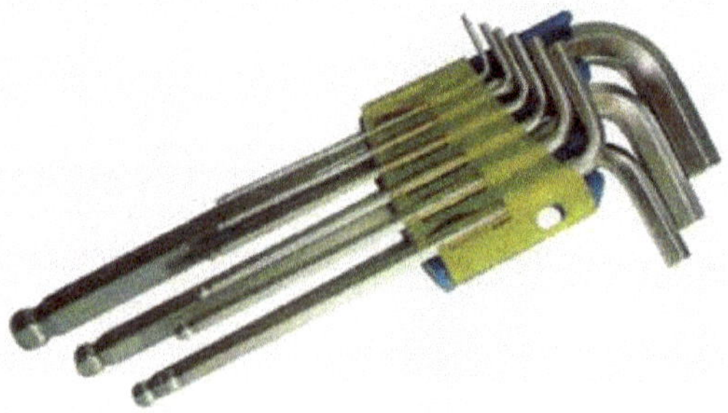

图 1-13　内六角扳手

（1）内六角扳手规格：2mm、2.5mm、3mm、4mm、5mm、6mm、7mm、8mm、10mm、12mm、14mm、17mm、18mm、22mm、24mm、27mm、32mm、36mm。

（2）内六角扳手规格代号：T30、T40、T50、T60、T80。

（3）内六角扳手的规格与螺钉规格对照：4#，M5；5#，M6；6#，M8；8#，M10；10#，M12；12#，M14，M16；14#，M16，M20；17#，M20；19#，M24；22#，M30；27#，M36。

14. 勾形扳手

勾形扳手又称月牙形扳手，俗称勾扳子，如图 1-14 所示，用于拧转厚度受限制的扁螺母等，专用于拆装车辆、机械设备上的圆螺母，卡槽分为长方形卡槽和圆形卡槽，使用优质合金钢经高温锻打而成，强度高、耐磨。

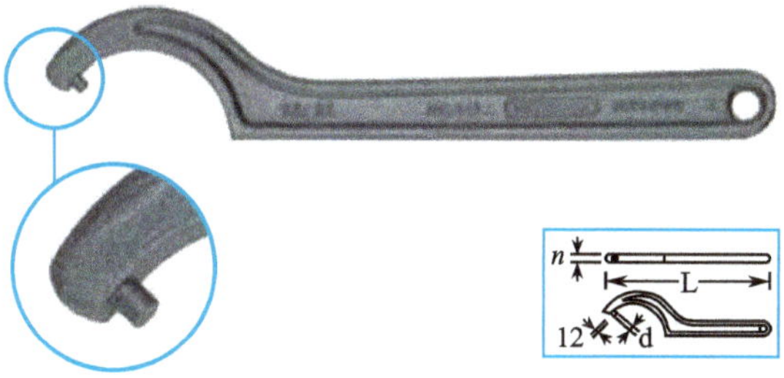

图 1-14 勾形扳手

15. 梅花扳手

梅花扳手两端呈花环状，其内孔由两个正六边形相互同心错开 30° 而成，如图 1-15 所示。很多梅花扳手都有弯头，常见的弯头角度为 10° ～45° ，从侧面看旋转螺栓部分和手柄部分是错开的。这种结构方便于拆卸装配在凹陷空间的螺栓、螺母，并可以为手指提供操作间隙，以防止擦伤。在补充拧紧和类似操作中，可以使用梅花扳手对螺栓或螺母施加大扭矩。梅花扳手有各种大小，使用时要选择与螺栓或螺母大小对应的扳手。因为扳手钳口是双六角形的，可以容易地装配螺栓 / 螺母，这样可以在一个有限空间内重新安装。

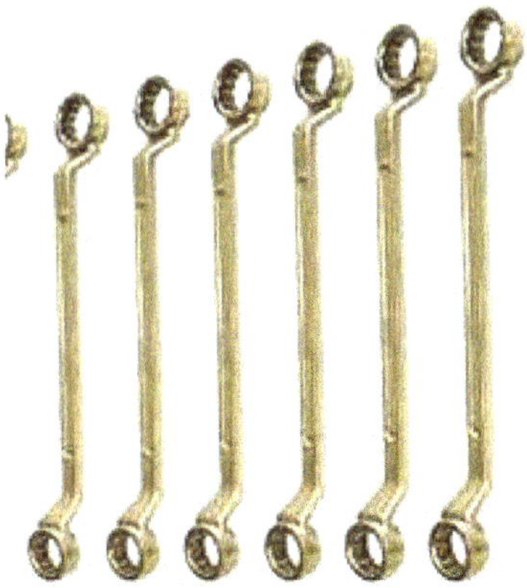

图 1-15 梅花扳手

梅花扳手规格：8×10、10×12、12×14、14×17、16×18、17×19、19×22、22×24、24×27、27×30、30×32、32×34、32×36、34×36、36×38、36×41、38×41、41×46、

46×50、50×55、55×60、60×65、65×70、70×75 共 24 种规格。

16. 套筒扳手

如图 1-16 所示，套筒扳手由多个带六角孔或十二角孔的套筒，以及手柄、接杆等多种附件组成，特别适用于拧转地位十分狭小或凹陷很深处的螺栓或螺母。

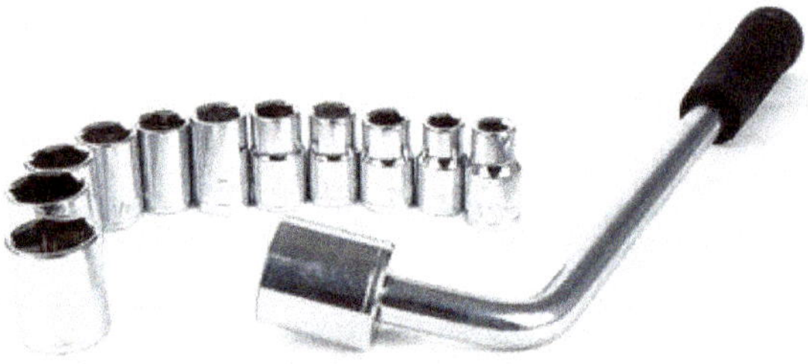

图 1-16　套筒扳手

1）套筒扳手规格（单位：mm）

（1）1/4 系列的方口 6 角短套筒的规格公制计算：4-4.5-5-5.5-6-6.5-7-8-9-10-11-12-13-14。

（2）3/8 系列的方口 6 角短套筒的规格公制计算：6-7-8-9-10-11-12-13-14-15-16-17-18-19-20-21-22-23-24。

（3）1/2 系列的方口 6 角短套筒的规格公制计算：8-9-10-11-12-13-14-15-16-17-18-19-20-21-22-23-24-27-30-32。

2）主要应用

其用于螺母端或螺栓端完全低于被连接面，且凹孔的直径不能用于开口扳手或活动扳手及梅花扳手，就用套筒扳手，另外就是螺栓件空间限制，也只能用套筒扳手。

17. 火花塞扳手

它是一种用于手工拆装火花塞的专用工具，如图 1-17 所示，使用时，根据火花塞的装配位置和火花塞六角的尺寸，选用不同高度和径向尺寸的火花塞套筒。拆装火花塞时，应套正火花塞套筒再扳转，以免套筒滑脱。扳转火花塞套筒时，不准随意加长手柄，以免损坏套筒。

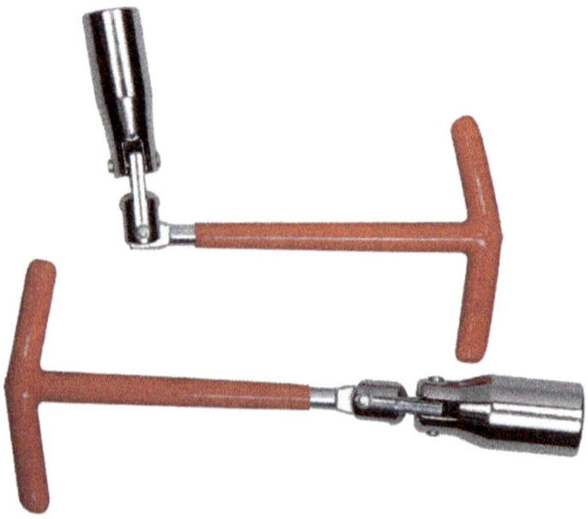

图 1-17　火花塞扳手

18. 轴承拉拔器

轴承拉拔器是将内轴承从轴承座内取出的装置，如图 1-18 所示，是一种内装轴承拉拔器，其包括安装板、拉力螺栓和通丝螺栓；有不少于两个的拉力螺栓，每个拉力螺栓的底部有能挂住内装轴承底部的拉爪，在每个拉力螺栓上安装有紧固螺母，在安装板的中部有不少于一个的长孔，长孔的宽度大于拉力螺栓的直径，每个拉力螺栓的下端穿过长孔并伸到安装板的下方，紧固螺母能卡在长孔处的安装板上，在长孔外侧的安装板上固定有不少于两个的定位螺母。它结构合理而紧凑，能快速、方便地拆取不同直径、长度的石墨和碳化硅轴承，而且在拆取时不会对内轴承造成损伤，因而极大地降低了因内轴承损坏造成的产品成本的增加，也极大地提高了拆取内轴承的工作效率。

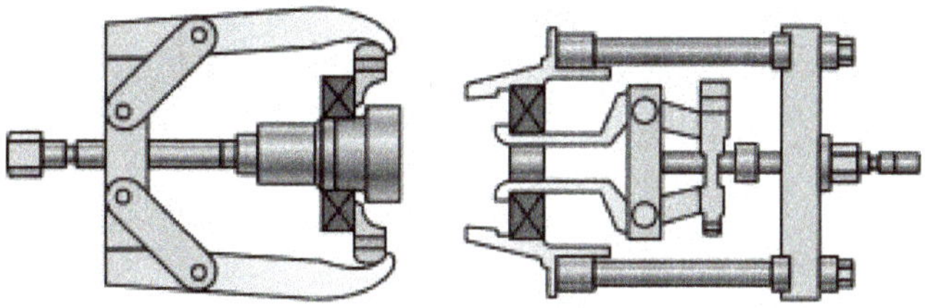

图 1-18 轴承拉拔器

19. 蓄电池跨接电缆线（正、负线）的用途

蓄电池跨接电缆线（正、负线）的应急使用步骤如下，如图 1-19 所示。

（1）将具有完好（已充电）蓄电池的车辆，放在跨接电缆能够连接车辆的位置。

（2）关闭两车点火开关、所有灯和所有电负载。如果跨接起动时有其他车辆或工作区需要照明，则保持危险警告灯启亮。

（3）将两车的驻车制动器拉紧。

注意：为避免损坏车辆，确保电缆不接触或靠近皮带轮、风扇或其他发动机起动时运转的零件。

（4）将自动变速驱动轿挂在驻车挡，将手动变速驱动桥挂空挡。

注意：禁止使用绝缘皮松动或缺少的电缆，以免伤人。

（5）将第一条跨接电缆（红线）一端卡在蓄电池正极端子上。确保不接触任何其他金属件。将电缆另一个端卡在另一蓄电池正极端子上。

注意：禁止将电缆直接连接到已放电的蓄电池负极端子上，以免伤人。否则会产生火花，并可能导致蓄电池爆炸。

（6）将第二条电缆（黑线）一端卡在升压蓄电池负极端子上。最终连接发动机搭铁（如发动机提升架），距离放电蓄电池至少 450mm。

（7）起动蓄电池正常的车辆发动机，使发动机中速运行几分钟。然后，起动放电蓄电池车辆发动机。

（8）按与上述相反的顺序，拆卸跨接电缆。先从放电蓄电池车上拆卸蓄电池负极电缆。

在拆卸每个卡箍时，避免接触任何其他金属，因为电缆另一端仍在连接。

注意：

（1）在跨接起动时，需要注意跨接线要有足够的线径，以防电流过大烧坏，一般最好用 $16mm^2$ 的多股铜芯软线。

（2）在跨接起动时搭铁线不能直接压上去，最好先试碰一下看火花大小，可以先看一下电流大小，以防止连接上后出现电流过大的问题。

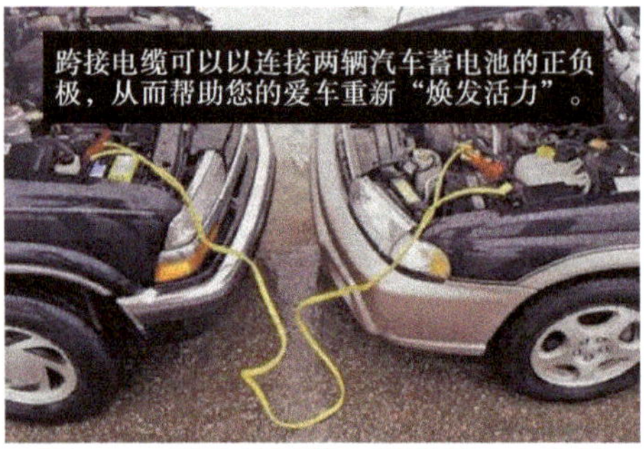

图 1-19　蓄电池跨接电缆线的应急使用

20. 车用试电笔

如图 1-20 所示，为车用低电压试电笔。

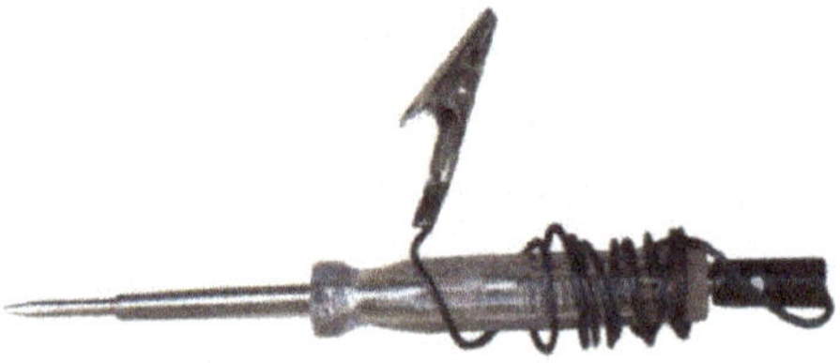

图 1-20　车用低电压试电笔

如图 1-21 所示，使用时把试电笔的测量夹子夹在车体搭铁，另一端的试电笔接触需要测量的电路接触点，如果此点的电路没断路处，试电笔的小指示灯亮；如果此点的电路有断路处，试电笔的小指示灯不亮。

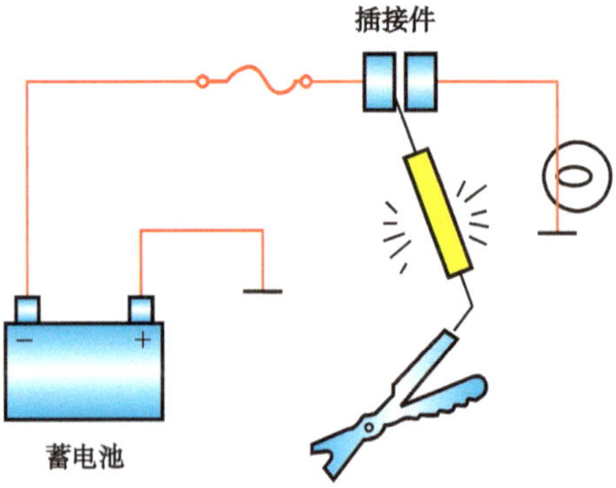

图 1-21　汽车低压电路测量方法

21. 点火正时灯的用途

点火正时灯的基本用途是检查与曲轴位置相关的点火正时，如图 1-22 所示。发动机以一定的怠速转速运转时，正时灯会连续闪光，且闪光频率与发动机转速同步。因此，利用正时灯连续闪亮的灯光去照射发动机上的正时记号，就可以看清飞轮或正时齿带上面的点火提前刻度线。与上止点标记对齐的刻度线所示的值，即为发动机的点火正时提前角。点火正时提前角应与发动机规定的值相同，否则应予以调整。

对分电器式点火系统，可拧松分电器的固定螺母并左右转动其外壳进行调整；对无分电器的直接点火系统，则必须通过旋转曲轴位置传感器与转角传感器本体的方法予以调整。

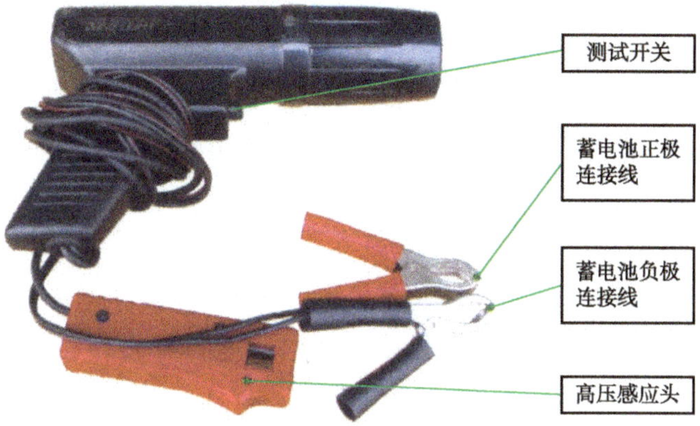

图 1-22　点火正时灯外形

汽车点火正时灯是用来动态测量汽油发动机点火提前角的专用仪器。点火正时灯一般由点火传感器、闪光灯触发电路、闪光灯或者添加开关电路、延迟电路和测量仪表等几部分组成。

（1）测量时将传感器较粗的一根线夹夹在第一缸火花塞的高压线上，再用两细接头电源线分别接到蓄电池的“+”、“−”极上，使仪表接上直流电源。

（2）使用时要使发动机处于怠速运转状态。

（3）打开指示灯。用正时闪光灯照射发动机上面的正时记号，随着灯光闪烁，观察正时标记，在规定转速下，点火提前角应符合原厂标准，否则应进行调整。

（4）对于可调延时式点火正时灯，它能够在动态测试中改变正时记号的相对位置，只要曲轴或者飞轮上有一个上止点记号，就可以调整旋钮精确地测量出点火提前角 。

22. 比重计的用途

蓄电池液比重计 TB-1 是测量电解液浓度的小型精密光学仪器，如图 1-23 所示，其基本原理是应用全反射临界角法测量溶液的折射率，进而标定出所测液体的浓度及其性能。蓄电池液比重计 TB-1 可测量铅酸蓄电池电解液的比重。内附温度补偿装置，保证 0~50℃环境温度下测量准确，精度为 0.01。

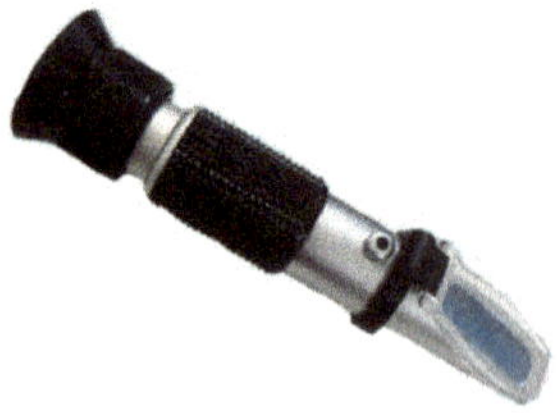

图 1-23　蓄电池液比重计 TB-1 外形

23. 蓄电池单格式高率放电计的用途

测量时，将它的两叉尖压在单格电池的两极上放电，观察电压表读数。由于不同厂牌放电计的负载电阻不同，放电电流和电压表读数也不同，应根据电压表的读数对照放电计背面的说明，判断蓄电池的放电程度，如图 1-24 所示。

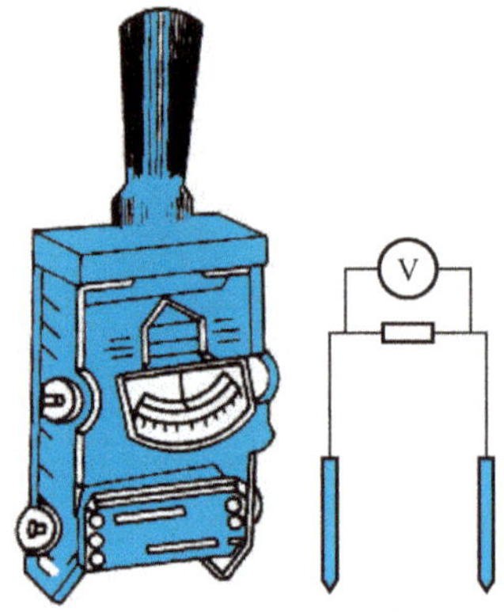

图 1-24　蓄电池单格式高率放电计

24. 蓄电池 12V 整体式高率放电计的用途

12V 整体式高率放电计可测量蓄电池，如图 1-25 所示，实际上是使蓄电池在大电流放电情况下，测量它的端电压。

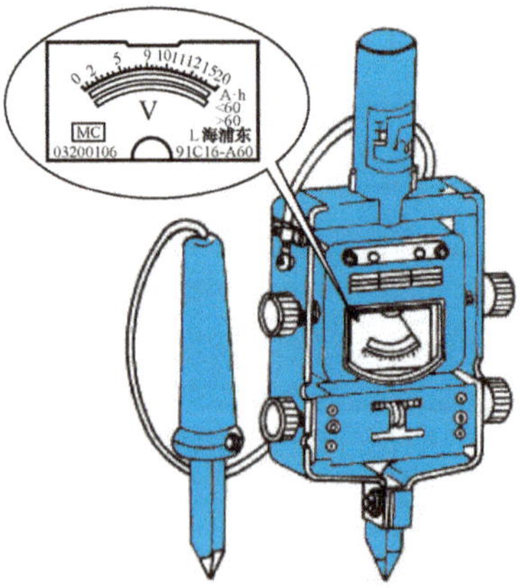

图 1-25　蓄电池 12V 整体式高率放电计

25. 数字式万用表的功能

在使用数字万用表时，将电源开关钮“ON—OFF”撤向“ON”一侧，接通电源。用“ZEROADJ”旋钮调零校准，使显示屏显示“000”。用功能转换开关选择被测量的类型和量程。功能开关周围字母和符号的含义：“DCV”表示直流电压，“ACV”表示交流电压，“DCA”表示直流电流，“ACA”表示交流电流，“Ω”表示电阻，“→|→”表示二极管测量、“C”表示电容，“JI”表示音响通断检查（与二极管测量同一位置）等，如图1-26所示。

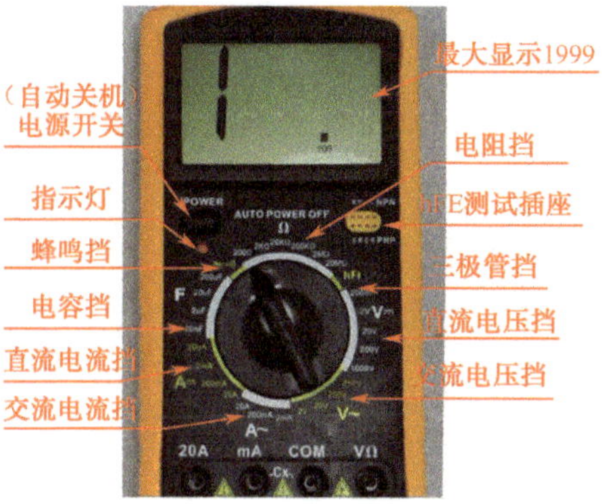

图1-26　DT9205数字式万用表

26. 数字式万用表对直流电压的测量方法

如图1-27所示，测量时，将黑色表笔插入标有“COM”符号的插孔中，红色表笔插入标有“V/Ω”符号的插孔中，并将功能开关旋于“DCV”的适当位置，两表笔跨接在被测负载或电源的两端。在显示屏上显示电压读数的同时，还指示红色表笔的极性。

（a）选择直流电压测量挡　　（b）正向测量直流电压

图1-27　直流电压的测量方法

注意：

（1）如果只在高位显示“1”，则表明测量已超过量程，应将量程调至高挡。

（2）测试高压时，严禁接触高压电路（如阴极射线管的电极等）。

27. 数字式万用表对交流电压的测量方法

如图 1-28 所示，测量时，将黑色表笔插入标有“COM”符号的插孔中，红色标笔插入标有“V/Ω”符号的插孔中，并将功能开关旋于“ACV”的适当位置，两表笔跨接在被测负载或电源的两端。

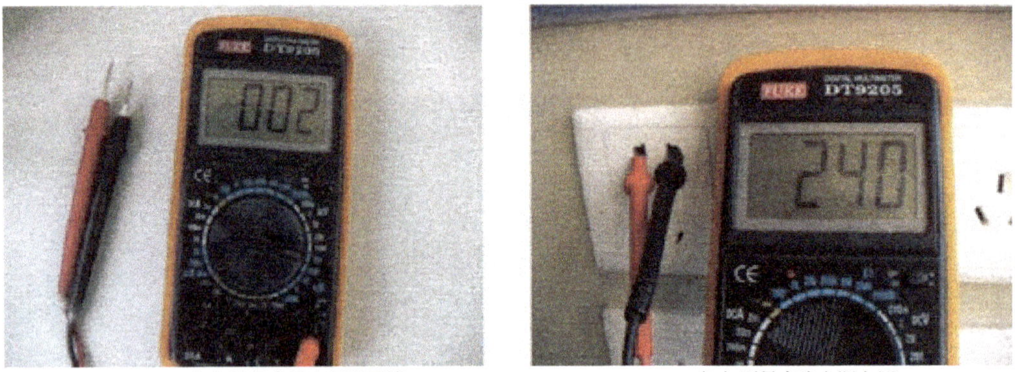

（a）选择交流电压测量挡　　（b）测量交流电源电压

图 1-28　交流电压的测量方法

28. 数字式万用表对直流电流的测量方法

如图 1-29 所示，当被测最大电流为 200mA 时，将黑色表笔插入标有“COM”符号的插孔中，红色表笔插入标有“A”符号的插孔中。如果被测最大电流为 10A，则红色表笔插入 10A 孔中；功能开关置于 DCA 量程范围内，并且两表笔串入被测电路中。红色表笔的极性将在数字显示的同时指示出来。

标有警告符号的插孔，最大输入电流为 200 mA 或 10A（按插孔分），200 mA 挡装有熔丝，但 10A 挡不设熔丝。

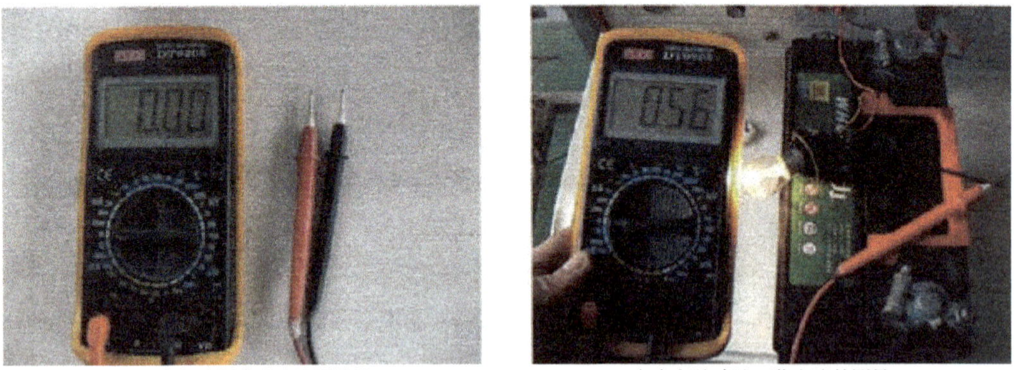

（a）选择直流电流测量挡　　（b）灯泡直流工作电流的测量

图 1-29　直流电流的测量方法

29. 兆欧表的正确使用

兆欧表又称摇表，是专门用来测量电气线路和各种电气设备绝缘电阻的便携式仪表。它的计量单位是兆欧（MΩ），所以叫做兆欧表，如图 1-30 所示。

兆欧表的主要组成部分是一个磁电式流比计和一只手摇发电机。发电机是兆欧表的电源，可以采用直流发电机，也可以用交流发电机与整流装置配用。直流发电机的容量很小，但电压很高（100～500V），磁电式流比计是兆欧表的测量机构，由固定的永久磁铁和可在磁场中转动的两个线圈组成。

当用手摇动发电机时，两个线圈中同时有电流通过，在两个线圈上产生方向相反的转矩，表针就随这两个转矩的合成转矩的大小而偏转某一角度，这个偏转角度取决于上述两个线圈中电流的比值。由于附加电阻的阻值是不变的，所以电流值取决于待测电阻值的大小。

值得一提的是，兆欧表测得的是在额定电压作用下的绝缘电阻值。万用表虽然也能测得数千欧的绝缘电阻值，但它所测得的绝缘电阻，只能作为参考。因为万用表所使用的电池电压较低，绝缘材料在电压较低时不易击穿，而一般被测量的电气线路和电气设备均要在较高电压下运行，所以，绝缘电阻只能采用兆欧表来测量。

兆欧表的接线柱有三个，一个为“线路”（L），一个为“接地”（E），还有一个为“屏蔽”（G）。测量电力线路或照明线路的绝缘电阻时，“L”接被测线路，“E”接地线。测量电缆的绝缘电阻，为使测量结果准确，消除线芯绝缘层表面漏电所引起的测量误差，还应将“G”接线柱引线接到电缆的绝缘层上。

图 1-30 兆欧表

用兆欧表摇测电气设备对地绝缘电阻时，其正确接线应该是“L”端子接被试设备导体，“E”端子接地（即接地的设备外壳），否则将会产生测量误差。

使用注意事项：

（1）测量设备的绝缘电阻时，必须先切断设备的电源。

（2）兆欧表应放在水平位置，在未接线之前，先摇动兆欧表看指针是否在“∞”处，再将“L”和“E”两个接线柱短路，慢慢地摇动兆欧表，看指针是否指在“零”处（对于半导体型兆欧表不宜用短路校验）。

（3）兆欧表引线应用多股软线，而且应有良好的绝缘。

（4）在摇测绝缘时，应使兆欧表保持额定转速，一般为 120r/min。当被测物电容量较大时，为了避免指针摆动，可适当提高转速（如 130r/min）。

（5）被测物表面应擦拭洁净，不得有污物，以免漏电影响测量的准确度。

（6）兆欧表的测量引线不能绞在一起。

（7）测量绝缘电阻时，要遥测 1min。

30. 汽车电路检测仪的功能

汽车电路故障检测仪，如图 1-31 所示，可在电线胶皮表面准确测出电线内部各种故障和电压。

（1）前端带有查找线路的独特探钩，在电线胶皮表面能准确测出电线内部各种故障和电压信号。

（2）具备万用表的功能（电压、电阻、二极管、蜂鸣器等）。

（3）有多个测试试灯。

（4）可以测试脉冲信号功能和进行极性判断。

（5）有高亮度照明灯。

（6）检测接触不良和老化线路。

（7）便于汽车电路狭小空间内操作。

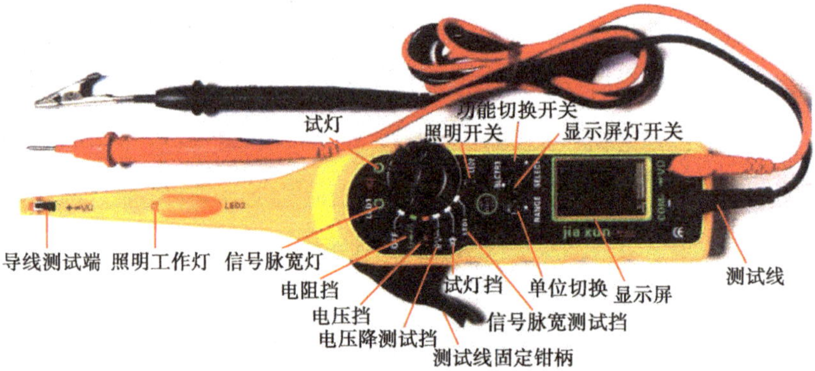

图 1-31　汽车电路检测仪

31. 汽车电路检测仪对电器线路安装的检查

在汽车电器的安装过程中要找到很多的电器控制线和信号线，如用普通万用表和测试灯检查寻找，必须要把电线破皮后才能查找，即不方便又会损伤电线。如图 1-32 所示，用汽车电路检测仪查找时，只要用它的探测钩钩住电线后扣动检查扳机，就能在电线不破皮的情况下，准确地查找出所需要的控制线，使电器的安装过程即简便又快捷。

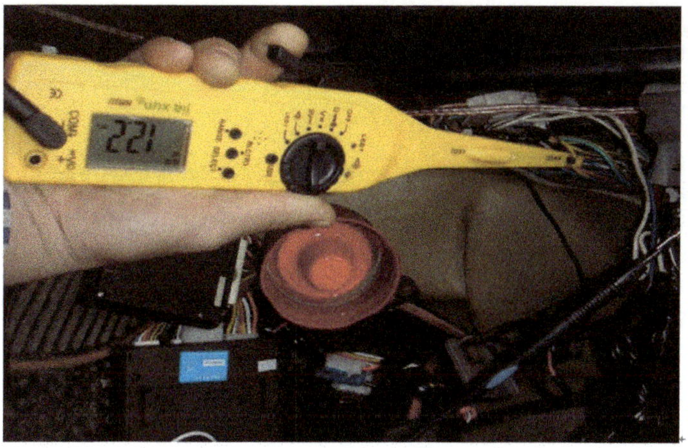

图 1-32　对电线的查找

32. 汽车电路检测仪对电线老化的查找

这个挡位是专门检测接触不良和线路老化的，如图 1-33 所示，测试前先把黑表笔鱼夹搭铁，将检测仪的功能选择旋转开关调到“试灯兼万用表电压”挡，用探测钩钩住被测量的电线，再扣动检测仪扳机探头向前抵住电线，如测得电线前端电压为 12V 正常电压值，再测后端电线电压“液晶显示”为 10V，表示此处电线老化。

图 1-33　对电线老化的查找

33. 汽车电路检测仪“试灯”挡位的应用

（1）首先将黑表笔搭铁（接地），将检测仪的功能选择旋转开关调到“试灯”挡。如图 1-34 所示，用探测钩钩住被测量的电线，再扣动检测仪扳机探头向前抵住电线，如电线内有 12V 电源电压，试灯应当亮起。

（2）测试汽车电路的短路及断路。

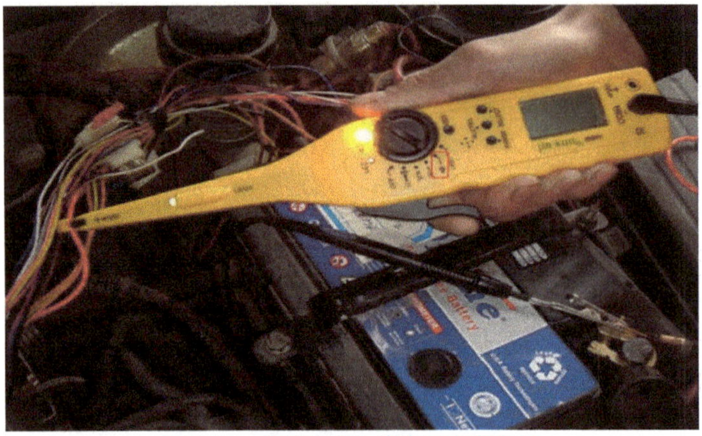

图 1-34　测量汽车电线有无电源电压

34. 汽车电路检测仪电压测量挡位的应用

（1）首先将黑表笔搭铁（接地），将检测仪的功能选择旋转开关调到“电压”测量挡。如图 1-35 所示，用探测钩钩住被测量的电线，再扣动检测仪扳机探头向前抵住电线，如果电线里有电，“液晶显示”会显示出电线中的准确电压（直流电压测量范围为 0～60V）。

（2）按下功能切换键（SELECT），液晶显示屏上会显示出交流（AC）符号，就能测量出 0～380V 的交流电压。

图 1-35　测量电线内电压

35. 汽车电路检测仪在狭小空间内的测量操作

（1）在狭小的空间里肢体无法动作时，用普通的测试工具测量，必须把四周部件拆除，才能进行测量，增大了维修检查的工作量。

（2）如图 1-36 所示，汽车电路检测仪在狭小的空间或光线暗淡的情况下，可以照常进行测量检查。因为它有前端的测量钩，另带有高强度的照明灯（LED），不需要拆除任何部件可以直接进行现场故障点检测。

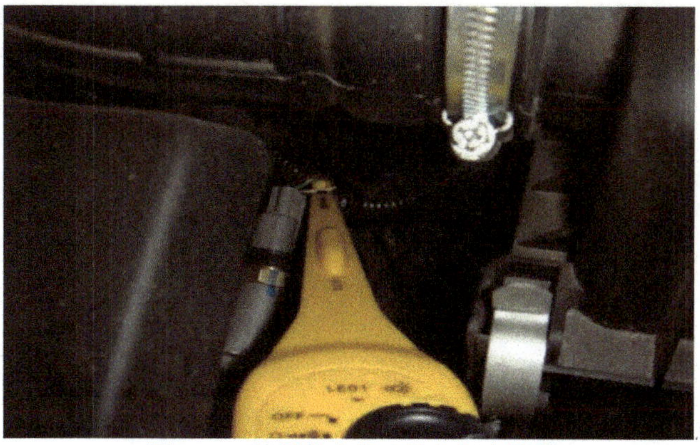

图 1-36　检测仪在狭小的空间内检测

36. 汽车电路检测仪在夜间的操作

在维修汽车线路时，经常会遇到夜间或灯光暗淡的操作环境，在使用普通工具时操作相当麻烦。如图 1-37 所示，在使用线路检测仪时不需要其他的照明器材，同时还可以当手电筒使用。

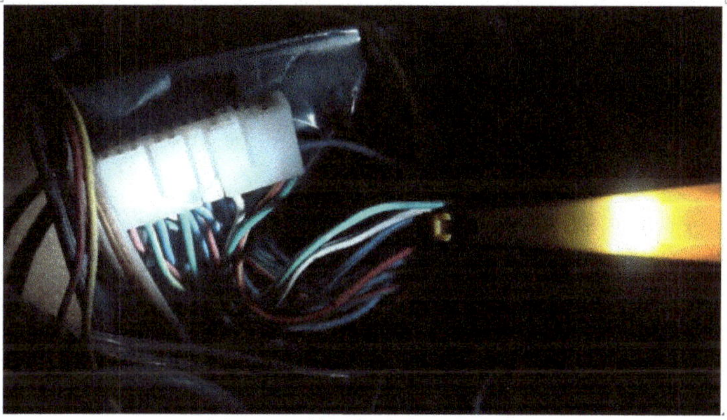

图 1-37　检测仪在夜间的操作

37. 汽车电路检测仪测量线路通断的应用

（1）如图 1-38 所示，首先将黑表笔搭铁（接地），将检测仪的功能选择旋转开关调到“试灯”挡位，用探测钩钩住被测量的电线，再扣动检测仪扳机探头向前抵住电线，如电线有电时其发光二极管及试灯应该亮。

（2）测量汽车线路的短路、断路情况。

（3）测试汽车点火系统。

（4）测试发电机。

（5）测试充电系统。

（6）测试元件信号的通断。

（7）适用于脉冲信号、车速传感器信号的测试。

图 1-38　线路检测仪对线路通断的测试

38.KT600 综合智能诊断仪的功能

KT600 综合智能诊断仪是集多种功能于一体的新型诊断设备，如图 1-39 所示，KT600 综合智能诊断仪的上、下端接口如图 1-40 所示。它包含了大多数原厂通信协议及控制器局域网（CAN）的通信协议，可扩充性强。配备超大容量的 CF 卡，可随意扩充升级程序，实时保存诊断结果。带有精密的微型打印机，可实时打印诊断报告。彩色大屏幕，触摸屏操作，非常直观明了。实时检测点火系统、传感器、执行器等波形，为准确判断汽车故障提供强有力的支持。可以把诊断、示波、存储、升级方式等功能按照自己的需要任意组合。例如可选择配置三通道示波器，也可选择五通道示波器。可对汽车智能 ID 钥匙进行检测和诊断，具有编程器的数据芯片读写分析功能，可直接访问汽车电脑数据，并对汽车电脑数据进行分析，实现对汽车电脑的高级访问与控制功能。配备压力接头和温度探头后具有压力和温度测量功能，相当于 4 通道压力表和 4 通道温度表。

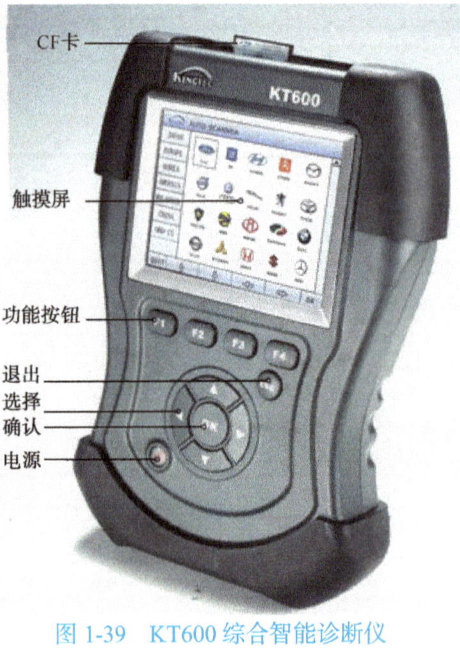

图 1-39　KT600 综合智能诊断仪

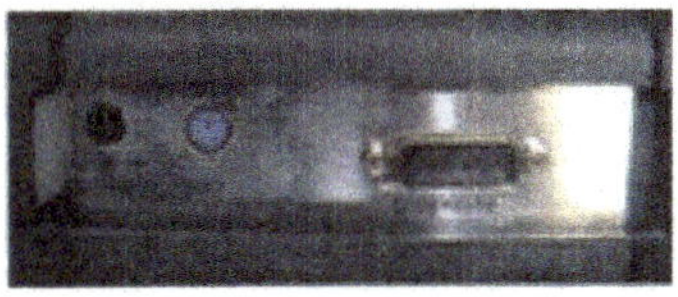

（a）上端端口

（b）下端端口

图 1-40　综合智能诊断仪的上、下端接口

39.KT600 综合智能诊断仪应用

1）测试条件

（1）汽车蓄电池的电压为 12V（DC），KT600 综合智能诊断仪的额定工作电压为 12V（DC）。

（2）发动机的点火正时和怠速要在标准值，冷却水温度为 90～110℃，变速箱润滑油温度为 50～80℃。

（3）发动机节气门在怠速状态（关闭）。

2）KT600 综合智能诊断仪的接入

（1）将 KT600 综合智能诊断仪连接线插头正确插入车上的连接插槽，如图 1-41 所示。

（2）将 KT600 综合智能诊断仪测试线另一端与诊断仪测试接口连接，如图 1-42 所示。

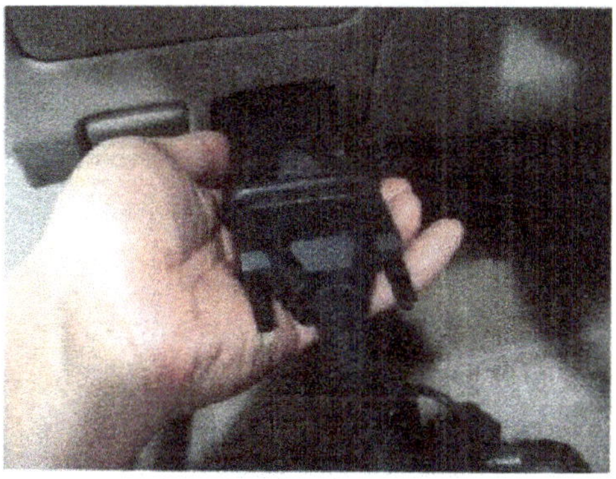

图 1-41　连接随车插槽

图 1-42　连接诊断仪测试接口

在确定 KT600 综合智能诊断仪连接好后，具体操作要详细阅读随机产品使用说明书。

40.FCAR-F3-G 汽车诊断仪的功能

该汽车故障诊断仪有 9 大诊断功能，包括如下测试项，在每一个测试项目完成后按“菜单键”进行数据的保存，以备后续进行历史记录的查询。

（1）读故障码：如图 1-43 所示，为汽车故障诊断仪显示屏图片。读取存储在引擎系统中的故障码和故障码详细信息，并针对读出的故障码给出故障产生的原因及维修指导信息。

（2）清除故障码：清除系统中的所有故障码。

（3）动态数据流：阅读所有和 ECU 系统相关的运行参数。

（4）冻结帧数据：当出现与排放相关的故障时，ECU 会设置故障码，同时也会记录故障发生瞬间的车辆运行状态信息，以确认故障，这些记录的信息称为冻结帧。

（5）准备测试：用于检测汽车当前的准备测试状态，在诊断软件界面按“准备测试”，屏幕显示本车支持该类测试的状态。

① 支持且完成：表示本车支持该类测试并已完成。

② 支持但未完成：表示本车支持该类测试但尚未完成。

③ 不支持：表示本车不支持该类测试。

（6）车辆信息：读取车辆的信息，如车辆识别号码（VIN）、校准标识（CALID）和校准验证号（CVN）。

（7）传感器测试：这项是为了氧传感器监控测试结果的访问（相同的信息可以通过使用模式 6 测试）。

（8）模式 6 测试：这项是允许特定组件，在不连续检测时的检测结果。

（9）蒸发排放系统泄漏测试：这项的目的是利用外部测试设备，测试组件的运行。

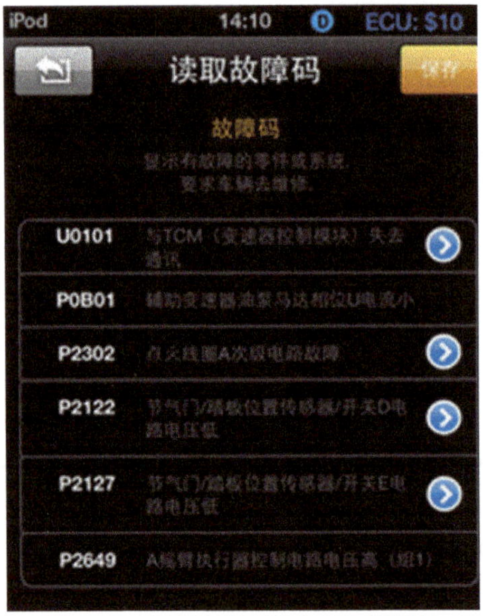

图 1-43　汽车故障诊断仪显示屏图片

41. 汽车故障诊断仪仪表板功能

汽车故障诊断仪仪表板功能，如图 1-44 所示。

（1）怠速模式：控制模块电压、进气流量、冷却液温度、点火提前角即时油耗（静态）、平均油耗，可以自己设置仪表，显示驾驶需要的数据。

（2）巡航模式：车速、车辆行驶时间、车辆行驶的平均时速、连续行驶里程、瞬时油耗（动态），可以自己设置仪表，显示驾驶需要的数据。

（3）竞技模式：可显示发动机转速、车速、水温、即时油耗、加速度等数据，并可设置仪表数据。

（4）性能模式：可显示车速、功率、扭矩及马力数据，并可设置仪表数据。

图 1-44　汽车故障诊断仪仪表板功能显示屏

42. 汽车故障诊断仪诊断设置

汽车故障诊断仪诊断设置，如图 1-45 所示。

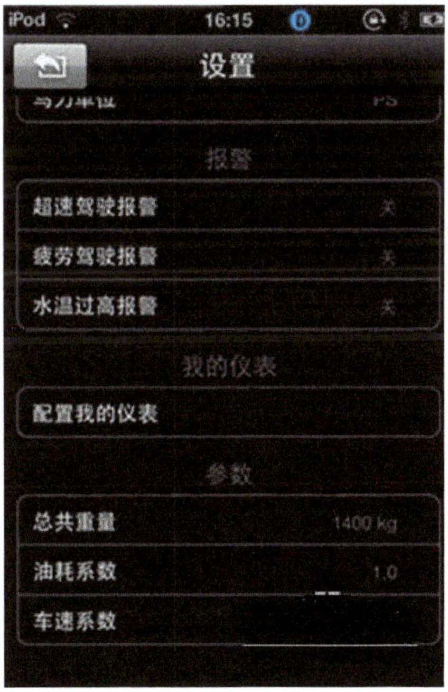

图 1-45　汽车故障诊断仪诊断设置功能显示屏

（1）可根据驾驶员个人不同的需求，对温度、里程、车速、燃油、油耗、扭矩和马力的单位进行切换。

（2）对超速驾驶、疲劳驾驶和水温报警进行设置。

（3）对整车重量、油耗系数和车速系数参数进行设置，驾驶员可根据自己的需求（配置我的仪表）进行设置。

（4）性能测试功能包括：

① 加速 / 减速测试：加速 / 减速过程的时间和距离。

② 0～400m 加速测试：测试从 0～400m 的加速时间。

43. 汽车电脑检测仪

1）电脑检测仪基本功能

（1）中文显示详细故障内容。

（2）自动清除故障代码。

（3）自动进行动态数据测试、终端元件测试。

（4）国际标准 OBD（车载自动诊断系统）故障检测及数值分析。

（5）通用硬件平台，兼容主要软件厂商测试卡。

如图 1-46 所示，为奥通汽车电脑检测仪。

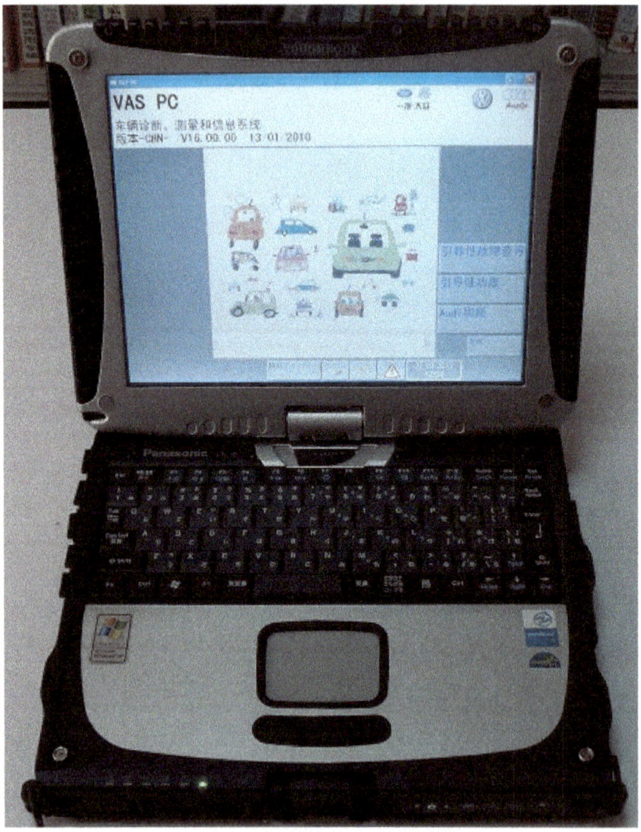

图 1-46　奥通汽车电脑检测仪

2）使用方法

（1）根据车型选择合适的检测接头，与检测仪连接。

（2）确认点火开关处于关闭状态，连接检测接头到车辆故障诊断接头端子。

（3）打开点火开关到 ON 挡，接通检测仪电源。

（4）检测仪自检结束后，选择与检测车辆一致的车系、车型。

（5）按照检测仪屏幕提示，进行相应的故障代码读取、清除，以及数据流读取、元件主动测试、电脑编码等作业。

（6）清除故障代码之前，确认已进行了故障代码的读取和记录工作，以防止偶发性代码或特定条件下触发的故障代码，无法再次读取。

（7）清除故障代码后，应再次读取故障代码，以确认故障码是否再现，对于行驶性能型故障代码（或特殊情况下触发的故障代码），必须进行路试。

（8）带有示波器及万用表功能的多功能检测仪，在使用示波及万用表功能时，应遵循使用说明书的要求，防止设备损坏。

（9）进行完故障码读取和数据流读取功能后，按照检测仪操作说明要求退出程序，最后，再关闭点火开关。禁止采用直接关断点火开关或直接关闭检测仪电源开关以及直接拔下诊断连接插头的方法中断检测仪的运行。

（10）检测完毕后，将所用诊断接头及检测仪主机清洁后放入机箱内。

第2章

蓄　电　池

44. 铅酸蓄电池

铅蓄电池一般由三只或六只单格蓄电池串联而成，每只单格蓄电池的额定电压为 2V。普通铅酸蓄电池的外形，如图 2-1 所示。

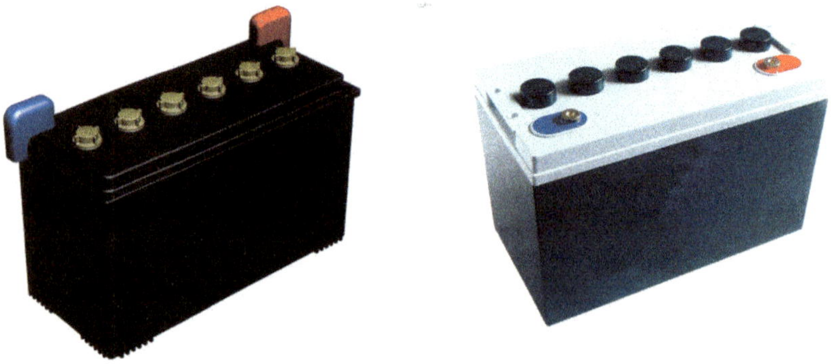

图 2-1　铅酸蓄电池外形

45. 普通铅酸蓄电池的结构

普通铅酸蓄电池的结构，如图 2-2 所示，主要由正负极板、隔板、 外壳、联条、接线柱等部件组成。

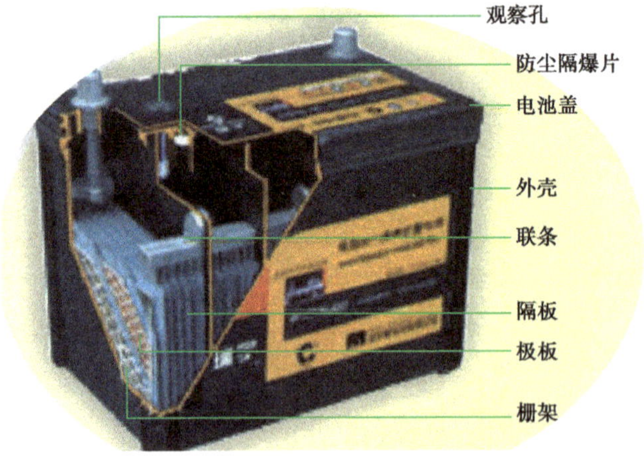

图 2-2　普通铅酸蓄电池结构

46. 极板结构

极板由栅架及活性物质组成，极板和栅架的外形如图 2-3 所示。普通蓄电池正极板厚度一般为 2.2mm，负极板厚度为 1.8mm。

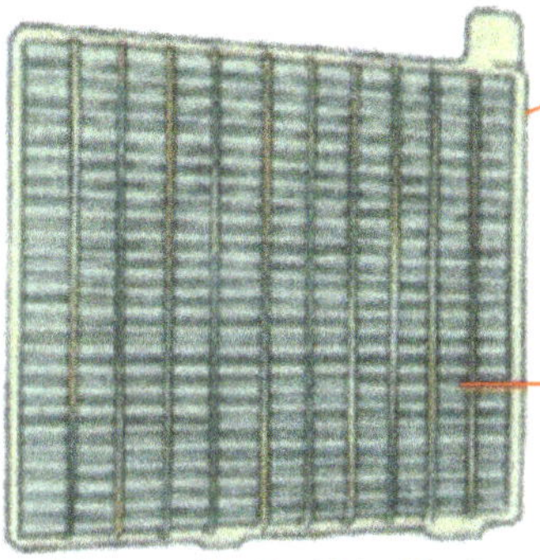

图 2-3 普通铅蓄电池极板

栅架由铅锑合金浇铸而成。加锑的目的是为了提高机械强度和铸造性能，但锑具有副作用，会加速氢的析出而加剧电解液消耗，引起自放电和栅架腐蚀。

活性物质就是极板上的工作物质。正极板上的活性物质为二氧化铅（PbO_2）、呈暗棕色；负极板上的活性物质为海绵状纯铅（Pb），呈深灰色。

将正负极板各一片浸入电解液中，就可获得约 2.1V 的电动势。为增大蓄电池容量，可将多片正、负极板分别并联，用横板焊接成正负极板组。

正负极板相互交错嵌合，中间插入隔板后装入蓄电池单格内，便形成单格电池。在每个单格电池中负极板总比正极板多一片。因为正极板活性物质比较疏松，且正极板处的化学反应比负极板上的化学反应剧烈，反应前后活性物质体积变化较大，所以正极板夹在负极板之间，可使其两侧放电均匀，从而减轻正极板的翘曲和活性物质脱落。

47. 隔板的结构

如图 2-4 所示，隔板的作用是使正负极板尽量地靠近而不至于短路，缩小蓄电池的体积，防止极板变形和活性物质脱落。

隔板用微孔塑料制成，具有多孔性，以利于电解液渗透，还具有良好的耐酸性和抗氧化性。隔板的面积一般做得比极板稍大些，一面制有纵向沟槽。考虑正极板在充放电过程中化学反应剧烈，电解液流通量较大，安装时隔板带有沟槽的一面应朝向正极板，且沟槽与外壳底部垂直。沟槽既能使电解液上下流通，也能使气泡沿槽上升，还能使脱落的活性物质沿槽下沉。

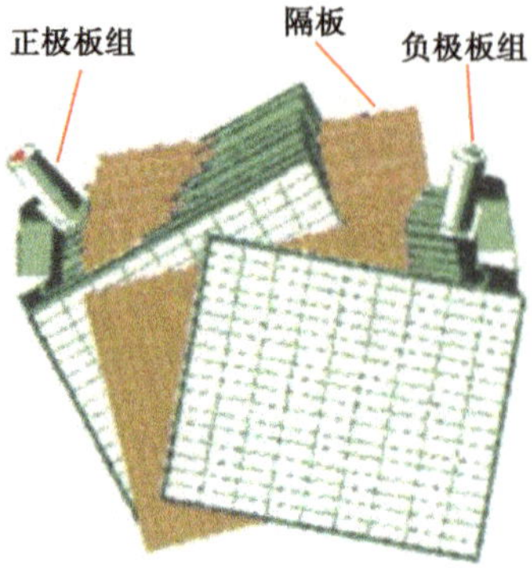

图 2-4　隔板的位置

48. 联条的作用

联条的作用是将单格电池串联起来，提高整个铅蓄电池的端电压。普通电池联条也由铅锑合金浇铸而成，硬橡胶外壳电池的联条位于电池小盖上方，形状如图 2-5 所示。塑料外壳蓄电池则采用穿壁式联条。

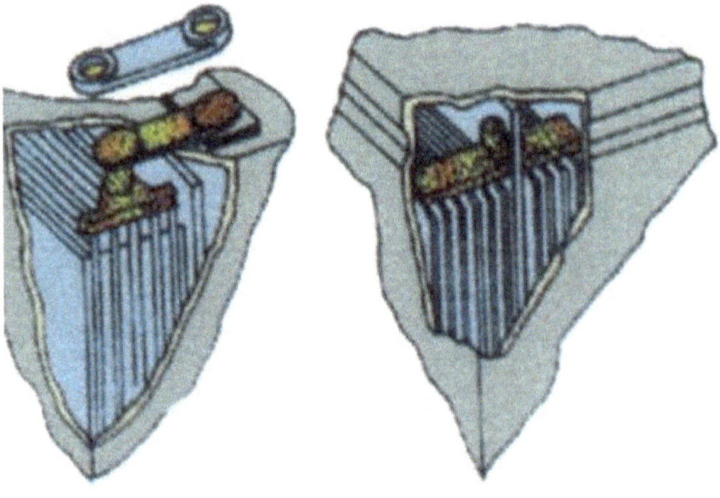

（a）敞露式联条　　（b）穿壁式联条

图 2-5　单体蓄电池的连接方式

49. 蓄电池接线柱

如图 2-6 所示，普通蓄电池在首尾两极板组的横板上焊有接线柱。为了便于区分接线柱的极性，在正极接线柱上或旁边标有“+”或“P”记号，在负极接线柱上标有“— “或“N”记号，有的蓄电池的正极涂有红油漆。

图 2-6　铅酸蓄电池接线柱

50. 接线柱的形式

接线柱分锥形、L 形、侧孔型三种，如图 2-7 所示。

图 2-7　普通蓄电池接线柱的外形

51. 蓄电池的工作原理

铅蓄电池充放电反应原理，如图 2-8 所示。当铅蓄电池接通外电路负载放电时，正极板上的 PbO_2 和负极板的 Pb 都变成了 $PbSO_4$，电解液中的硫酸变成了水。充电时，正负极板上的 $PbSO_4$ 分别恢复成原来的 PbO_2 和 Pb，电解液中的水变成了硫酸。

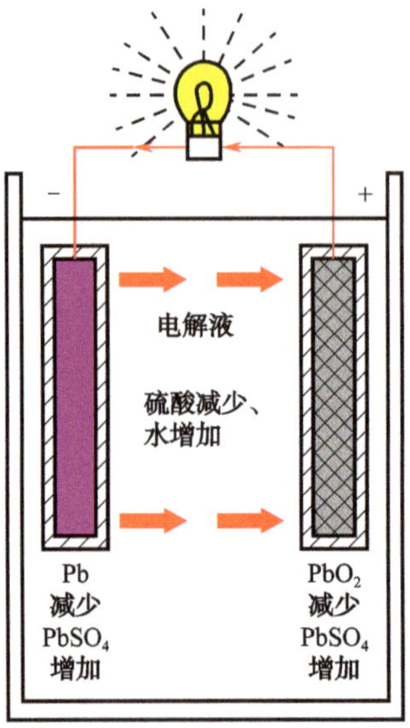

图 2-8　铅蓄电池反应原理

化学反应方程式为：

$$PbO_2+2H_2SO_4+Pb\text{（充电）}=PbSO_4+2H_2O+PbSO_4\text{（放电）}$$

其中 PbO_2 与 Pb 板之间的电动势 E 与直接参加反应的活性物质孔隙内的电解液相对密度 ρ15℃成正比：

$$E=0.84+\rho_{15℃}$$

式中：ρ15℃为 15℃时的电解液相对密度

$$\rho_{15℃}=\rho_t+\beta\,(t-15)$$

式中：t——实际测量的电解液温度；

ρ_t——直接参加化学反应的电解液相对密度；

β——密度温度系数，为 0.00075g/cm³•℃。

52. 蓄电池的充电特性

铅蓄电池的充电特性就是指蓄电池在恒定电流充电状态下，电解液相对密度 $\rho_{15℃}$、蓄电池端电压 U_c 随充电时间的变化规律，如图 2-9 所示。

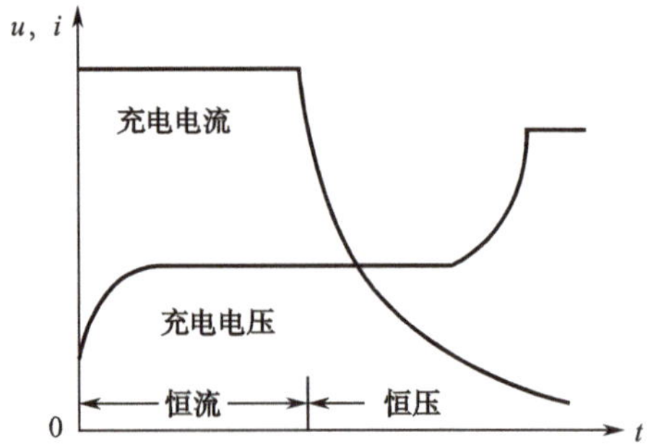

图 2-9　铅蓄电池的充电过程曲线

充电过程中，电解液相对密度基本以直线规律逐渐上升。这是因为采用等流充电，充电机每单位时间向蓄电池输入的电量相等，每单位时间内电解液中的水变为硫酸的量也基本相等。充电过程中，端电压上升的规律由四个阶段组成。

（1）第一阶段，充电开始，端电压上升较快。这是由于极板活性物质孔隙内部的水迅速变为硫酸，孔隙外部的水还未来得及渗入补充，极板内部电解液相对密度迅速上升所致。

（2）第二阶段，端电压上升较平稳，至单格电压 2.4V。该阶段，每单位时间内极板内部消耗的水与外部渗入的水基本相等，处于动态平衡状态。

（3）第三阶段，为 2.4V 以后端电压迅速上升至 2.7V，该阶段电解液中的水开始电解，正极板表面逸出氧气，负极板处逸出氢气，电解液中冒出气泡，出现电解液“沸腾”现象。

（4）第四阶段，为过充电阶段，该阶段端电压不再上升。为了观察端电压和电解液相对密度不再上升的现象，保证蓄电池充分充电，一般需要过充电 2～3h。

由于过充电时剧烈地放出气泡会导致活性物质脱落，造成蓄电池容量降低，使用寿命缩短，因此应尽量避免长时间过充电。过充电时，蓄电池逸出的氢气、氧气混合气体易燃、易爆，充电的蓄电池附近应避免明火出现。

铅蓄电池充电终了特征：

（1）端电压和电解液相对密度上升到最大值，且 2～3h 内不再上升；

（2）电解液中产生大量气泡，呈现“沸腾”状态。

53. 用密度计测量电解液密度

将蓄电池上的加液盖拧下，用密度计将电解液吸入，观察密度计中电解液与刻度的对应值，该值就是电解液的密度值，如图 2-10 所示。

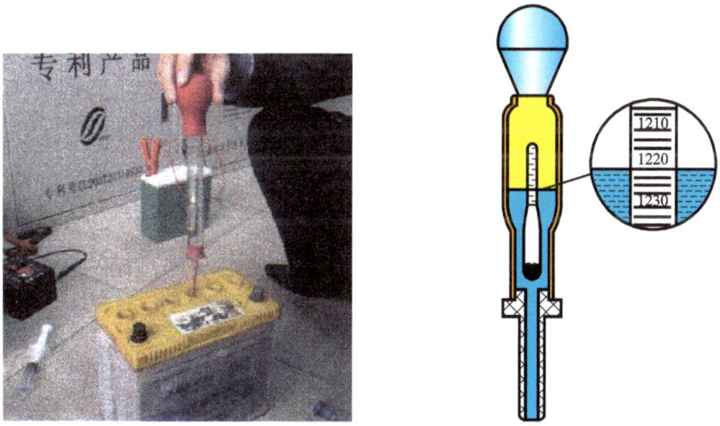

图 2-10 用密度计对电解液密度的测量

54. 密度检测仪对蓄电池电解液密度的测量

将蓄电池中的电解液或发动机冷却液滴入密度检测仪的检测点，通过密度检测仪的观察口来观测测量液体的密度或冰点，如图 2-11 所示。

密度检测仪适用于对干荷蓄电池电解液密度进行测量，免维护蓄电池则可以通过状态指示器来观察电解液的密度。

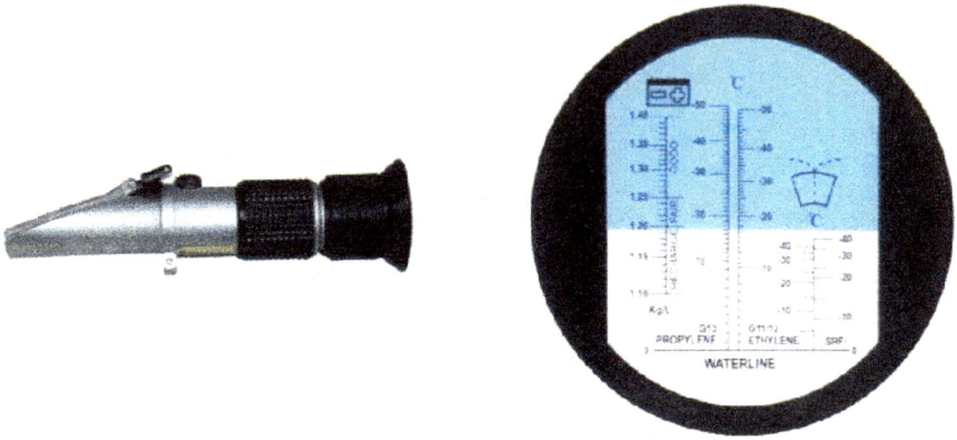

图 2-11　密度检测仪对蓄电池电解液密度的测量

55. 蓄电池透明壳体液面的检查方法

一般车每行驶 1000km 或冬季行驶 10～15d（d 即天）、夏季行驶 5～6d，应检查电解液的液面高度。液面应在使用说明书标明的上下刻线之间。电解液不足，应及时添加蒸馏水或“补充加液”。若液面降低确系溅出倾倒造成，应补加相应密度的电解液并充电调整。

透明壳体液面的检查：正常液位应在上、下限位刻度线之间，如果液位在下限位刻度线时，应该添加蒸馏水，但不能添加电解液，如图 2-12 所示。

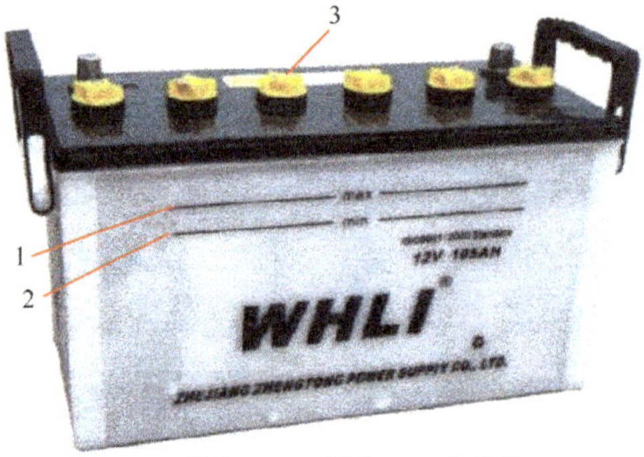

1—上限位；2—下限位；3—加液盖

图 2-12 蓄电池电解液液面的检查

56. 蓄电池不透明壳体液位的检查

如图 2-13 所示，将玻璃管垂直插入蓄电池的加液孔中，直到与保护网或隔板的上缘接触为止，然后用手指堵紧玻璃管将其取出，玻璃管内所吸入的电解液的高度就是蓄电池的液面高度，其高度值应为 10～15mm，低于此值时要加入蒸馏水到正常值。

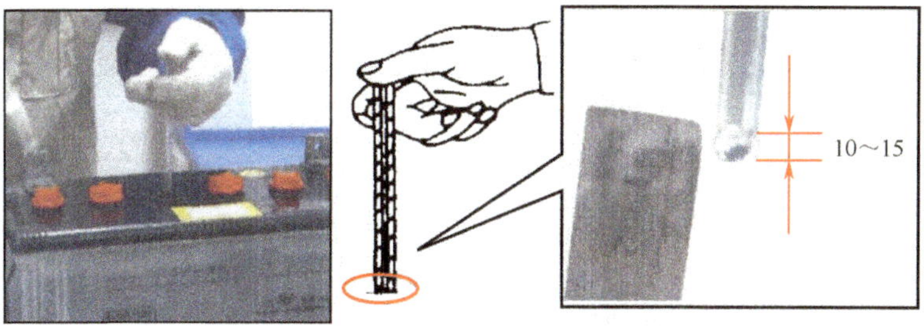

图 2-13 用玻璃管检查电解液液面高度

57. 免维护铅酸蓄电池

密封的免维护铅酸蓄电池可靠性好、使用寿命长，其观察孔是蓄电池的状态指示器，通过观察孔可以观察到电解液的颜色，从而可以判断是否需要充电、补充蒸馏水或更换整个铅酸电池，如图 2-14 所示。

（a）外形

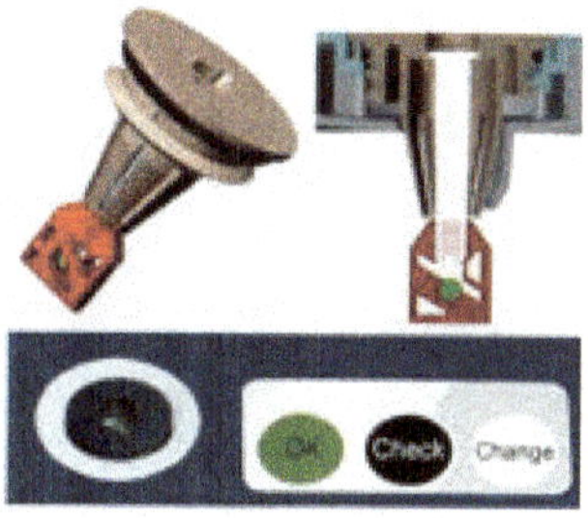

（b）上部观察孔

图 2-14 免维护蓄电池

58. 免维护蓄电池的检查方法

全封闭的免维护蓄电池，内部安装有电解液密度计（电眼），通过观察孔可以查看蓄电池的电解液密度，如图 2-15 所示。

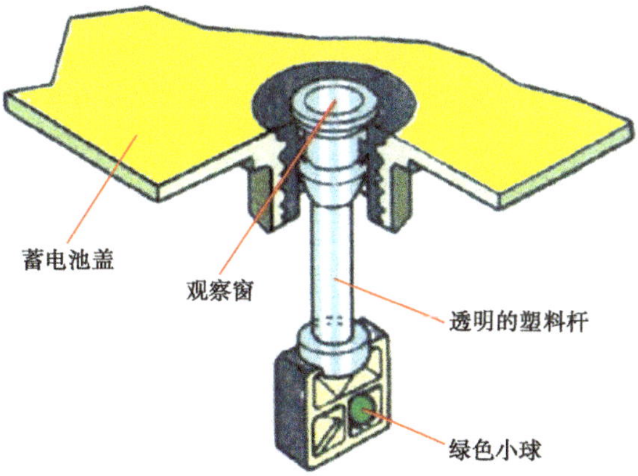

图 2-15 通过观察孔查看蓄电池内电解液密度

59. 全封闭免维护蓄电池电解液颜色的判断方法

可以通过顶部的观察孔，查看电解液的颜色，从而了解蓄电池的技术状况，如图 2-16 所示。

（1）电解液呈绿色时，说明电解液良好。

（2）电解液呈黑色时，说明电解液的密度偏低，要进行补充充电。

（3）电解液呈淡黄色时，说明电解液的液面过低，已经不能继续使用，需要加蒸馏水。

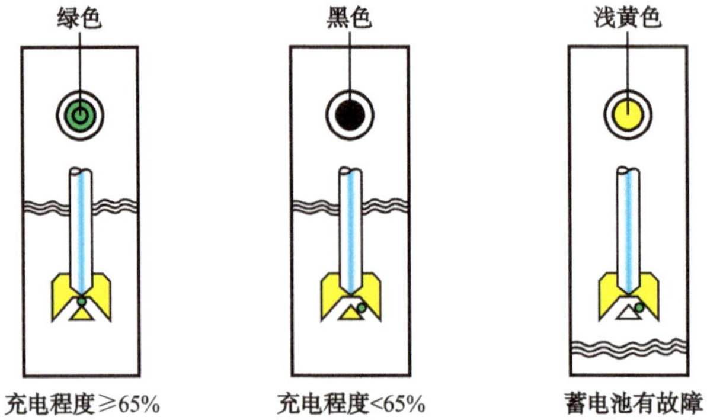

图 2-16　通过电解液的颜色判断电解液的状态

60. 蓄电池端电压的测试方法

如图 2-17 所示，将高功率放电计的红色鳄鱼夹与蓄电池的正极相连，黑色鳄鱼夹与蓄电池的负极相连，按压高功率放电计的测试开关保持 5s 后放开，待放电计上的指针静止不动后读出指示数字，此读数即为蓄电池的端电压。

（1）如读数电压值大于 11.5V，则表明蓄电池良好。

（2）如读数电压值为 9.5～11.5V，则表明蓄电池较好。

（3）如读数电压值小于 9.5V，则说明蓄电池需要补充充电或内部有故障。

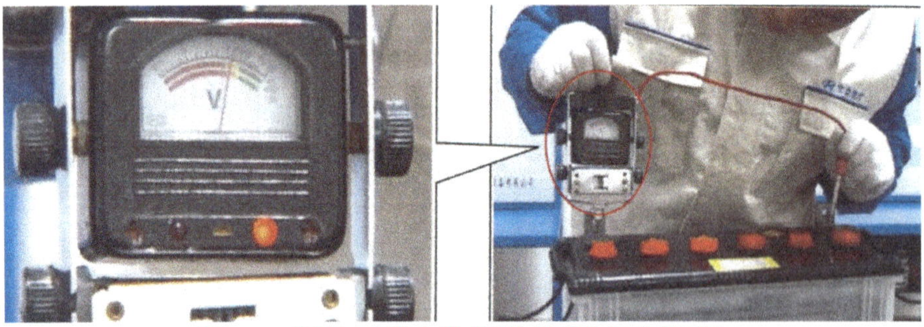

图 2-17　用高功率放电计对蓄电池端电压进行测试

61. 用单格电池式高率放电计测量单格电压

单格电池式高率放电计由一个 3V 直流电压表和一个定值负载电阻组成，如图 2-17 所示。

测量时，应将两叉尖紧压在单格电池正负极桩上（模拟起动时的大电流放电），历时5s左右，观察蓄电池所能保持的端电压：一般技术状况良好的蓄电池，单格电压应在1.5V以上，并在5s内保持稳定。若5s内下降到1.7V，说明存电足；下降到1.6V，表明放电25%的额定容量；下降到1.5V，表明放电50%的额定容量；若5s内电压迅速下降或某一单格电压有异常，应进行修理。

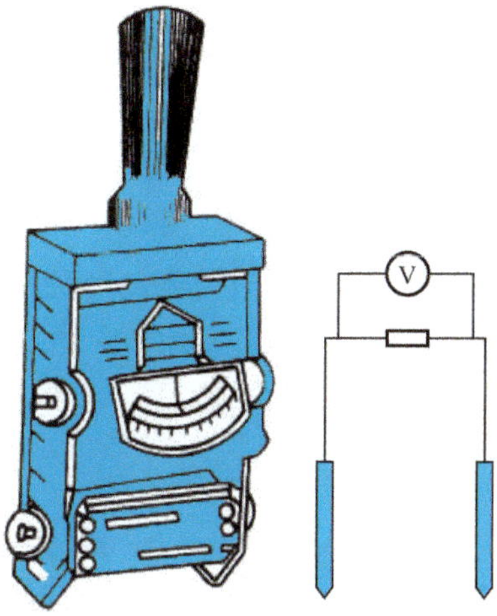

图2-18 单格电池式高率放电计

62. 蓄电池接线柱接触不良的测试方法

无论蓄电池接线柱是否连接好都需要进行接线柱接触压降的检测。保持在拆下或装复接线时进行这项检测，能够减少由于接线松动或连接缺陷造成的返工或途中“抛锚”。

测量正接线柱的压降，如图2-19（a）所示为蓄电池接线柱，如图2-19（b）所示为蓄电池接线柱接触不良的测试方法。将电压表正表棒接到蓄电池正接线柱上，负表棒接到正极电缆端子上，接通起动机使起动机带动发动机，这时电压表读数不得大于0.5V，否则说明接线柱接触不良。负接柱的接触压降测量，表棒的检测点与上述相反。存电足的蓄电池，起动无力，用手触摸接线柱与电缆端子发烫，也说明接线柱接触不良。

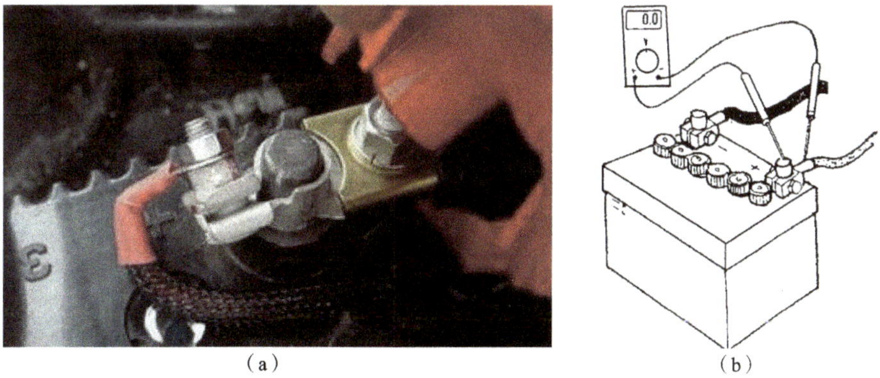

（a）　（b）

图2-19 蓄电池接线拄的接触压降测试

第3章 汽车发动机起动系统

63. 传统起动系统的组成

汽车发动机常用的起动方式有人力起动和电力起动两种。人力手摇起动方式最简单，但不方便，目前仅在部分类型的汽车上作为备用起动方式。电力起动方式采用点火开关控制起动机，操作轻便、起动迅速可靠、起动起动能力强。

电力起动系由蓄电池、起动机、起动继电器、点火开关等部件组成，如图 3-1 所示。

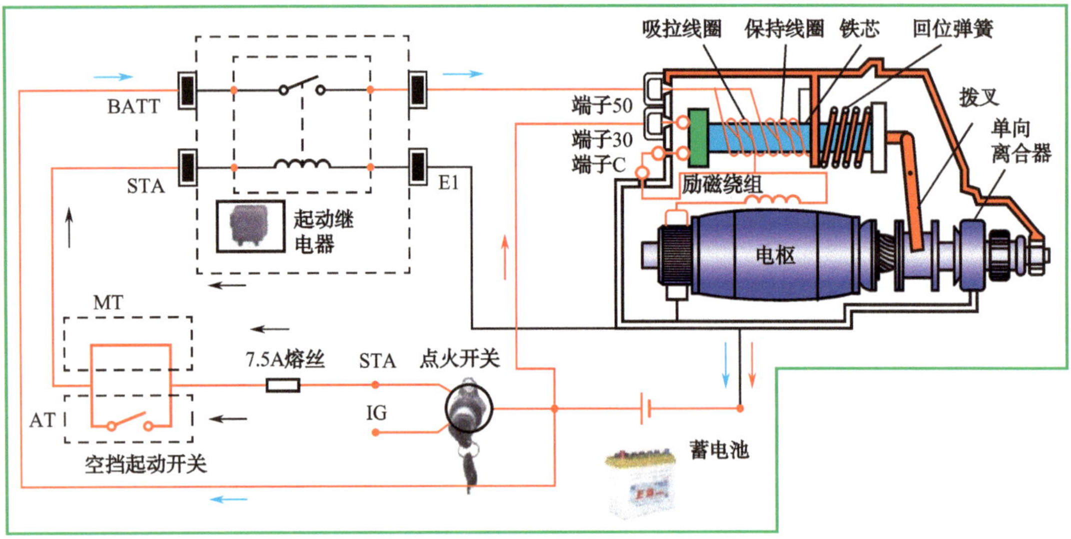

图 3-1　汽车发动机传统起动系统

64. 起动机外形结构

起动机（俗称“马达”）一般由直流电动机、单向传动机构、操纵机构三大部分组成，起动机的外形结构，如图 3-2 所示。

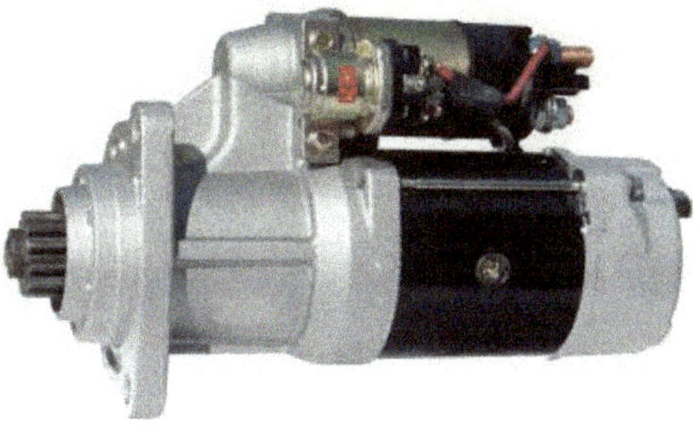

图 3-2　起动机外形结构

65. 起动机的组成结构

起动机的组成结构，如图 3-3 所示。

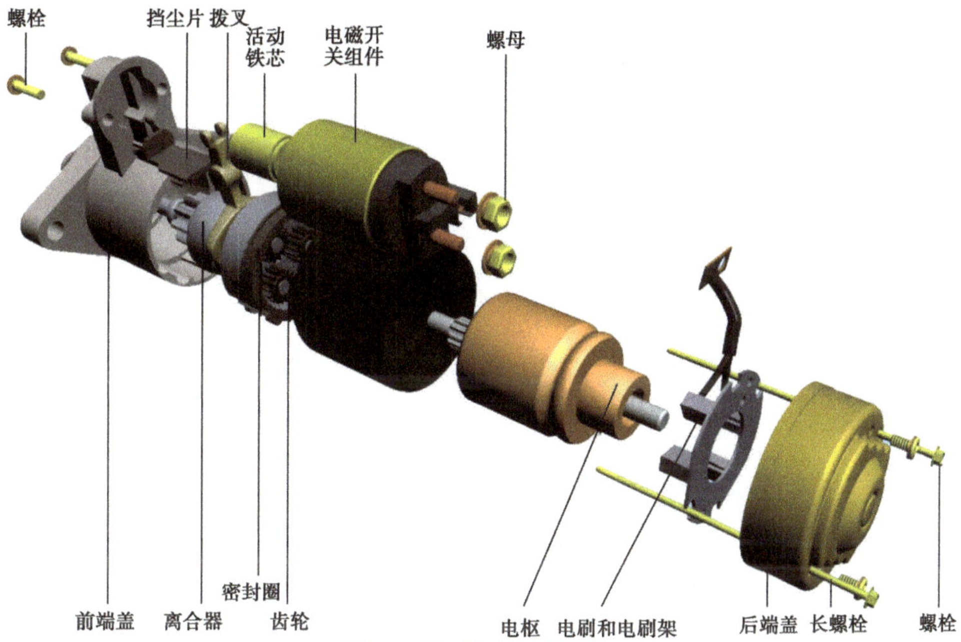

图 3-3　起动机的组成结构

66. 电磁开关的作用

如图 2-4 所示，为电磁开关整体结构，它的作用就是控制起动机的开关和小驱动齿轮的啮合和脱开。

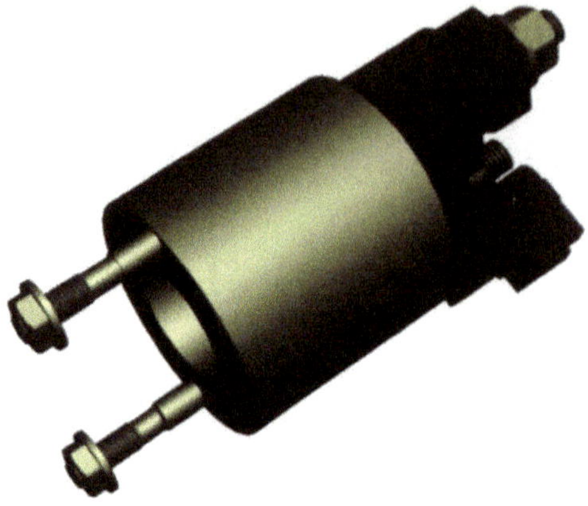

图 3-4　电磁开关

67. 起动机电磁开关的结构

起动机的电磁开关结构， 如图 3-5 所示，起动机的电磁开关一般有 4 个脚，两个脚接电磁线圈，另外两个脚接起动继电器的开关触点。

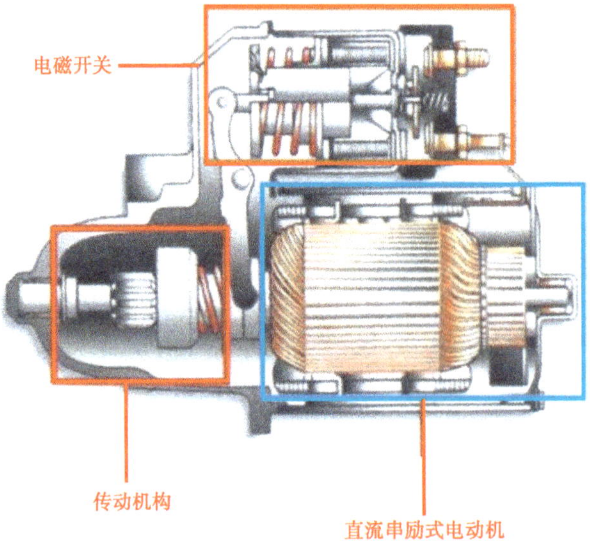

图 3-5　起动机的电磁开关结构

68. 起动机的接线

如图 3-6 所示，主电源直接从蓄电池上引出，辅助电路上有点火开关(钥匙)、起动继电器，然后再接起动机。

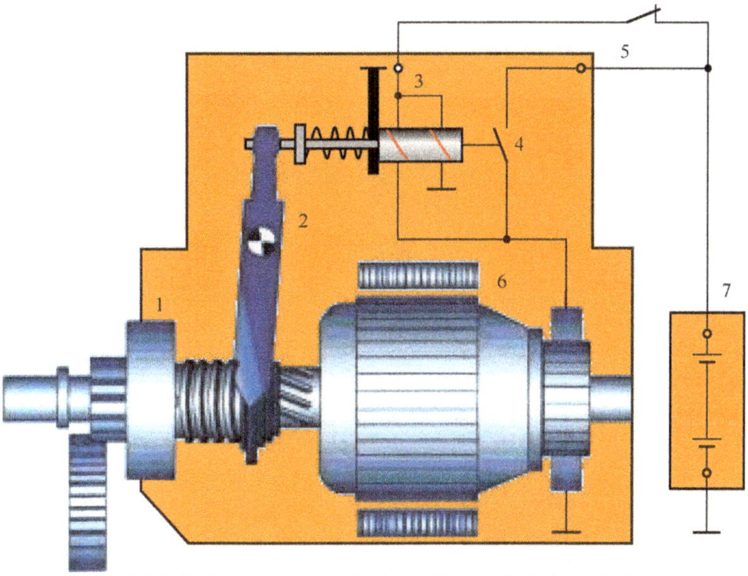

1—单向离合器；2—拨叉；3—起动继电器；4—起动继电器触点；

5—起动开关（点火开关）；6—电刷架；7—蓄电池

图 3-6　起动机的接线

起动时用钥匙接通电源，起动机转动带动飞轮转动，起动发动机。发动机起动后，松开钥匙，起动机电源断路，起动齿轮在复位弹簧的作用下与飞轮脱离，完成起动动作，所以在发动机正常工作状态下，起动机是不转动的。

69. 点火开关的作用

点火开关担负发动机点火系统、起动系统和其他电器电源的通断，如图 3-7 所示；点火开关一般设有三挡（顺时针旋动），第一挡为预热挡，第二挡为工作挡，第三挡为起动挡。

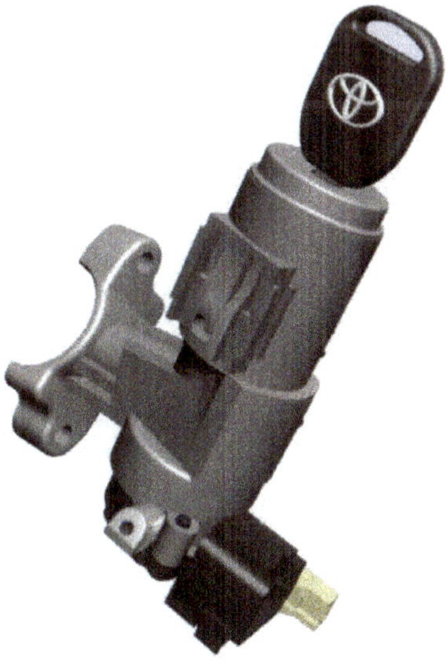

图 3-7　点火开关（钥匙）

70. 起动机碳刷架的作用

起动机碳刷架的作用主要是在金属摩擦的同时导电，如图 3-8 所示。它不像金属对金属摩擦导电，金属对金属摩擦导电时，摩擦力可能会增大，同时交接的地方可能会烧结在一起，而碳电刷不会，因为碳和金属是两种不同的元素。电刷的颜色分为黑色电刷 (用纯碳石墨材料制成) 和有色电刷 (用铜等金属材料和石墨制成)。

电刷利用电刷弹簧压在电枢的换向器上，使电流以稳定连续的方式流到电枢转子上。

图 3-8　起动机碳刷架

71. 起动机拨叉的作用

它受起动机电磁开关的控制，拨动电枢轴上的离合器及驱动齿轮，使驱动齿轮与发动机的飞轮啮合，从而带动发动机的曲轴的转动，起动机拨叉的结构，如图 3-9 所示。

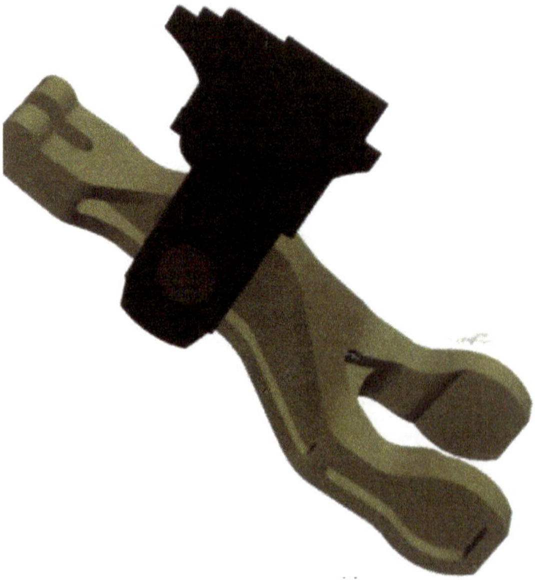

图 3-9　起动机拨叉的结构

72. 起动机滚柱式单向离合器的作用

如图 3-10 所示，起动机的单向离合器单向接合，反向脱开，当起动发动机时，一般由蓄电池带动起动机，再通过单向离合器带动曲轴旋转，由于这时起动机的转速高于发动机（发动机相对静止或在起动前转速很低），当发动机起动后，由于发动机的转速高于起动机的转速，单向离合器相对于曲轴就是反向转动，所以就把起动机与发动机的转动脱开，以保护起动机避免损坏。

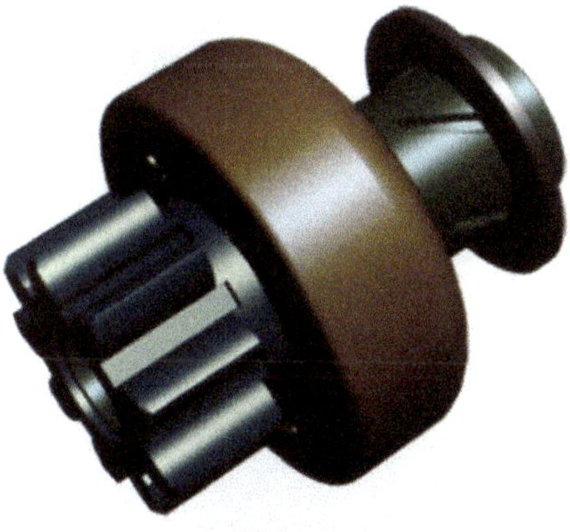

图 3-10　起动机的单向离合器

73. 起动机的单向离合器结构

如图 3-11 所示，为起动机的单向离合器结构。

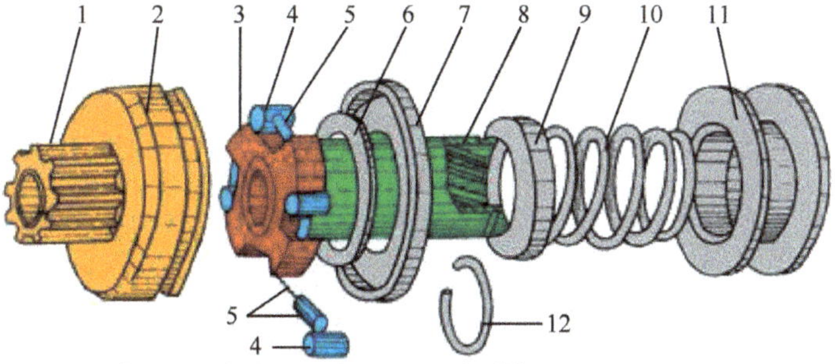

1—驱动齿轮；2—外壳；3—十字块；4—滚柱；5—压帽弹簧；6—垫圈；7—护盖；8—花键套筒；9—弹簧座；10—啮合弹簧；11—拨环；12—卡簧

图 3-11　起动机的单向离合器结构示意图

74. 滚柱式单向离合器的工作原理

当起动发动机时，起动机主电路通电后，电枢的转矩由传动套筒传给十字块，使十字块随同电枢轴转动，由于此时发动机的飞轮齿圈施加给小驱动齿轮的阻力，使滚柱滚向楔形槽狭窄的空间而被卡死，离合器处于接合状态，于是电枢轴所产生的转矩通过驱动小齿轮传给了飞轮，起动发动机，如图 3-12（a）所示。

当发动机起动后，飞轮齿圈带动驱动齿轮旋转，当起动齿轮的转速大于十字块的转速时，滚柱滚入楔形槽的宽处空间而打滑。驱动齿轮高速旋转的转矩不能传递给电枢轴，从而防止“飞散”的情况发生，如图 3-12（b）所示。

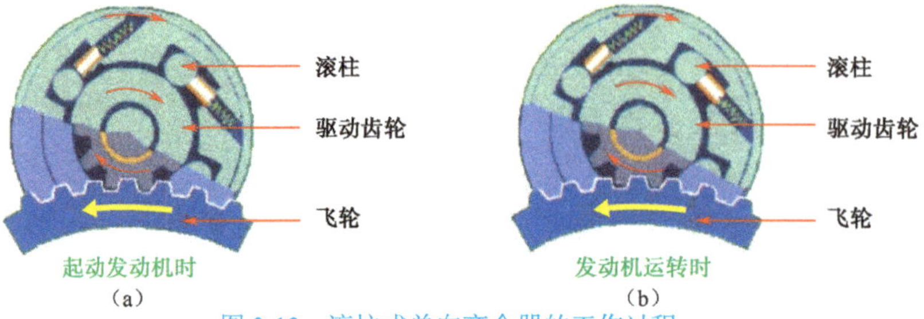

图 3-12　滚柱式单向离合器的工作过程

75. 减速式起动机的作用

如图 3-13 所示，这种起动机在电枢轴与驱动齿轮之间装有减速器，通过减速器使驱动齿轮的转速减低并使转矩增加，起动机的体积减小，质量减轻；减速起动机的减速机构的结构可以分为外啮合式、内啮合式和行星齿轮式三种类型。

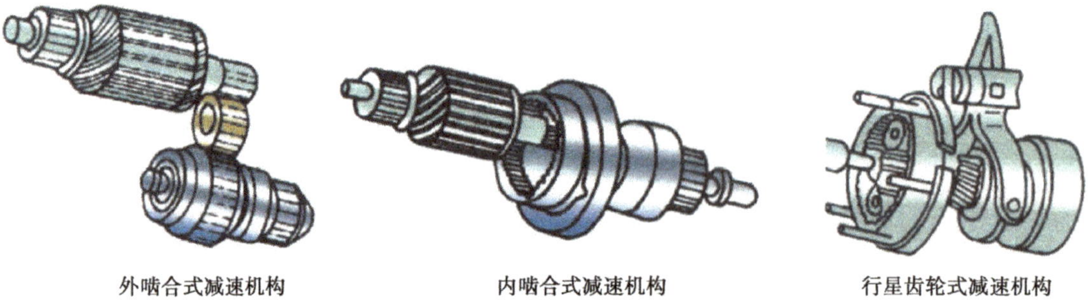

图 3-13　减速机构结构

76. 普通汽车发动机的起动过程

如图 3-14 所示，起动机在点火开关及起动继电器的控制下，将蓄电池的电能通过起动机转化为机械能，带动发动机飞轮齿圈使发动机曲轴转动。

为增大转矩，便于起动，起动机与曲轴的传动比是：汽油机一般为 13～17，柴油机一般为 8～10。起动机驱动齿轮的齿数一般为 5～13。

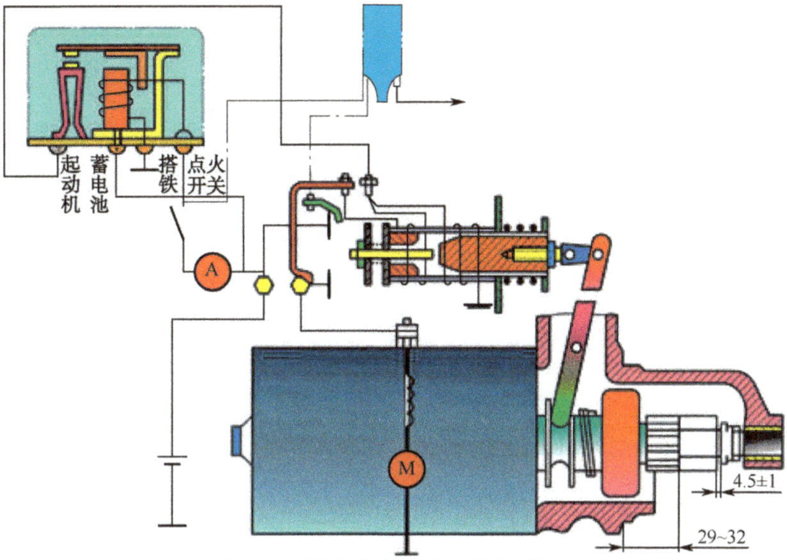

图 3-14　普通汽车发动机的起动过程

77. 现代电喷汽车发动机的起动过程

如图 3-15 所示，在起动发动机时，继电器 IG1 通电首先闭合，再通过防盗检测，防盗继电器闭合。由于挡位在 P/N 挡，发动机无转速信号，使起动继电器闭合；小电流通过起动继电器，同时也流过牵引线圈和保持线圈，两线圈产生的电磁力相同，吸引起动继电器的触点 3、5 闭合，使大电流通过到起动电动机，起动电动机带动发动机起动，同时小电流继续通过起动继电器的保持线圈，使起动触点保持在吸合状态。发动机起动后，起动继电器断开。

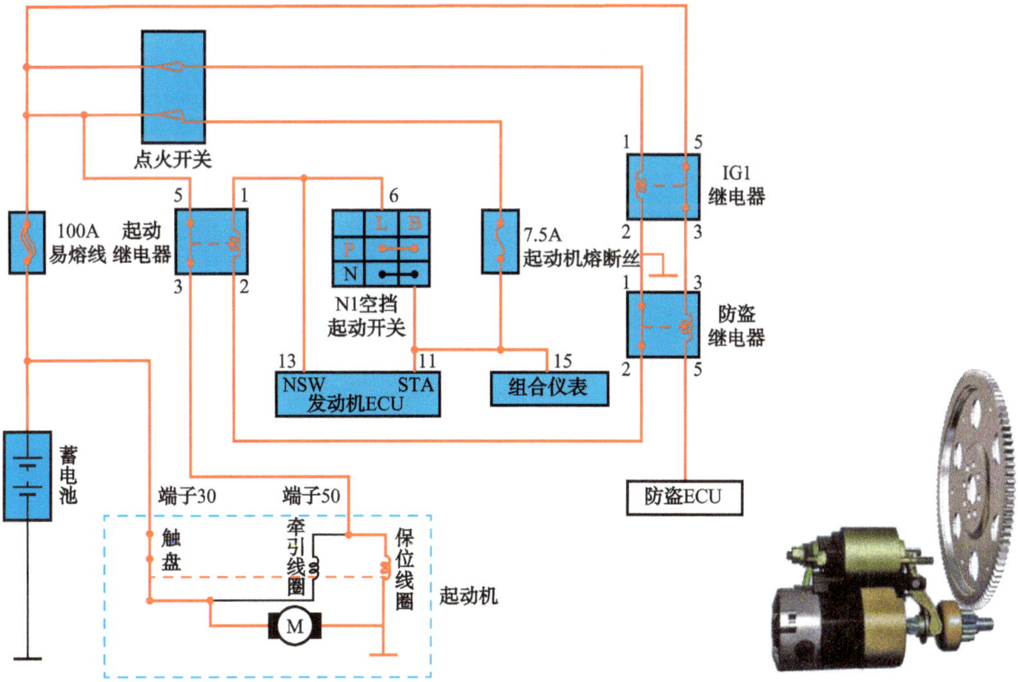

图 3-15　现代电喷汽车发动机的起动过程

78. 起动机驱动齿轮与飞轮的啮合位置

如图 3-16 所示，发动机飞轮上套有齿圈，在起动机工作时飞轮齿圈和起动机的驱动齿轮啮合。飞轮的作用是通过存储和释放能量，来提高发动机运转的均匀性和改善发动机克服短暂的超负荷的能力，并将发动机的动力传给变速器。

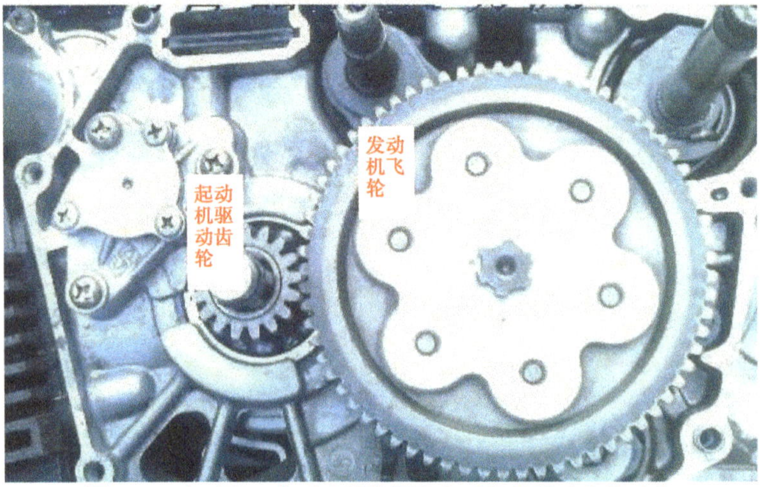

图 3-16　起动机工作时飞轮齿圈和起动机的驱动齿轮啮合

79. 起动机整体从车架上拆卸

从汽车发动机架上拆下起动机时，按以下步骤进行。

（1）拆下蓄电池负极接线柱的接线，如图 3-17 所示。

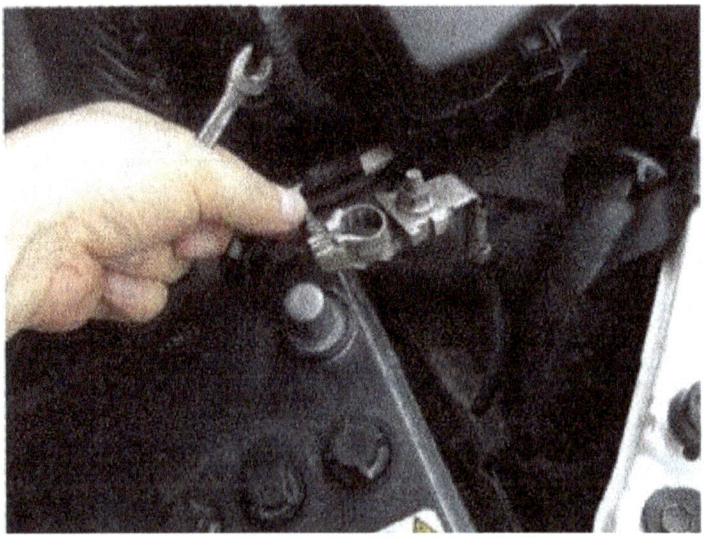
图 3-17　拆下蓄电池负极接线

（2）拆下起动机的连接线，如图 3-18 所示。

图 3-18　拆下起动机的连接线

（3）用梅花扳手拆下起动机的上固定螺栓，如图 3-19 所示。

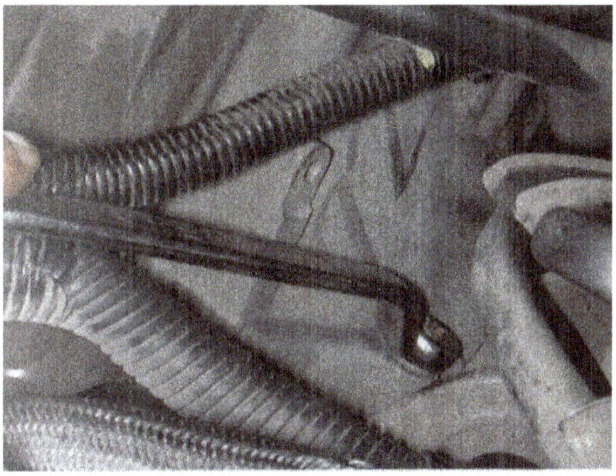

图 3-19　拆下起动机的上固定螺栓

（4）拆下起动机的下固定螺栓，如图 3-20 所示。

图 3-20　拆下起动机的下固定螺栓

（5）取下起动机整体，如图 3-21 所示。

图 3-21　从汽车发动机架上取下起动机

80. 起动机的分解

（1）卸下起动机转子护盖，如图 3-22 所示。

（2）取下起动机前端转子护轴盖，如图 3-23 所示。

图 3-22　卸下起动机转子护盖

图 3-23　取下前端转子护轴盖

（3）取下限位卡簧，如图 3-24 所示。

（4）用专用内六角扳手拆下电刷架端盖固定螺钉，如图 3-25 所示。

图 3-24　取下限位卡簧

图 3-25　拆下电刷架端盖固定螺钉

（5）拆下电刷架端盖，如图 3-26 所示。
（6）碳刷端盖如图 3-27 所示。

图 3-26　拆下电刷架端盖

图 3-27　碳刷端盖

（7）取下起动机轴上的止推垫，如图 2-28 所示。
（8）用专用内六角扳手拆下驱动轴端盖螺钉，如图 3-29 所示。

图 3-28　取下止推垫

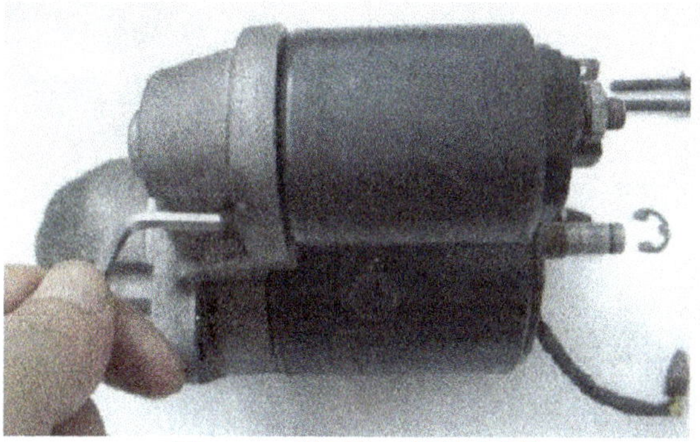
图 3-29　拆下驱动轴端盖螺钉

（9）卸下电磁开关，如图 3-30 所示。
（10）卸下起动机定子，如图 3-31 所示。

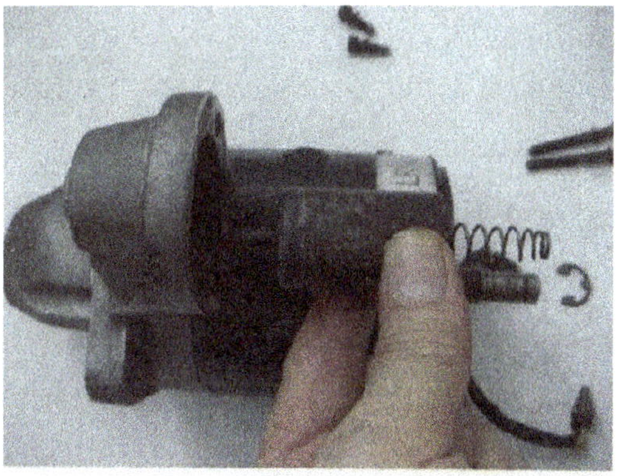
图 3-30　卸下电磁开关

图 3-31　卸下起动机定子

（11）抽出起动机转子，如图 3-32 所示。

（12）卸下离合器拨叉，如图 3-33 所示。

图 3-32　抽出起动机转子

图 3-33　卸下拨叉

（13）退下卡簧座圈，如图 3-34 所示。
（14）取下卡簧座圈，如图 3-35 所示。

图 3-34　退下卡簧座圈

图 3-35　取下卡簧座圈

（15）取下单向啮合器，如图 3-36 所示。
（16）起动机分解组件，如图 3-37 所示。

图 3-36　取下单向啮合器

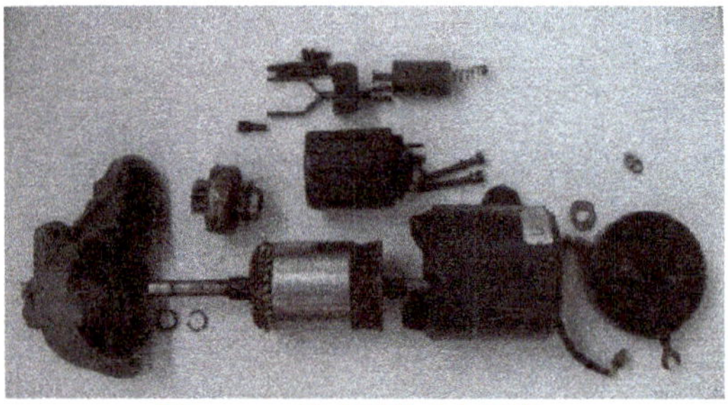
图 3-37　起动机的分解组件

81. 起动机的装复

（1）安装单向啮合器，如图 3-38 所示。
（2）安装卡簧座，如图 3-39 所示。

图 3-38 安装单向啮合器

图 3-39 安装卡簧座

（3）安装卡簧，如图 3-40 所示。

（4）组装卡簧套圈，如图 3-41 所示。

图 3-40 安装卡簧

图 3-41 组装卡簧套圈

（5）安装拨叉，如图 3-42 所示。

（6）安装驱动轴端盖，如图 3-43 所示。

图 3-42 安装拨叉

图 3-43 安装驱动轴端盖

（7）安装起动机定子，如图 3-44 所示。

（9）固定驱动轴端盖，如图 3-45 所示。

（10）安装止推垫，如图 3-46 所示。

（11）安装电刷架端盖，如图 3-47 所示。

图 3-44　安装起动机定子

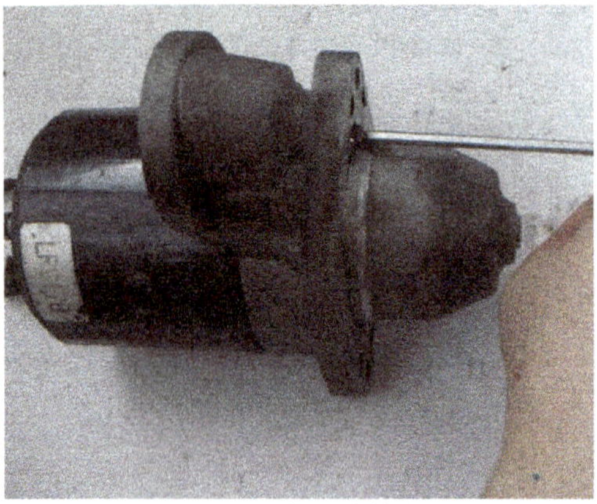
图 3-45　固定驱动轴端盖

图 3-46　安装止推垫

图 3-47　安装电刷架端盖

（12）固定电刷架端盖，如图 3-48 所示。

（13）安装限位卡簧，如图 3-49 所示。

图 3-48　固定电刷架端盖

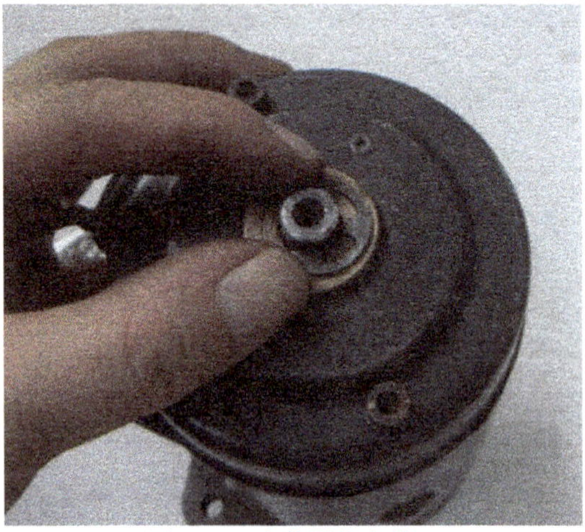
图 3-49　安装限位卡簧

（14）安装转子轴护套，如图 3-50 所示。

（15）安装电磁继电器铁芯，如图 3-51 所示。

图 3-50　安装转子轴护套

图 3-51　安装电磁继电器铁芯

（16）安装电磁继电器线圈，如图 3-52 所示。

（17）固定电磁继电器，如图 3-53 所示。

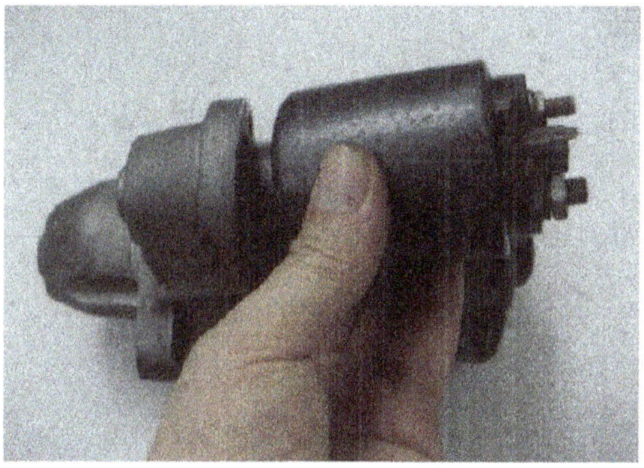
图 3-52　安装电磁继电器线圈

图 3-53　固定电磁继电器

（18）起动机复装完毕，如图 3-54 所示。

图 3-54　起动机的装复

82. 点火开关直接控制起动机电路

点火开关直接控制起动电路，如图 3-55 所示。这种控制电路多用于起动机功率较小的车型上，如桑塔那、捷达、奇瑞、比亚迪、夏利及其他微型汽车。

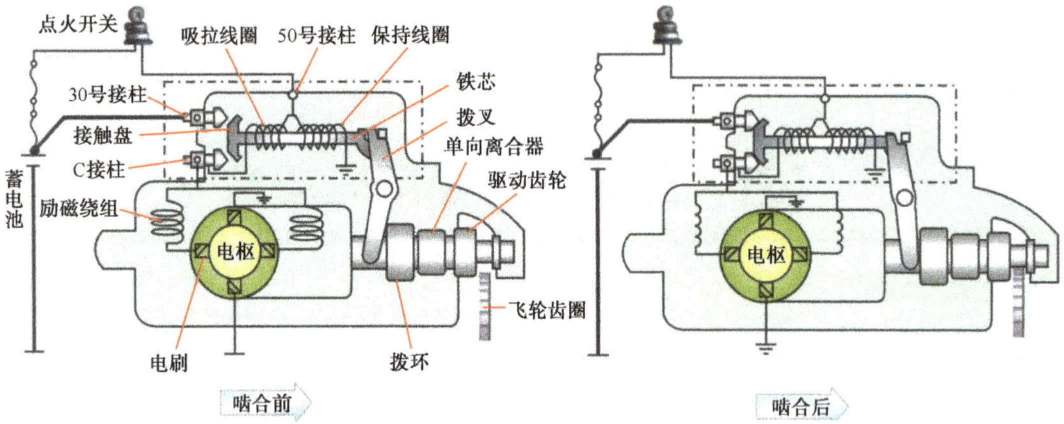

图 3-55　点火开关直接控制起动机电路

83. 继电器控制起动机电路

起动继电器控制是用起动继电器的触点控制起动机电磁开关的大电流，而用点火开关（或起动按钮）控制起动继电器线圈的小电流；起动继电器的作用是，以小电流控制起动时的大电流，保护点火开关，减少起动机电磁开关线路上的电压降，如图 3-56 所示。

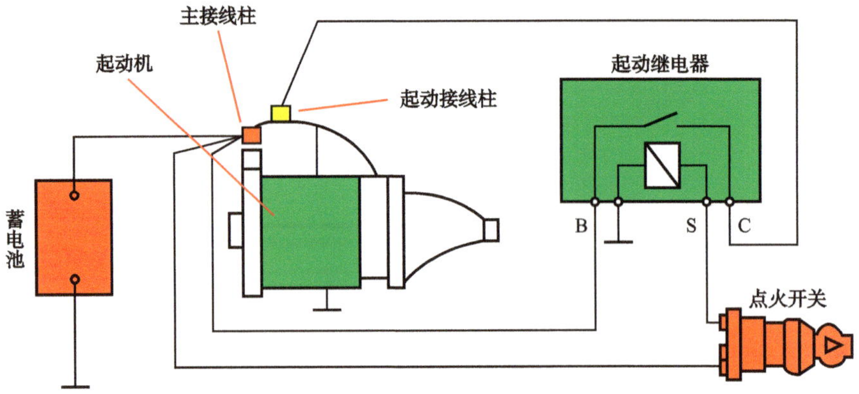

图 3-56　继电器控制起动机电路

84. 继电器带挡位开关的起动机电路

在装有自动变速器的现代汽车上，变速器上装有空挡起动开关，这个开关串联在起动继电器线圈的搭铁端，如图 3-57 所示。在起动时，只有变速器的变速杆处于停车（P）挡位和空挡（N）位时才接通，而在其他挡位起动电路处于断开状态，从而保护车辆的驻车安全。

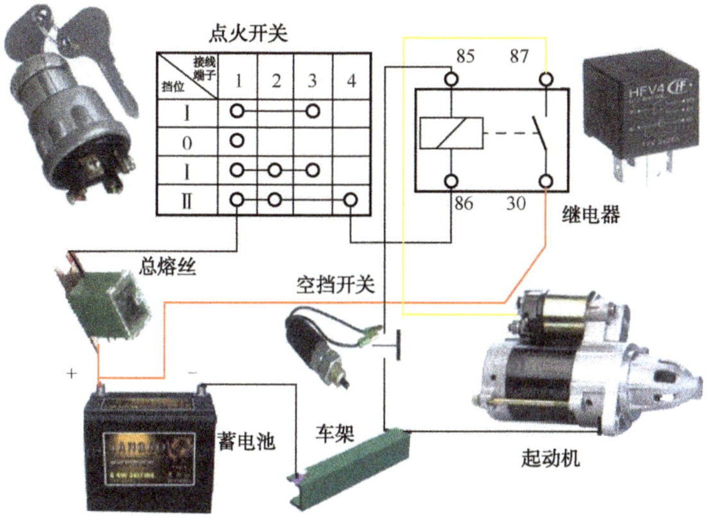

图 3-57　继电器带挡位开关的起动机电路

85. 组合继电器控制起动机电路的特点

解放 CA 1090 型汽车使用的 QD124H 和 QD124A 两种型号的电磁啮合式起动机，额定功率为 1.5kW，但其加装了起动保护装置。所谓起动保护是指起动机将发动机起动后能自动停止工作，还能在发动机运转工况下防止其自动停止工作，而且能在发动机运转工况下防止起动误接入。起动机保护装置可确保起动机安全可靠地运行。

这种具有起动保护功能的组合继电器控制起动机电路，采用 JD171 型组合式继电器。该组合式继电器是由起动继电器和充电指示灯继电器组合而成的继电器总成，电路如图 3-58 所示。组合继电器中的电磁线圈 1 和常开触点构成起动继电器，电磁线圈 2 和常闭触点则组成充电指示灯继电器。

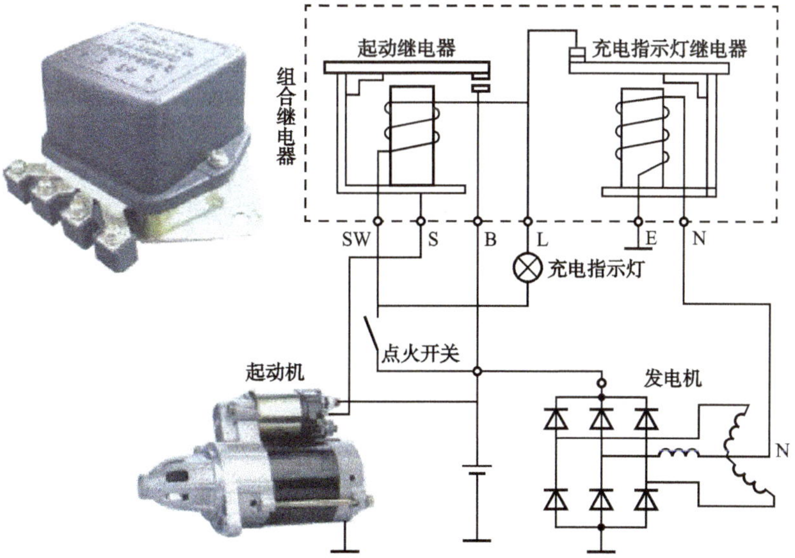

图 3-58　组合继电器控制起动机电路

86. 蓄电池连接线接触不良的检查方法

检查蓄电池电量，如图 3-59 所示。

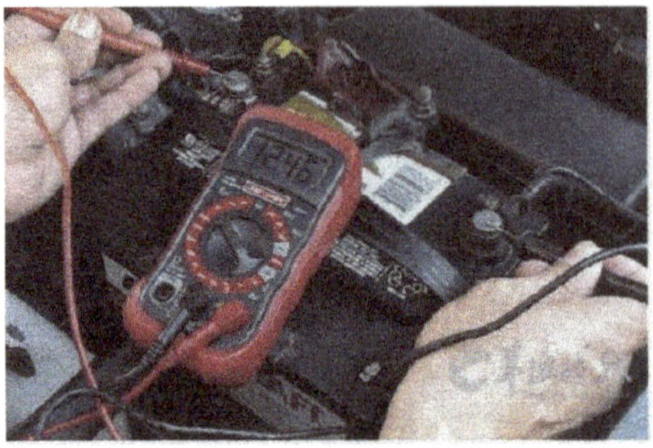

图 3-59　检查蓄电池电量

87. 蓄电池接线柱连接线

检查蓄电池接线柱连接线，如图 3-60 所示。

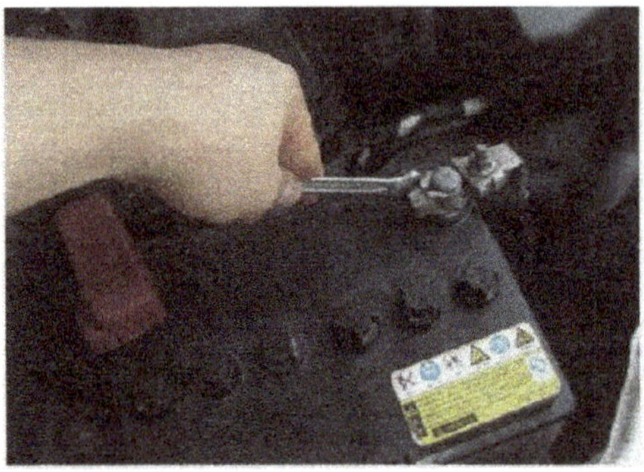

图 2-60　检查蓄电池接线柱连接线

88. 发动机搭铁线的检查

检查发动机搭铁线，如图 3-61 所示。

图 2-61　检查发动机搭铁线

89. 起动机连接线的检查方法

（1）检查起动机接线，如图 3-62 所示。
（2）检查起动机 30 和 50 接线柱，如图 3-63 所示。

图 3-62　检查起动机接线

图 3-63　检查 30 和 50 接线柱

90. 检查离合器开关

检查离合器开关，如图 3-64 所示。

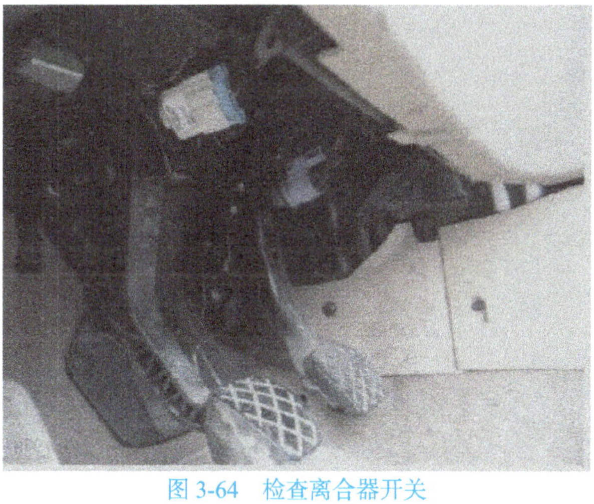
图 3-64　检查离合器开关

91. 离合器空挡（停车）开关的检查

检查空挡开关，如图 3-65 所示。

图 3-65　检查离合器空挡（停车）开关

92. 点火开关的检查

检查点火开关，如图 3-66 所示。

图 3-66　检查点火开关

93. 起动机励磁绕组的断路检查方法

如图 3-67 所示，用万用表测量励磁绕组两端，若不通，则说明励磁绕组有断路故障。

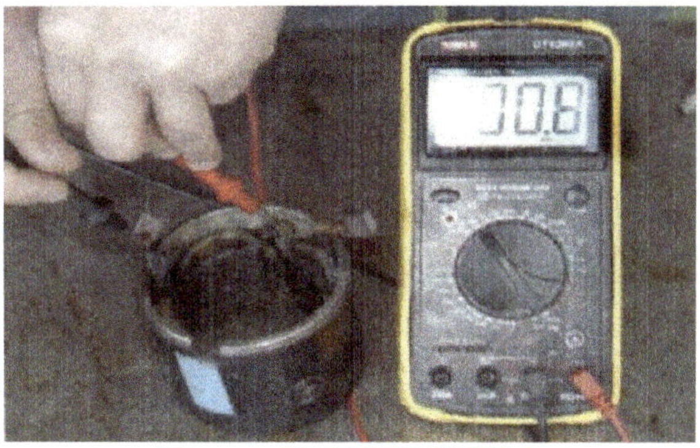

图 3-67 励磁绕组的断路检查

94. 起动机励磁绕组的搭铁检查

如图 3-68 所示，用万用表检查电刷与起动机外壳之间的绝缘，若导通，则说明励磁绕组有搭铁故障。

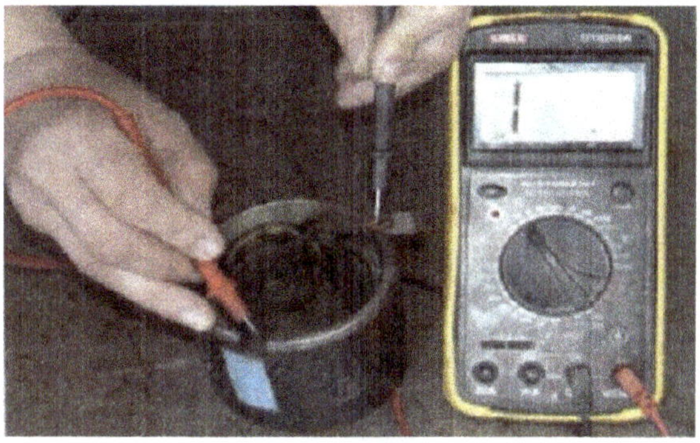

图 3-68 起动机励磁绕组的搭铁检查

95. 起动机电枢绕组短路的检查方法

如图 3-69 所示，将万用表选择开关放“电阻”挡，用一根测量表笔接触电枢铁芯，另一测量表笔接触换向器铜片，此时的电阻应该为无穷大，否则说明电枢绕组与电枢轴之间有短路。

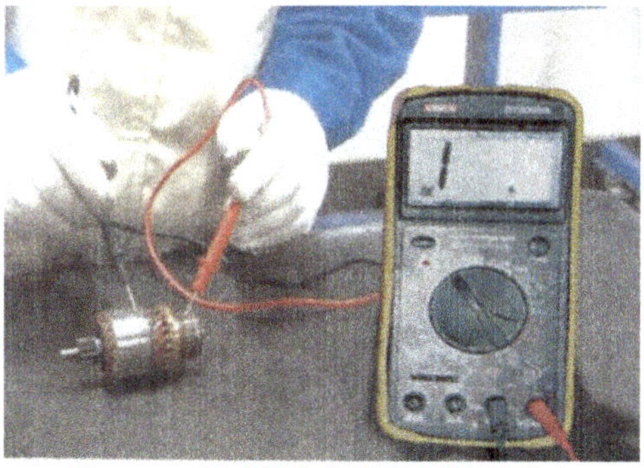

图 3-69 起动机电枢绕组短路的检查

96. 起动机电枢绕组断路的检查方法

如图 3-70 所示，将万用表选择开关放“电阻”挡，将两表笔分别接触换向器相邻的铜片，此时如电阻为无穷大，说明此处有断路故障，应更换电枢总成。

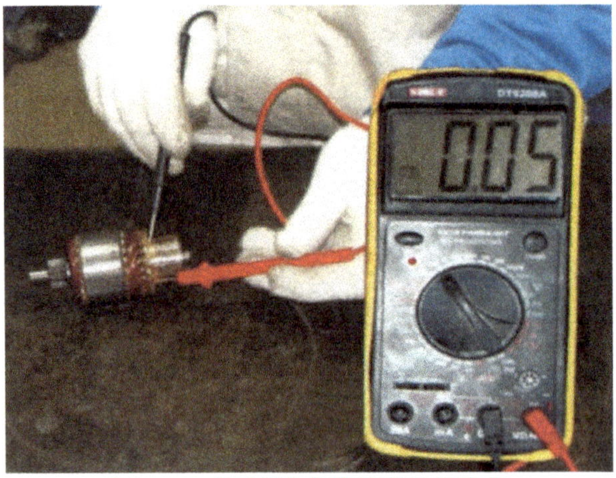

图 3-70　起动机电枢绕组断路的检查

97. 检查换向器表面有无烧蚀、脏污

如图 3-71 所示，检查换向器表面有无烧蚀、脏污，轻微的烧蚀用细砂纸打磨即可修复，严重的烧蚀或失圆（径向跳动大于 0.05mm）时要进行机械加工维修。

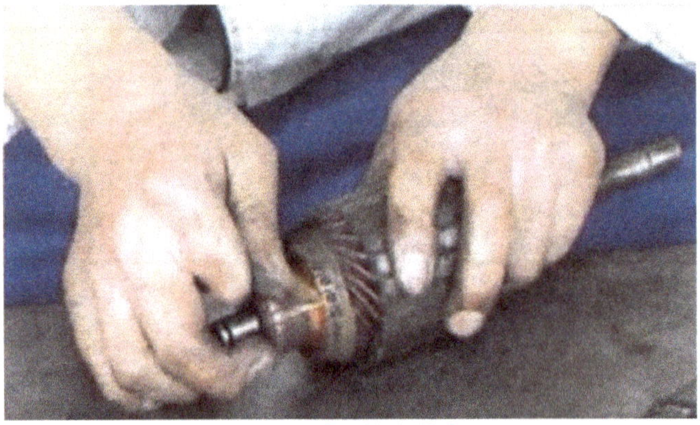

图 3-71　检查换向器表面

98. 测量换向器的外径

如图 3-72 所示，测量换向器的外径，小于极限允许值时要更换。

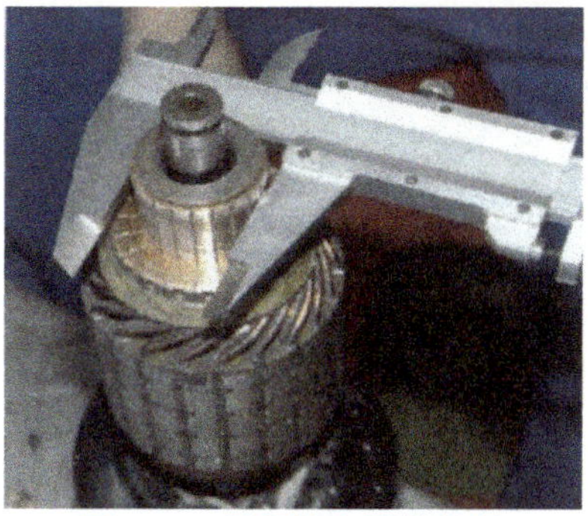

图 3-72　测量换向器的外径

99. 检查换向器云母片深度

如图 3-73 所示，检查换向器云母片深度，当小于极限允许值时要更换或维修。云母片深度标准值为 0.5～0.8mm，极限值为 0.2mm。

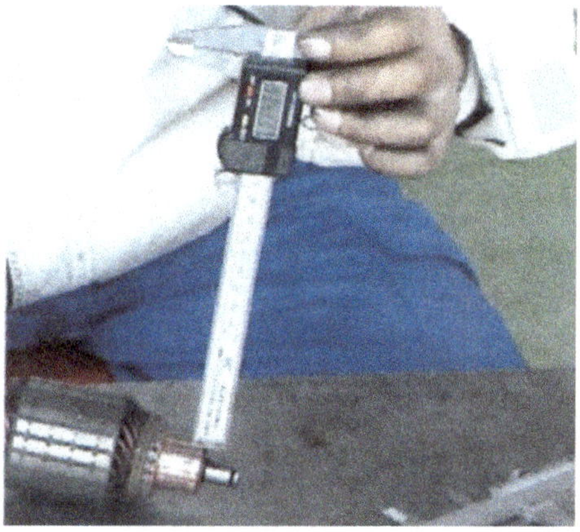

图 3-73　检查换向器云母片深度

100. 电刷的检修方法

如图 3-74 所示，用外经千分尺测量电刷的长度，检查电刷是否磨损过度。如果电刷长度低于极限值，要更换电刷。

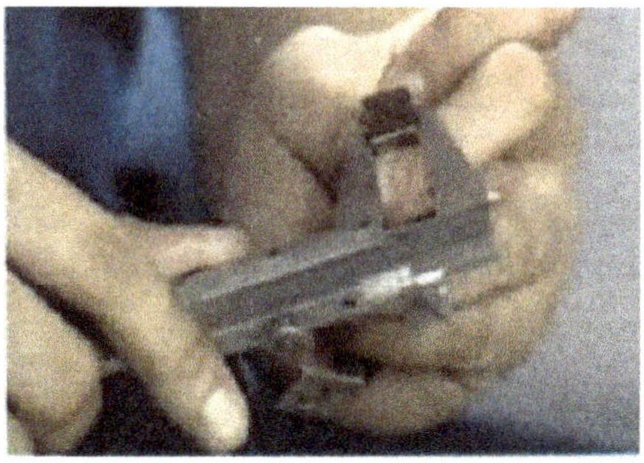

图 3-74 测量电刷的长度

101. 单向离合器的检修方法

如图 3-75 所示，握住单向离合器的外圈座，转动驱动齿轮，顺时针应能自由转动，逆时针时不能转动，否则就是有故障，应更换单向离合器。

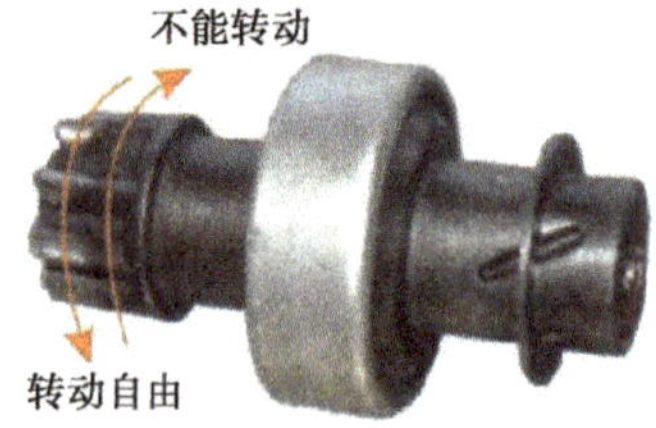

图 3-75 检查单向离合器

102. 碳刷弹簧的检修

弹簧在使用中弹力会减退，应检查其弹力是否符合规定。碳刷架电刷弹簧位置，如图 3-76 所示；碳刷弹簧弹力的测量方法，如图 3-77 所示；碳刷架绝缘性能的检查，如图 3-78 所示。

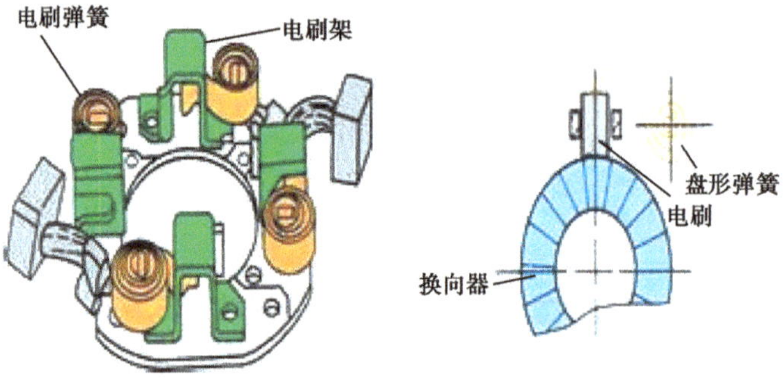

图 3-76 碳刷架电刷弹簧位置示意图

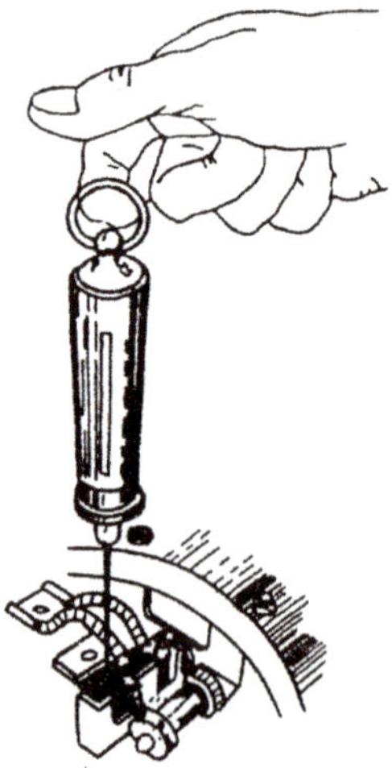

图 3-77 弹簧弹力的测量

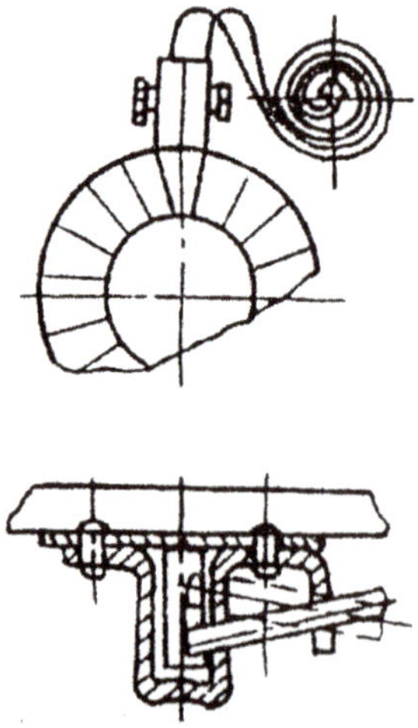

图 3-78 碳刷架绝缘性能的检查

第4章 汽车发动机点火系统

103. 传统点火系统

由断电触点控制点火线圈初级电流，将蓄电池或发电机供给的低压电转变为高压电的点火系统，称为传统点火系统。如图 4-1 所示，传统点火系统结构简单，成本低廉，长期以来得到广泛应用。

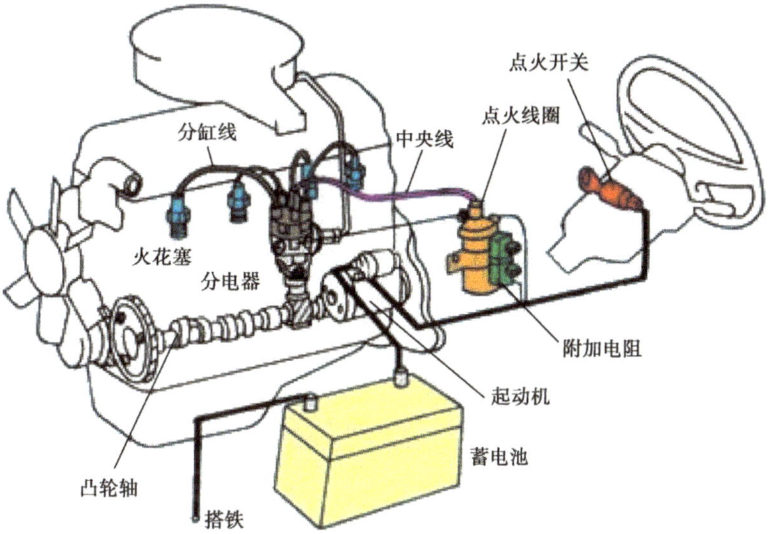

图 4-1　传统点火系统

104. 传统点火系统的组成

如图 4-2 所示。主要有电源（蓄电池）、点火线圈、分电器、点火开关、火花塞、附加电阻、高低压导线等部件组成。

（1）电源。起动时点火系由蓄电池提供低压电能；起动后，当发电机电压高于蓄电池电压时，点火系统由发电机提供低压电能。

（2）点火线圈。将汽车电源提供的 12V 低压电转变成能击穿火花塞电极间隙的高压电。

（3）分电器。在发动机凸轮轴驱动下，准时接通和切断点火线圈初级电流，使点火线圈及时产生高压电，并按点火顺序将高压电传送至各缸火花塞；同时能自动和人为地实现对点火时间的调整。其中电容器的作用是减小断电触点火花，提高点火线圈次级电压。

（4）点火开关。控制点火系统低压电路的通断，控制发动机的起动和熄火。

（5）火花塞。将高压电引入燃烧室，产生电火花点燃混合气。

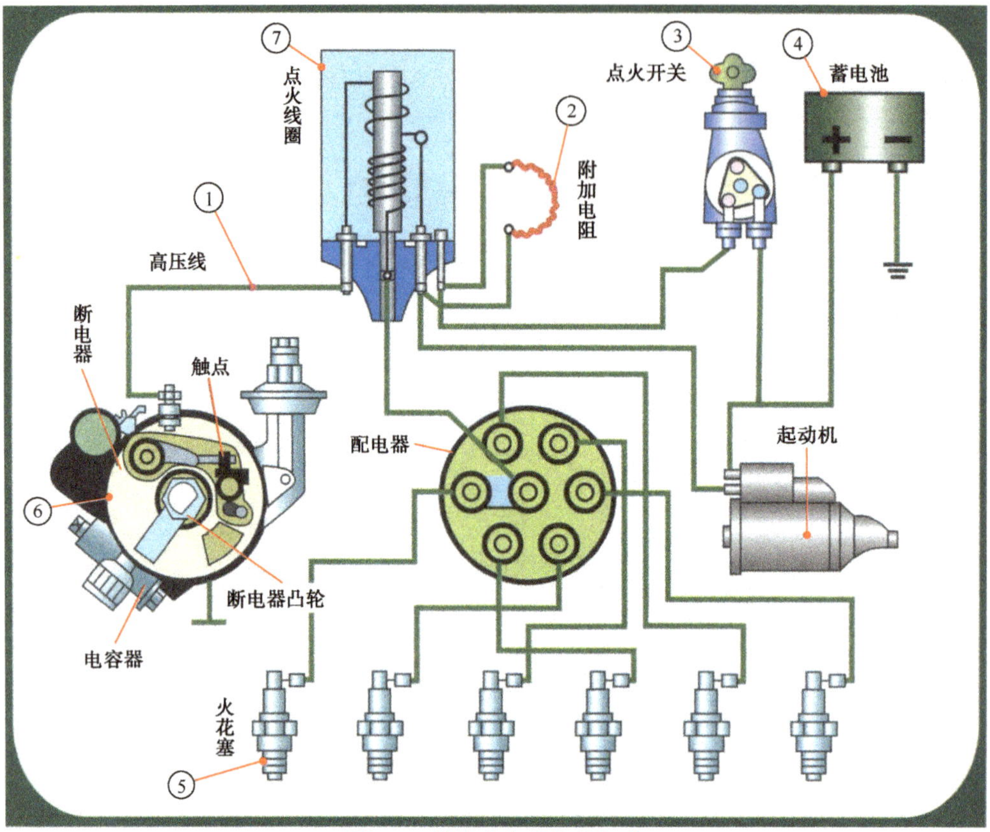

图 4-2　传统点火系统的组成

（6）附加电阻短接装置。起动时将附加电阻短接，增大点火线圈初级电流，增强起动时火花塞的跳火能量。

105. 传统点火系统的工作过程

传统点火系统是利用点火线圈的互感原理工作的，工作过程如图 4-3 所示。接通点火开关 ON 挡，当发动机曲轴转动时，分电器中的断电器凸轮在发动机凸轮轴的驱动下也随之旋转，断电器触点交替地闭合和断开。当断电触点闭合时，点火线圈初级绕组通过低压电流，铁芯存储了磁场能，次级回路分布电容存储了电场能。当断电触点断开时，初级绕组断电，磁场的骤然消失，使得次级绕组感应出了高压电动势。由于次级绕组匝数较多，约为初级绕组的 80～100 倍，所以次级电压可高达 15～20kV，配电器按照点火顺序将高压电轮流传送给各工作缸火花塞跳火。发动机工作时，该过程周而复始地进行。若要发动机停止工作，只要将点火开关由 ON 挡转到 OFF 挡，切断初级电路即可。

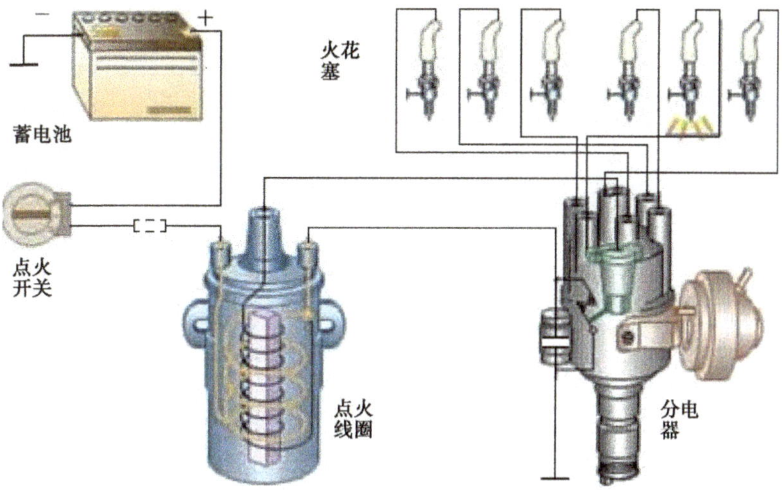

图 4-3　传统（蓄电池）点火系统工作原理图

106. 开磁路点火线圈的结构

开磁路点火线圈的基本结构，如图 4-4 所示。

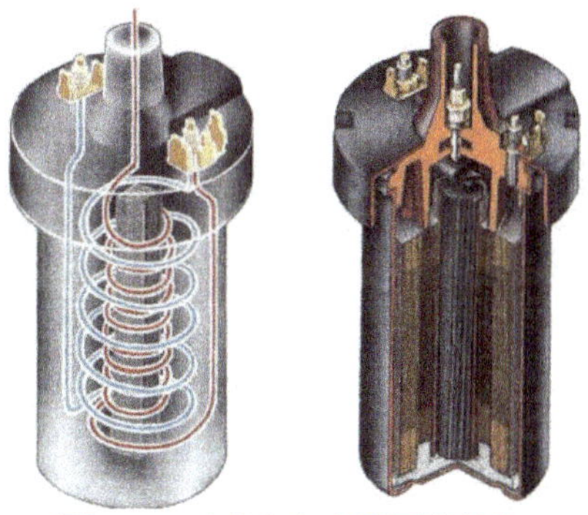

图 4-4　开磁路点火线圈的结构

107. 两接线柱和三接线柱点火线圈的结构

两接线柱和三接线柱点火线圈的结构如图 4-5 所示，它主要由铁芯、初次级绕组、胶木盖、瓷座、接线柱和外壳等组成。一般传统点火系统的点火线圈都带有附加电阻。

点火线圈铁芯由若干层涂有绝缘漆的硅钢片叠成，外面套有绝缘套管。套管外面先分层绕制一定匝数的次级绕组，每层绕组之间都用绝缘纸隔开，最外层的绝缘纸层数较多。再用同样方法将初级绕组绕在次级绕组外面，以利于散热。不同型号点火线圈的绕组参数是不同的，一般初级绕组导线直径为 0.5～1.0mm，匝数约 230～380；次级绕组导线直径为 0.06～0.10mm，匝数约 1100～2600。绕好后的绕组在真空中填入绝缘物，以增强绝缘性能。

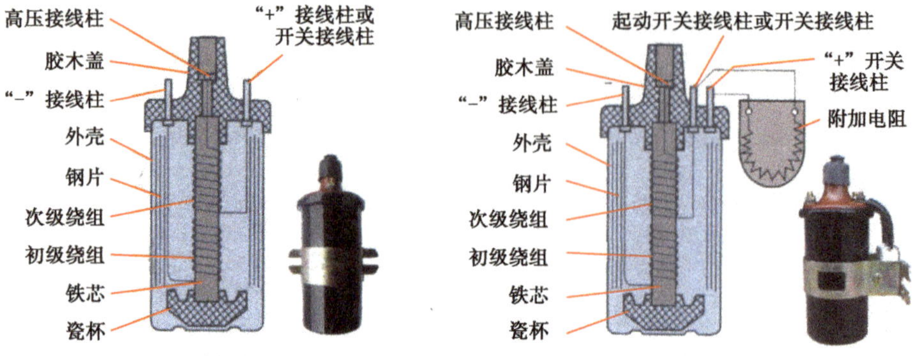

（a）两接线柱式　　（b）三接线柱式

图 4-5　两接线柱和三接线柱点火线圈的结构

108. 闭磁路点火线圈的结构

闭磁路点火线圈和传统的开磁路点火线圈相比，其铁芯不是条形而是“日”字形或“口”字形，如图 4-6 所示。铁芯磁化后，其磁力线经铁芯构成闭合磁路，由于闭磁路点火线圈漏磁场小，磁阻小，能量损失小，所以能量转换率可达 75%，而开磁路点火线圈的能量转换率只有 60%。另外，由于闭磁路铁芯导磁能力强，可在较小的磁动势（安匝数）下产生较强的磁场，因而可有效地减小线圈匝数，使点火线圈小型化。

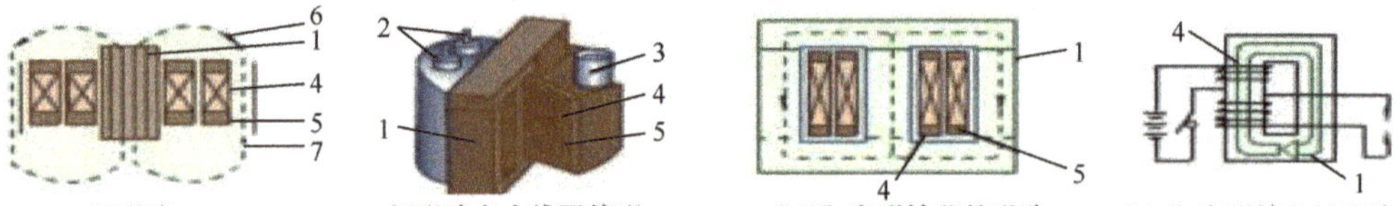

开磁路　　闭磁路点火线圈外形　　“日”字形铁芯的磁路　　“口”字形铁芯的磁路

1—铁芯；2—低压路点火线圈外形；3—高压擂孔；4—初级烧锁；5—次级烧锁；6—磁力线；7—导磁钢套

图 4-6　闭磁路点火线圈结构

109. 点火线圈的绝缘性能检测方法

对点火线圈的绝缘性能进行检测，可以将测试灯的一端与线圈的初级绕组相连，另一端接外壳，如果测试灯亮，表示线圈搭铁故障，应予以更换；如测试灯不亮，为线圈良好、绝缘合格，如图 4-7 所示。

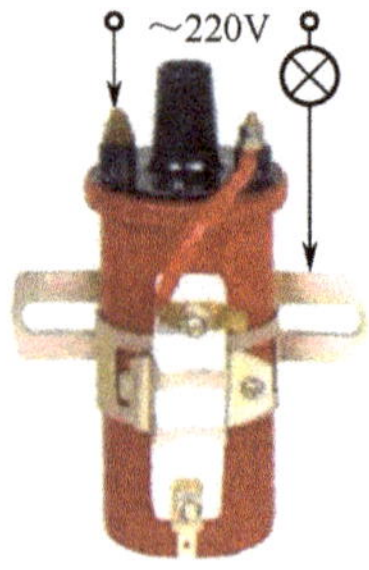

图 4-7　用试灯测试

110. 测量点火线圈及附加电阻的方法

用万用表测量点火线圈的初级绕组、次极绕组及附加电阻的电阻值，如图 4-8 所示。

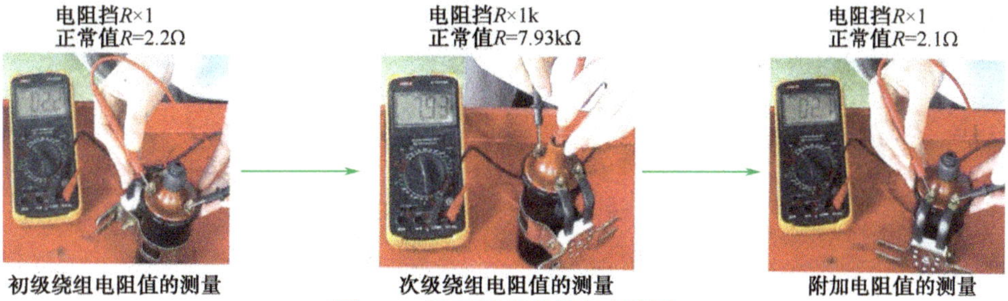

图 4-8　用万用表测量点火线圈

111. 分电器的整体结构

传统点火系统分电器总成，主要由配电器、断电器、电容器、真空及离心点火提前装置等部件组成，如图 4-9 所示。

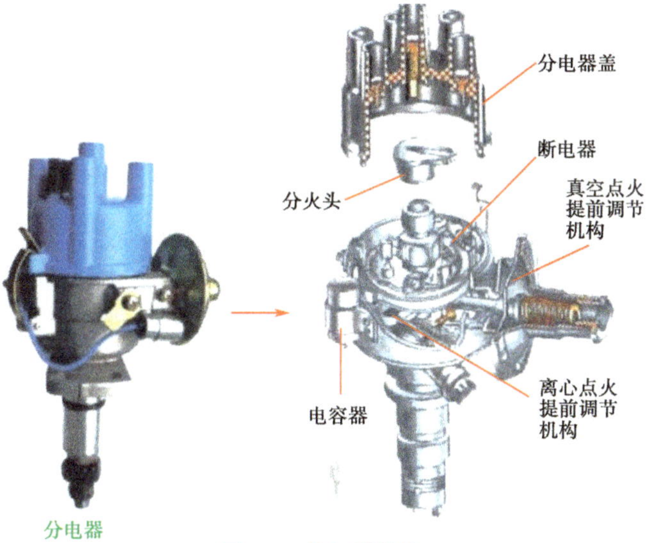

图 4-9　分电器结构

112. 分火头和分电器是否漏电的检测方法

就车检查分火头和分电器是否漏电的方法如图 4-10 所示，利用点火线圈的高压电对准分火头进行跳火试验，若能跳火时说明漏电，分电器盖如果有裂痕应更换。

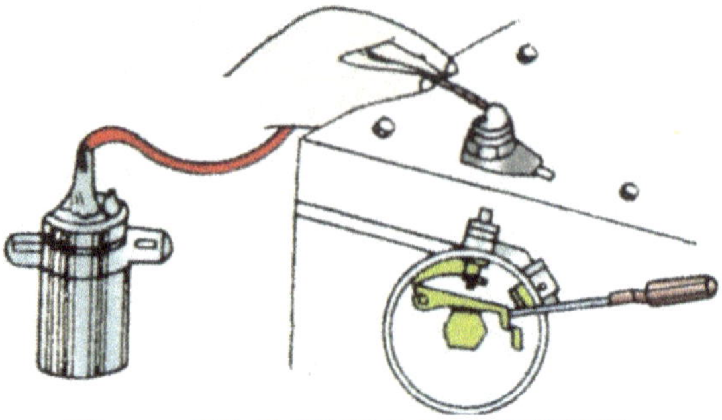

图 4-10　用高压电检测分火头的绝缘性能

113. 检查分火头电阻值的方法

用万用表检查分火头电阻值，如图 4-11 所示，用万用表的两表笔测量分火头中央导电片与尖端电极之间的电阻值，如果阻止小于 1kΩ，应该更换分火头。

图 4-11　分火头电阻的测量方法

114. 断电器触点的接触状态的检查

如图 4-12 所示，查看断电器触点的表面是否有油污、烧蚀、凹凸不平及触点之间能否全面接触。如触点有油污，可以用汽油清洗干净；如触点有烧蚀，可以用 0# 砂纸打磨干净并用汽油清洗；如果触点的表面严重烧蚀或凹凸不平时，要更换触点总成；用尖嘴钳校正两触点的中心线在重合线上。

图 4-12　断电器触点位置

115. 触点间隙的检查方法

如图 4-13 所示，拆下分电器盖和固定螺钉，转动分电器外壳使断电器触点处于最大间隙位置，用塑料塞尺检查断电器的触点间隙，应该为 0.35～0.45mm，如果不符合要求，要松开紧固螺钉，转动偏心螺钉进行间隙调整，待间隙符合要求后再将紧固螺钉拧紧。

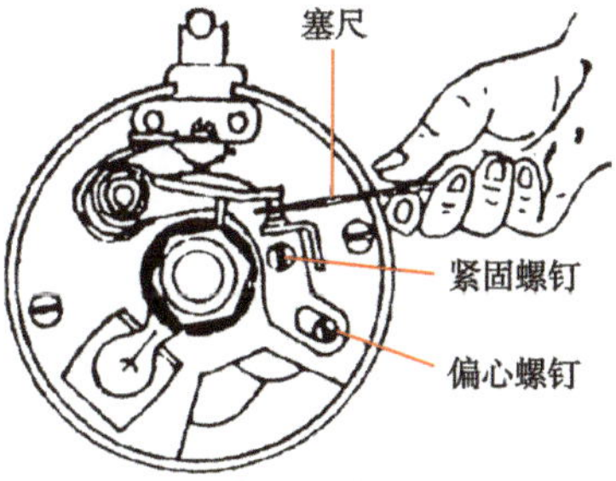

图 4-13　断电器触点的检查

116. 分电器触点臂弹簧张力的检查

如图 4-14 所示，在触点闭合状态下，用弹簧秤的挂钩钩在活动触点的弹簧臂上，沿着触点的轴向拉动弹簧秤，触点刚刚分开时的拉力读数应该为 4.9～6.9N，否则应更换触点总成。

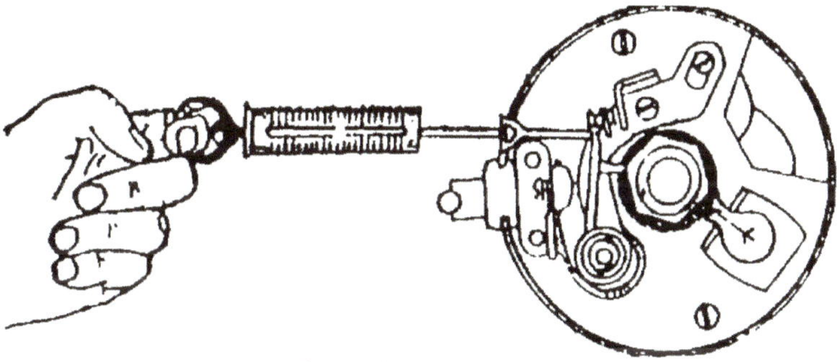
图 4-14　断电器触点臂弹簧张力的检查

117. 火花塞的结构

火花塞的结构如图 4-15 所示，在钢质壳体内部固定着高氧化铝陶瓷绝缘体，绝缘体中心孔内装有中心电极，中心电极上端有接线螺母，用来连接高压导线。壳体的下端面固定有弯曲的侧电极。壳体的上端有便于拆装的六角柱面，它与绝缘体之间装有紫铜垫片，主要起导热和密封作用。

火花塞的电极间隙一般为 0.7～0.9mm，近年来为适应发动机排气净化的要求，采用稀混合气燃烧，火花塞电极间隙有增大的趋势，有的已增大至 1.0～1.2mm。

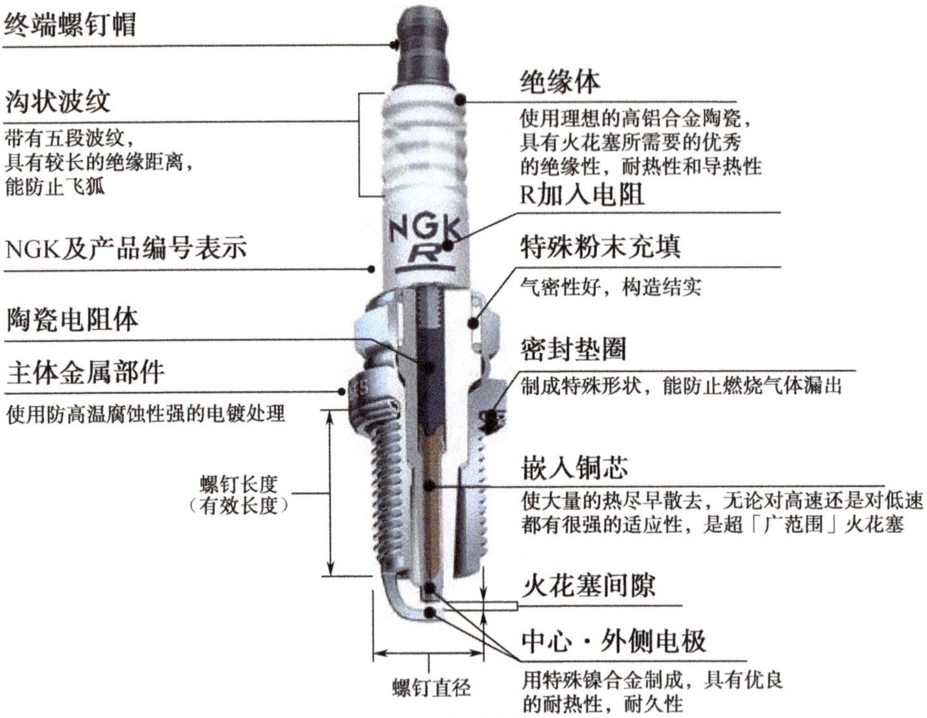

图 4-15　火花塞的结构

118. 火花塞的热特性

为保证火花塞的正常工作，其下部绝缘体——裙部的温度应维持在 500～700℃，这样才能使落在绝缘体上的油滴立即烧掉，不致形成积炭，通常称这个温度为火花塞的“自净温度”。如果温度过低，火花塞会形成积炭；温度过高，又易导致炽热点火，使发动机遭到损坏。

火花塞裙部绝缘体的工作温度取决于其受热情况和散热条件。影响火花塞裙部温度的主要因素是裙部的长度，裙部较长的火花塞，在燃烧室内吸热面积大，传热距离长，散热困难，因而裙部温度高，称为“热型”火花塞。而裙部较短的火花塞，吸热面积小，传热距离短，散热容易，因而裙部温度较低。如图 4-16 所示，为不同热特性的火花塞结构示意图。

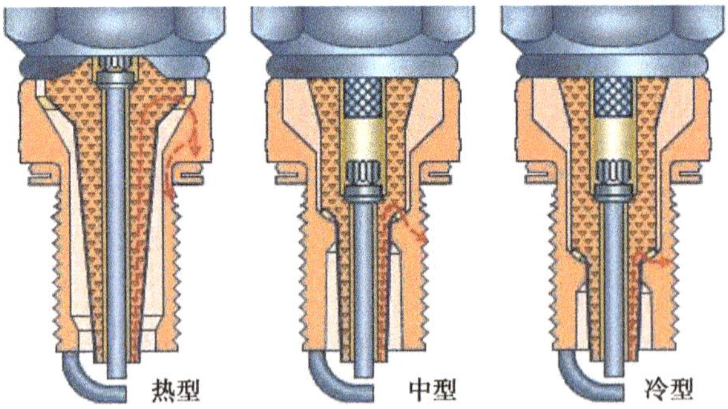

图 4-16　热特性不同的火花塞

发动机技术性能不同，汽缸内工作温度也不相同。大功率、高转速、高压缩比的发动机汽缸温度高。为使火花塞不致产生炽热点火，应选用“冷型”火花塞；相反，对功率小、转速和压缩比低的发动机来说，为了不致形成积炭，应采用“热型”火花塞。

目前各国对火花塞热特性的表示方法不完全相同，一般常用“热值”表示。所谓热值，是指火花塞散掉所吸热量的程度。它是一个相对概念，国产火花塞分别用 1、2、3、4、5、6、7、8、9、10 等阿拉伯数字表示。热值越高，表示散热性能越好。因而，小数字为热型火花塞，大数字为冷型火花塞。热值越大，越趋向于冷型火花塞。

119. 火花塞的检查与调整

火花塞的外观检查，如图 4-17 所示。

（1）检查绝缘体是否有裂纹、破损，中心电极、侧电极是否烧损，如有损伤要更换。

（2）检查螺纹部分，损伤两齿的要更换。

正常的火花塞　烧蚀的火花塞　烧蚀的火花塞　积炭的火花塞

图 4-17　火花塞的检查

120. 火花塞电极的检查与间隙调整

（1）用火花塞的专用量规测量火花塞的间隙，其正常间隙值一般为 0.6～0.8mm；采用电子点火的火花塞电极间隙为 1.0～1.2mm。如果不符合要求值，就要进行调整。

（2）火花塞间隙的调整，如图 4-18 所示，用火花塞专用钢丝式塞尺，小心地弯曲侧电极来调整间隙，也可以慢慢敲击侧电极来调整。

火花塞电极间隙的检查　火花塞电极间隙的调整

图 4-18　火花塞电极间隙的检查与调整

121. 电子点火系统的特点

汽车电子点火系统与机械式点火系统完全不同，它有一个点火用电子控制装置，内部有发动机在各种工况下所需的点火控制曲线图（MAP 图）。通过一系列传感器，如发动机转速传感器、进气管真空度传感器（发动机负荷传感器）、节气门位置传感器、曲轴位置传感器等来判断发动机的工作状态，在 MAP 图上找出发动机在此工作状态下所需的点火提前角，按此要求进行点火。然后根据爆震传感器信号对上述点火要求进行修正，使发动机工作在最佳点火时刻。如图 4-19 所示，为典型桑塔纳轿车霍尔式电子点火系统图。

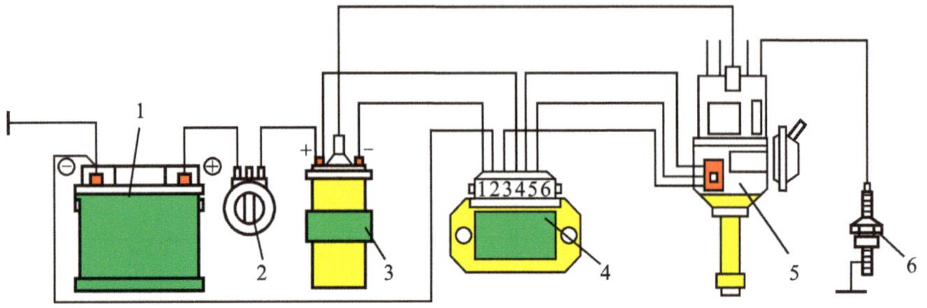

1—蓄电池；2——点火开关；3——点火线圈；4——点火器；

5——带霍尔信号发生器的分电器；6——火花塞

图 4-19 典型桑塔纳轿车霍尔式电子点火系统图

122. 电磁感应式电子点火系统工作原理

如图 4-20 所示，当接通发动机的点火开关后，蓄电池（交流发电机）的正极经过点火开关→ R_4 → R_1 → VT_1 →信号发生器线圈→搭铁→蓄电池（交流发电机）负极构成回路，此时 VT_1 导通。

当点火信号发生器产生正向脉冲时，VT_2 导通、VT_3 截止、VT_4 导通、VT_5 导通。于是初级电流回路是：蓄电池（交流发电机）正极→点火开关→电阻 R_f →点火线圈初级绕组→ VT_5 →搭铁→蓄电池（交流发电机）负极，点火线圈初级绕组导通。

当点火发生器产生反向脉冲时，使 VT_2 的基极电位降低而截止，VT_3 导通、VT_4 截止、VT_5 截止。于是初级电流被切断，在次极绕组中产生高电压，经过配电器按点火次序分配到各汽缸的火花塞点火，点燃汽缸内的可燃混合气使发动机做功。

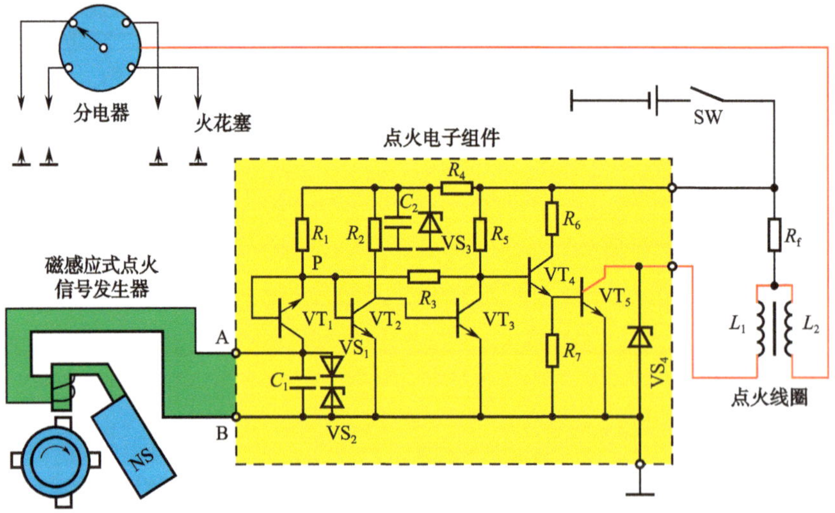

图 4-20 电磁感应式电子点火系统工作原理

123. 磁感应式分电器主要部件

如图 4-21 所示，为磁感应式分电器主要部件分解图，磁感应式电子点火系统仅比传统点火系统增加了一个点火模块。

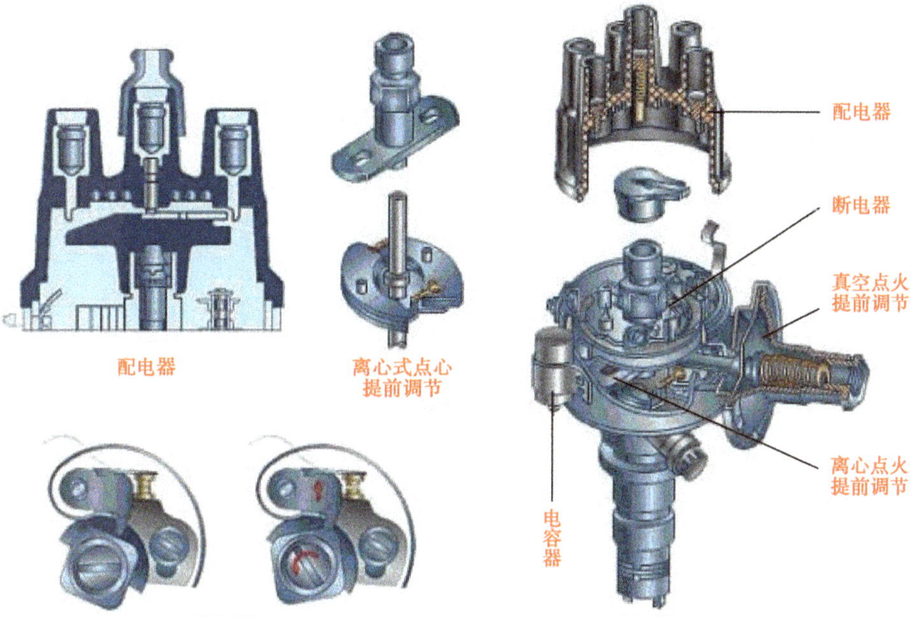

图 4-21　磁感应式分电器主要部件分解图

124. 电磁感应式电子点火系统中点火控制器的干电池检测法

如图 4-22 所示，用 1.5V 的干电池代替信号发生器，接到点火控制器的信号输入端子上；正向连接时，点火线圈的初级线圈导通，用万用表测量点火线圈的“–”极接线柱与搭铁之间的电压为 1～2V。如将干电池反接后，再进行测量时的电压应为 12V。若与以上的测试结果不符，则说明点火控制器有故障，要更换。

注意：用干电池测量的时间每次不能超过 10s。

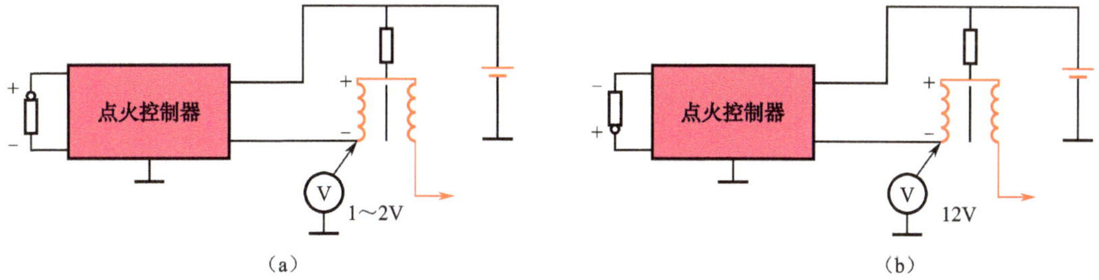

图 4-22　点火控制器的干电池检测法

125. 电磁感应式电子点火系统中点火控制器的跳火试验法

如图 4-23 所示，在确定了除点火控制器以外的低压电路都完好的情况下，可采用跳火法来检测点火器的好坏。检测时，将分电器盖上的高压线拔下，使其端头距离汽缸体 5～10mm；打开点火开关后，对于磁感应信号发生器，按图中所示的方法，用螺丝刀快速地碰刮信号发生器的定子极爪，以改变信号发生器线圈的磁通，使其产生信号脉冲，控制点火器的通断，以在点火线圈的次极上产生点火高压电。如果每次碰刮都能在高压线的端头产生高压火花，说明点火器完好，否则应该更换。

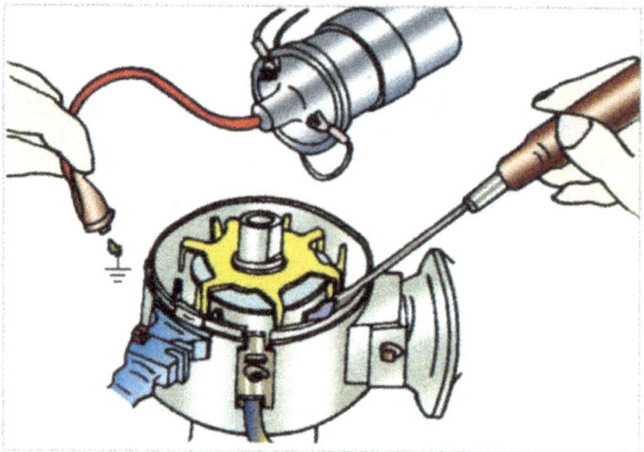

图 4-23　点火控制器的跳火试验法

126. 霍尔效应

采用了霍尔效应传感器的点火系统叫霍尔式电子点火系统。

霍尔效应如图 4-24 所示，如果在电流的垂直方向加上磁场，则在与电流和磁场都垂直的方向上建立一个电场。

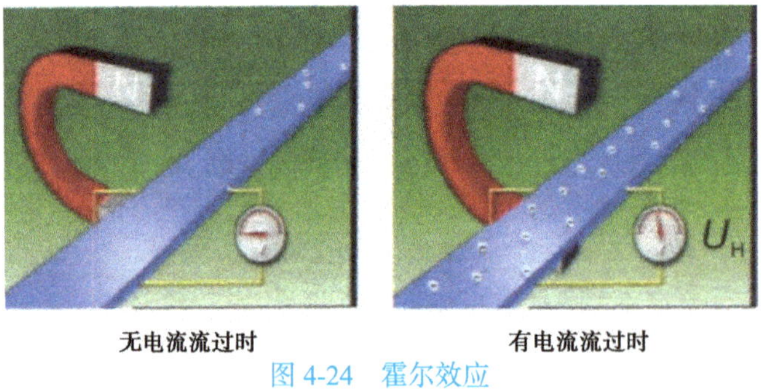

图 4-24　霍尔效应

127. 霍尔信号发生器结构

传统点火系统中分电器这个部件中的“白金开关”是触点形式的开关，霍尔效应传感器是无触点开关，原来的白金开关安装在分电器轴的凸轮上，采用机械接触触发；利用霍尔效应，假定在凸轮的位置换成磁铁，外缘安装霍尔传感器，那么每次磁铁经过霍尔传感器时就会产生一个电脉冲；电脉冲来触发高压线圈放电点火。如图 4-25 所示，为霍尔信号发生器结构。

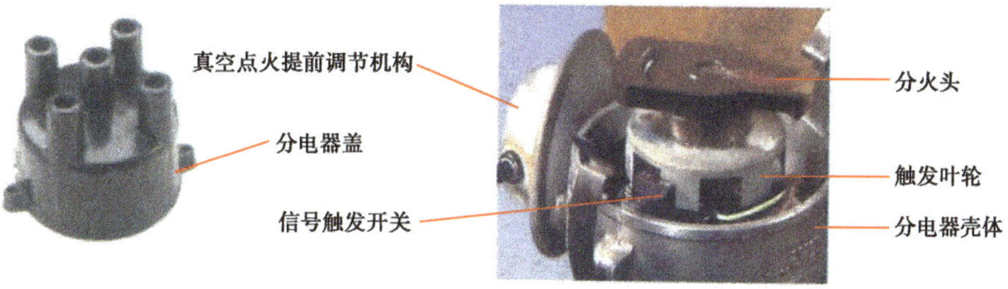

图 4-25　霍尔信号发生器结构

128. 霍尔信号发生器工作原理

霍尔信号发生器位于分电器内，主要由触发叶轮和信号触发开关组成。触发叶轮与分火头制成一体，由分电器轴带动旋转，其叶片的数量与汽缸的数量相同。信号触发开关由霍尔集成电路和带导磁板的永久磁铁组成。霍尔集成电路的外层为霍尔元件，同一基板的其他部分制成放大电路。触发叶轮的叶片在霍尔集成电路和永久磁铁之间转动。

霍尔信号发生器的工作原理，如图 4-26 所示。当发动机工作时，分电器轴带动触发叶轮转动，每当触发叶轮的叶片进入永久磁铁和霍尔元件之间的空隙时，原来垂直进入霍尔元件的磁力线被叶片遮住，霍尔元件的磁路被触发叶轮的叶片旁路，因此，霍尔元件不产生霍尔电压，霍尔集成电路输出极的晶体管处于截止状态，其集电极电位高于 11～12V，即此时信号发生器的输出信号为 11～12V。当触发叶轮的叶片离开此空隙时，永久磁铁的磁力线则可以垂直进入霍尔元件，于是便产生出霍尔电压，使霍尔集成电路输出极的晶体管处于导通状态，其集电极电位低于 0.3～0.4V，此时信号发生器的输出信号为 0.3～0.4V。故触发叶轮每转一周，霍尔信号发生器便可以产生与发动机汽缸数目相同的脉冲信号，将此信号输送给点火控制器就可以实现对点火系统的控制。

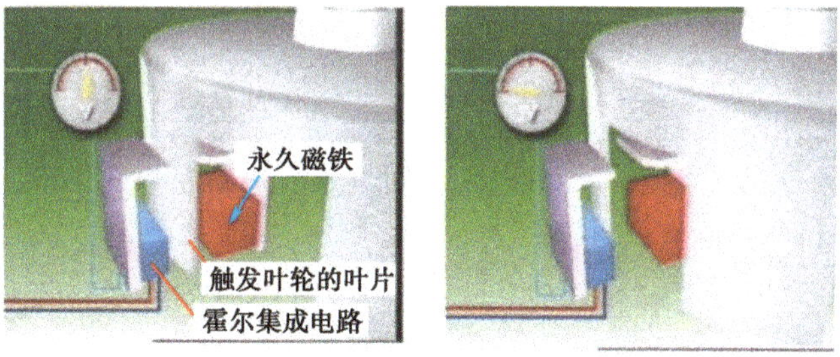

图 4-26　霍尔信号发生器的工作原理

129. 霍尔效应式电子点火系统工作原理

（1）发动机工作时，分电器轴带动霍尔信号发生器的触发叶轮旋转，当触发叶轮的叶片进入永久磁铁和霍尔元件之间的空隙时，信号发生器输出高电压信号（11～12V），高电压信号使点火控制器集成电路中末级大功率管 VT 导通，点火系统的初级电路导通：电源“+”→点火线圈 L_1 →点火控制器 VT →搭铁→电源“−”。

（2）当触发叶轮的叶片离开此空隙时，永久磁铁的磁力线则可以垂直进入霍尔元件，于是便产生出霍尔电压，使霍尔集成电路输出极的晶体管处于导通状态，其集电极电位低于 0.3～0.4V，低电压信号使点火控制器集成电路中末级大功率管 VT 截止，使初级电路截止，次极电路的高压线圈产生点火高压电。

（3）在次极绕组中产生高电压，经过配电器按点火次序分配到各汽缸的火花塞点火，点燃汽缸内的可燃混合气使发动机做功。

霍尔效应式电子点火系统工作原理电路，如图 4-27 所示。

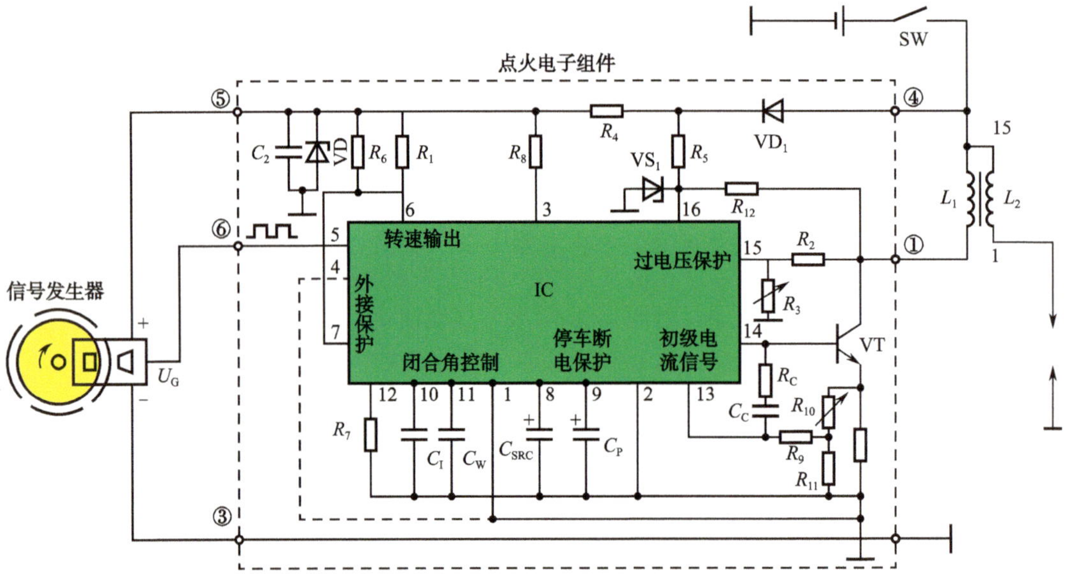

图 4-27　霍尔效应式电子点火系统工作原理电路

130. 对霍尔信号发生器的检测

如图 4-28 所示，检测时分别测量“+”与“−”的电压和“s”与“−”的电压，然后与维修手册中的标准参数比较，进而判断是否有故障。以桑塔纳轿车为例，霍尔信号发生器在分电器内引出的三根导线分别为：霍尔信号发生器的“+”极（红 / 黑色），接点火控制器 5 号端子；霍尔信号发生器 6 号端子；霍尔信号发生器的“−”极（棕 / 白色），点火控制器的 3 号端子。

用万有表直流电压挡测量霍尔信号发生器的“+”与“−”之间的电压，应为 11～12V。当触发叶轮的叶片不在霍尔传感器的空气间隙中时，其电压值应为 0.3～0.4V；当触发叶轮的叶片在霍尔传感器的空气间隙中时，其电压值应为 11～12V。

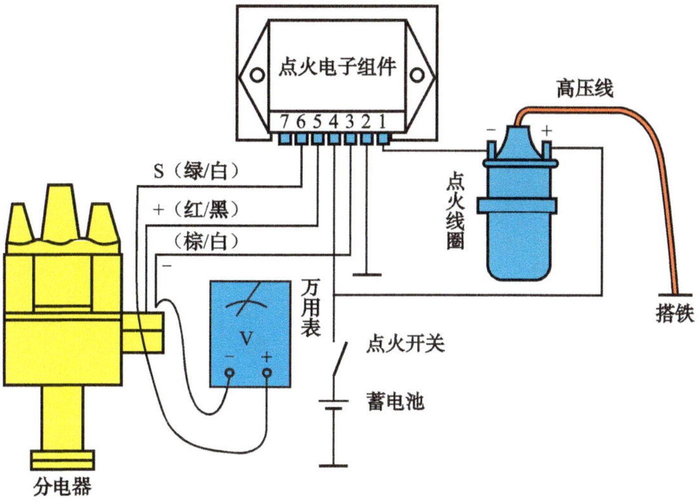

图 4-28 对霍尔信号发生器的检测

131. 霍尔式电子点火控制器跳火的检测

对于霍尔式电子点火系统，可将分电器盖和分火头拆下，是中央高压线端部距离缸体 5～10mm，接通点火开关，用一根钢锯条插入传感器的气隙并迅速拔出，看在锯条拔出时中央高压线端部是否有高压点火出现；在反复插入拔出时，均出现高压打火，则说明点火器良好，否则就要更换点火器。

如图 4-29 所示，对于桑塔纳轿车的电子点火器，也可以将分电器上信号发生器的插接器拔下，用一根电线与插接器上的绿 / 白电线反复搭铁，看有没有高压火花产生；如果有则说明点火器良好，如果没有则说明点火器故障，应更换。

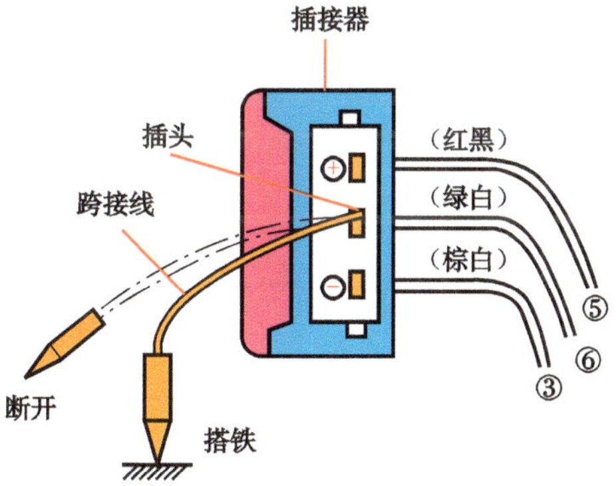

图 4-29 桑塔纳轿车电子点火器的跳火试验

132. 微机控制带分电器点火系统的组成

微机控制带分电器点火系统的组成，如图 4-30 所示。

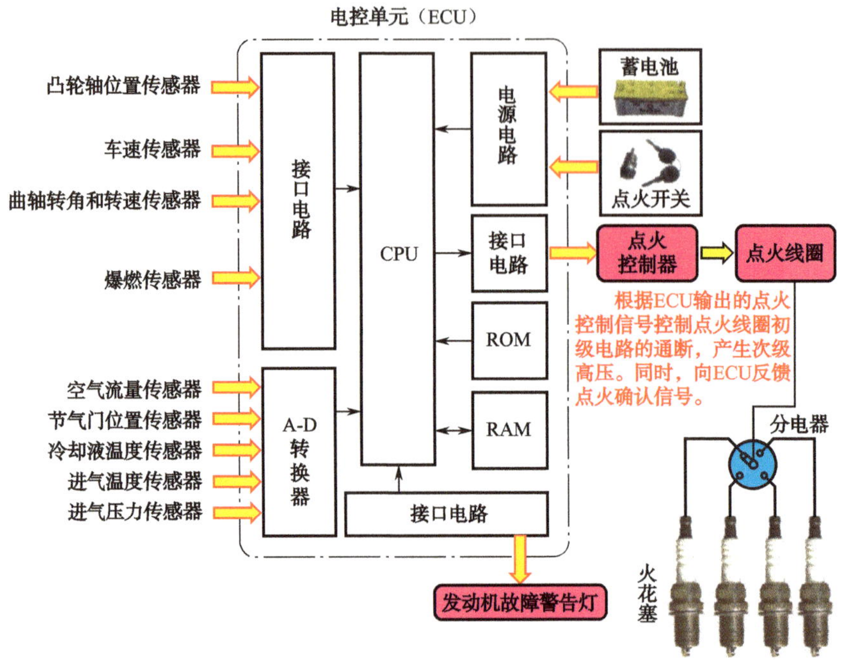

图 4-30　微机控制带分电器点火系统的组成

133. 微机控制带分电器点火系统的工作过程

如图 4-31 所示，为本田雅阁汽车 F22B1 型发动机点火系统；在该点火系统中，曲轴位置传感器（TDC/CKP/CYP）、点火线圈、点火控制器都在分电器内。

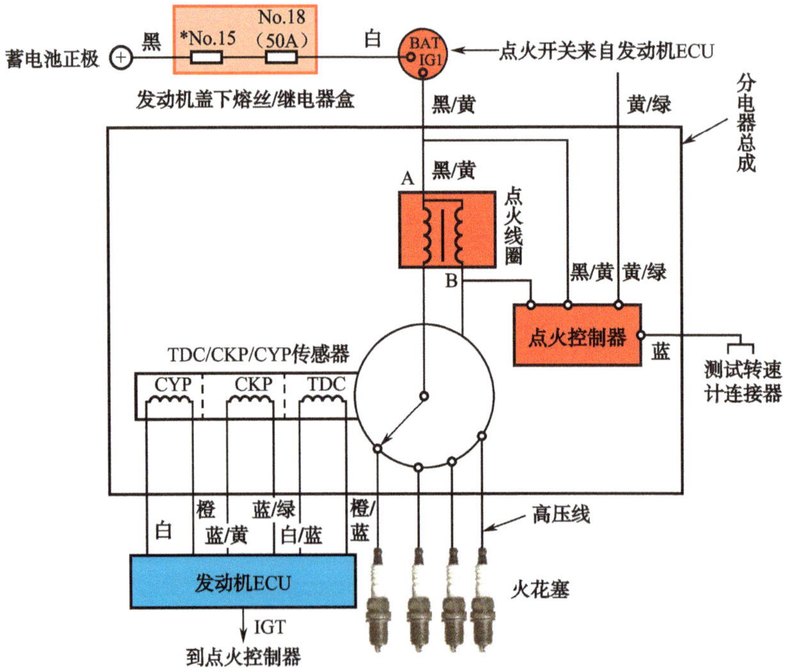

图 4-31　本田雅阁汽车 F22B1 型发动机点火系统

点火系统的基本控制过程是：蓄电池正极→点火开关→点火线圈初级绕组→点火控制器→搭铁。

点火系统由发动机 ECU 控制，发动机 ECU 根据进气压力传感器、曲轴位置传感器、节气门位置传感器、发动机冷却液温度传感器、进气温度传感器等输入信号，计算最佳点火时刻，然后输出触发信号（点火信号 IGT）到点火控制器，点火控制器使点火线圈的初级迅速截止，从而使次级线圈产生高压电，点燃汽缸内的可燃混合气。

134. 微机控制不带分电器点火系统的单独点火方式

单独点火是指一个火花塞配一只点火线圈，如图 4-32 所示。这样的系统可以把点火线圈安装在火花塞顶上，这样不但取消了分电器，而且也不用高压线；因此，彻底消除了分电器和高压线所带来的缺陷，使点火性能最佳，但结构和点火控制系统复杂。

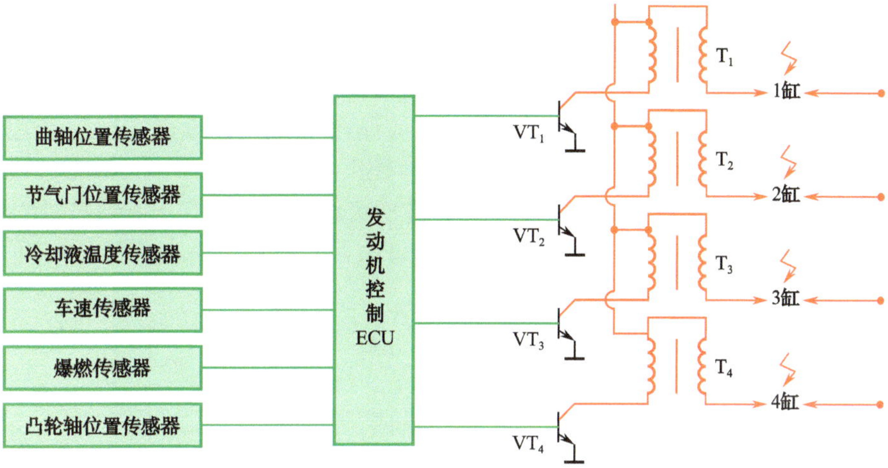

图 4-32　不带分电器点火系统单独点火方式

135. 微机控制不带分电器点火系统的双缸同时点火方式

双缸同时点火方式是指一个点火线圈可以同时为两个缸点火，如图 4-33 所示。这种方式要求一个点火线圈同时为两个火花塞点火，同时两个汽缸的工作相位相差 360° 的曲轴角，这样当一缸接近排气行程上止点时，另一缸的排气行程也必须到达上止点，若此时点火，两汽缸的火花塞会同时跳火。

处于排气行程的汽缸由于汽缸内的压力很低，这时的混合气体也处于后燃末期，气体中有导电离子存在，这时汽缸内火花塞很容易跳火，能量损失少。而对于处于压缩行程的汽缸，由于汽缸内压力很高，气体分子的密度很大，要使该汽缸的火花塞跳火，必须有足够的点火电压。因此对于双缸同时点火的方式，实际上加在压缩行程汽缸内火花塞的点火电压要远高于排气行程汽缸内火花塞上的点火电压，从而保证压缩行程汽缸火花塞的正常跳火，而排气行程的汽缸火花塞的跳火只是一次无效的火花，不会造成大的能量损失。

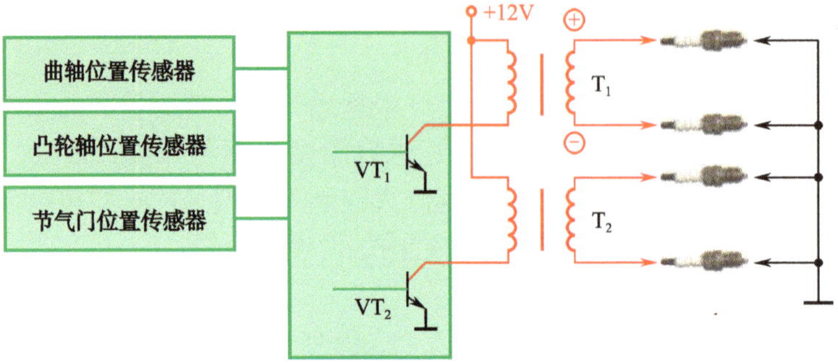

图 4-33 不带分电器点火系统双缸同时点火方式

136. 微机控制不带分电器点火系统的二极管配电点火方式

如图 4-34 所示，为不带分电器点火系统的二极管配电点火方式；该点火线圈有两个初级绕组和一个次级绕组，次级绕组有两个输出端，在通往 4 个火花塞的高压电路中串联 4 个高压二极管。两个初级绕组通电时的电流方向相反，当一个初级绕组断电在次级绕组上产生高压电动势时，其方向可以使 1、4 缸的二极管导通，使火花塞跳火；而 2、3 缸的二极管截止，其火花塞不能跳火。当另一个初级绕组断电后，在次级绕组上产生高压电动势时，其方向可以使 2、3 缸的二极管导通，使火花塞跳火；而 1、4 缸的二极管截止，其火花塞不能跳火。

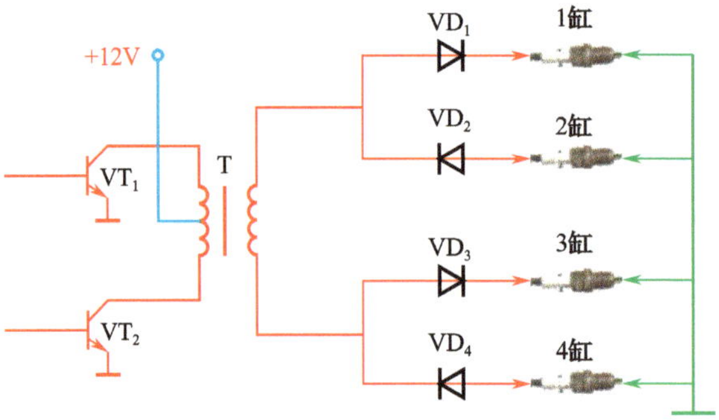

图 4-34 不带分电器点火系统二极管配电点火方式

137. 火花塞的更换步骤

更换火花塞前，要拆下发动机护盖，拔下高压线或拆下单独的点火线圈，再拆卸火花塞进行检查和更换。

（1）拆下点火线圈或拔下高压线，如图 4-35 所示。

（2）卸下火花塞，如图 4-36 所示。

（3）检查故障的火花塞并更换新件，如图 4-37 所示。

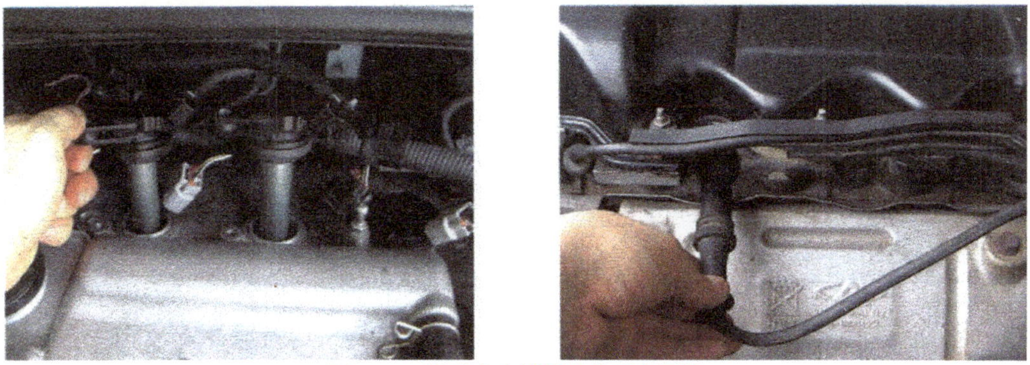
图 4-35　拆下点火线圈或拔下高压线

图 4-36　卸下火花塞

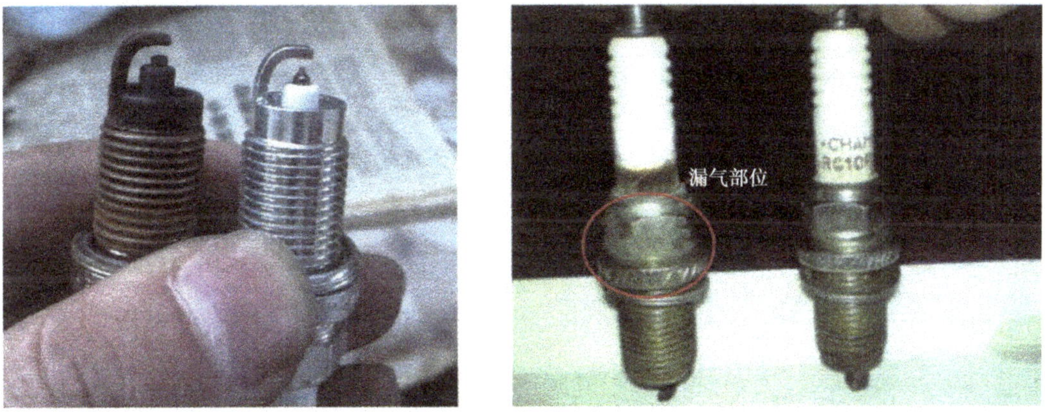

图 4-37　检查故障的火花塞

138. 高压线的跳火检查

高压线经常出现的故障是漏电和内部短路，当出现故障时，发动机会出现怠速不稳、抖动及加速不良的现象。高压线的跳火检查，如图 4-38 所示。

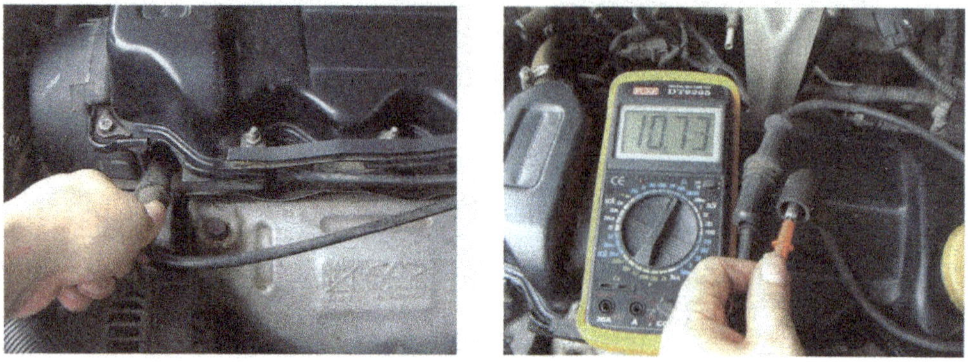

图 4-38　高压线的跳火检查和短路检查

139. 高压线的更换

当对故障的高压线进行更换时，要记住点火顺序。高压线的安装顺序，如图 4-39 所示。

图 4-39　高压线的安装顺序

140. 对点火线圈的检查

当单独式点火线圈一个缸发生故障时，会造成发动机单缸不工作，产生发动机怠速抖动、动力不足及加速不良的故障现象。检查点火线圈是否有断路现象，如图 4-40 所示。

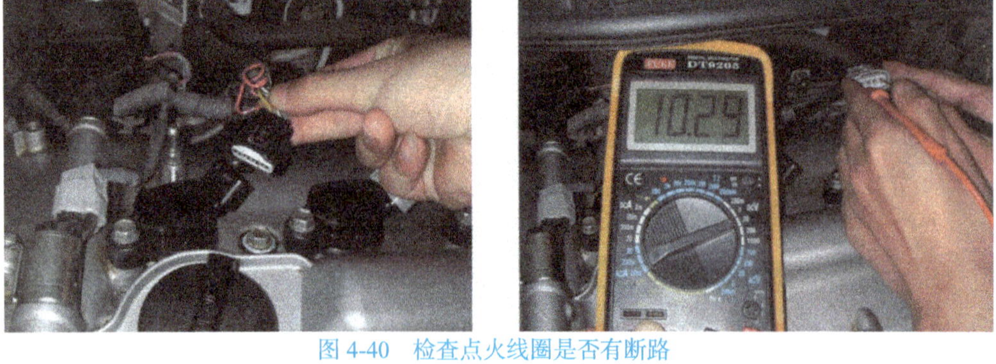

图 4-40　检查点火线圈是否有断路

141. 点火线圈的更换

（1）对火花塞的检查。当点火线圈工作不正常时，燃烧不正常汽缸中的火花塞的电极处会有油污及发黑，如图 4-41 所示。

（2）确定哪个汽缸不工作的检查。可以通过互换点火线圈的方法来判断点火线圈的性能，如图 4-42 所示。

图 4-41　对火花塞的检查

图 4-42　互换点火线圈

（3）单独式点火线圈的更换方法，如图 4-43 所示。

（a）取下点火线圈固定螺钉

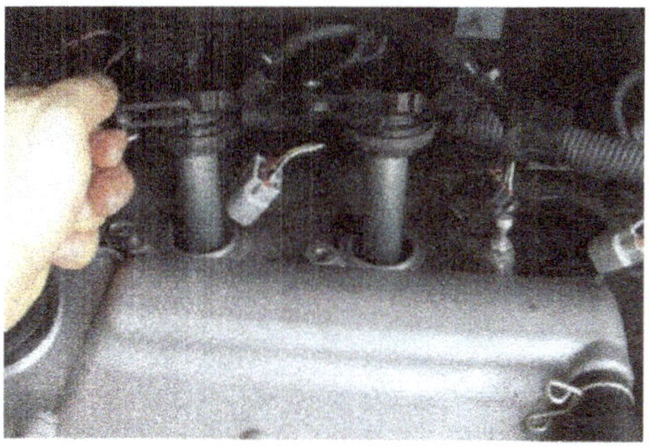

（b）取下点火线圈

图 4-43　单独式点火线圈的更换方法

142. 同时点火式点火线圈的检查与更换

当同时点火式点火线圈出现故障时，发动机不能起动或起动困难、怠速熄火、加速不良，会造成两缸或四缸都不工作。

检查方法是用万用表的 20kΩ 挡测量点火线圈高压端的电阻值，分别测量 1、4 缸和 2、3 缸之间的电阻值，如果测量的电阻值为“∞”时，说明点火线圈的次极有断路，应该更换点火线圈。

（1）测量点火线圈电阻值，如图 4-44 所示。

（2）拔下点火线圈高压线，如图 4-45 所示。

（3）拆下点火线圈并更换，如图 4-46 所示。

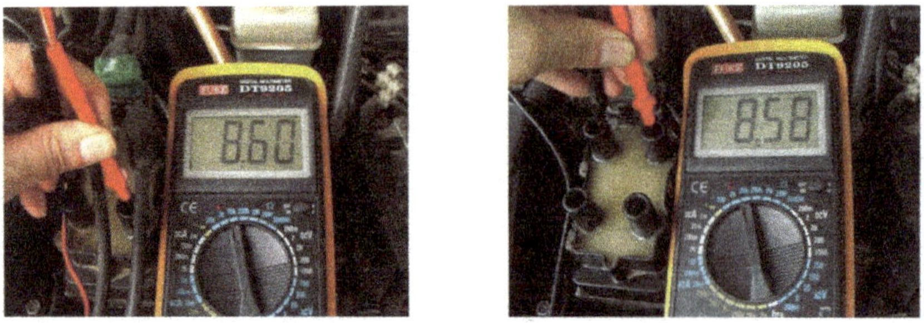

图 4-44　测量点火线圈电阻值

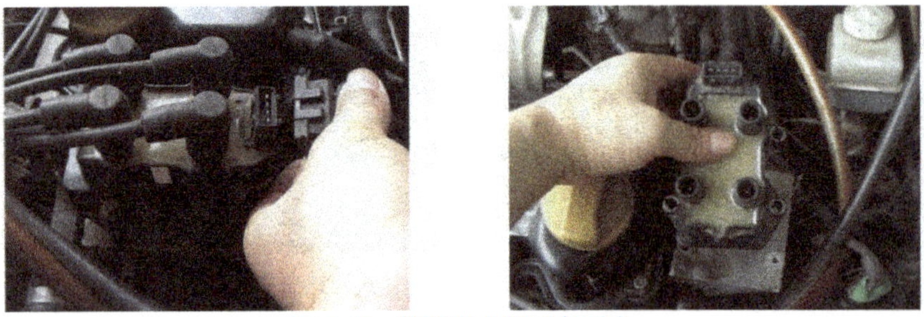

图 4-45　拔下点火线圈高压线

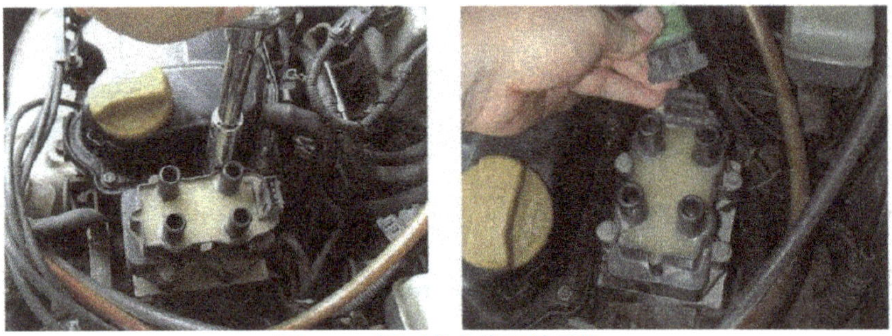

图 4-46　拆下点火线圈并更换

143. 点火开关的拆卸步骤

拆卸轿车点火开关时，首先要拆下方向盘、组合开关，然后拆下点火开关并更换新件。

（1）拆下方向盘中间护盖，如图 4-47 所示。

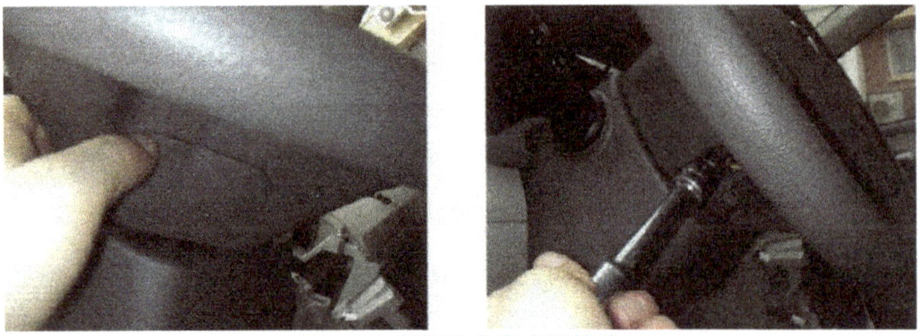

图 4-47　拆下方向盘中间护盖

（2）拆下安全气囊盖，如图 4-48 所示。

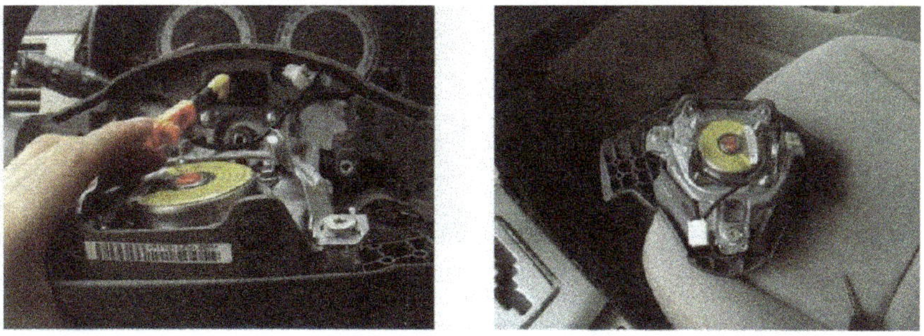

图 4-48　拆下安全气囊盖

（3）拆下方向盘，如图 4-49 所示。

图 4-49　拆下方向盘

（4）拆下组合开关外壳，如图 4-50 所示。

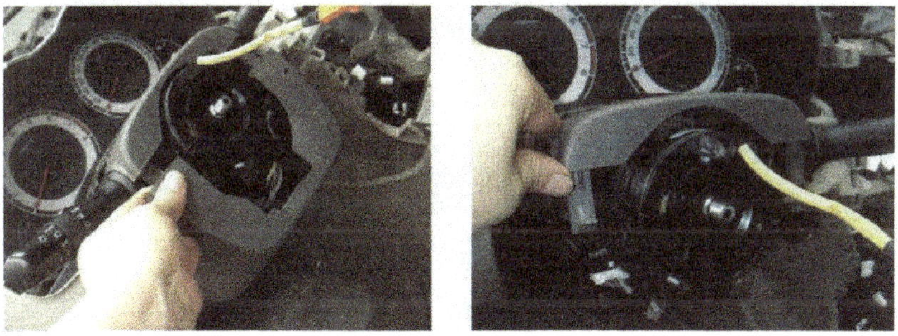

图 4-50　拆下组合开关外壳

（5）拆下安全气囊螺旋盘，如图 4-51 所示。

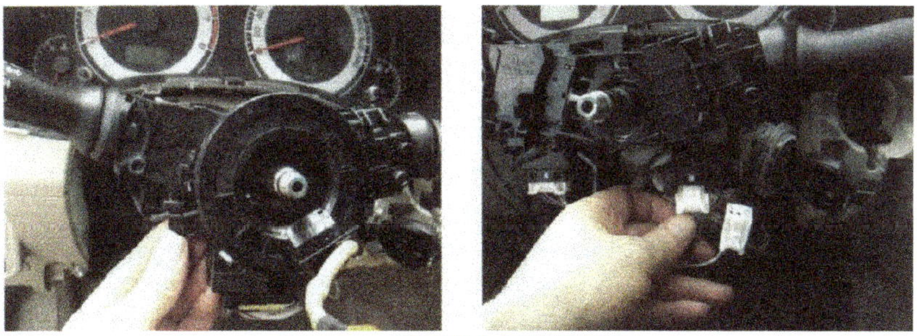

图 4-51　拆下安全气囊螺旋盘

（6）拆下组合开关，如图 4-52 所示。

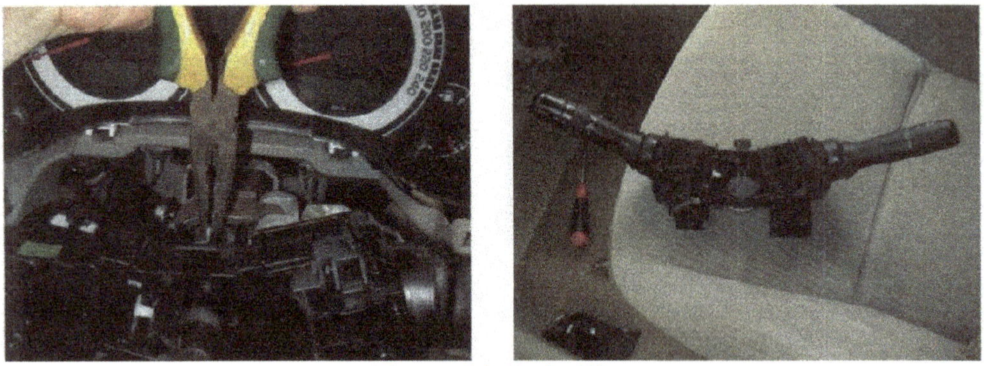

图 4-52　拆下组合开关

（7）拆下点火开关，如图 4-53 所示。

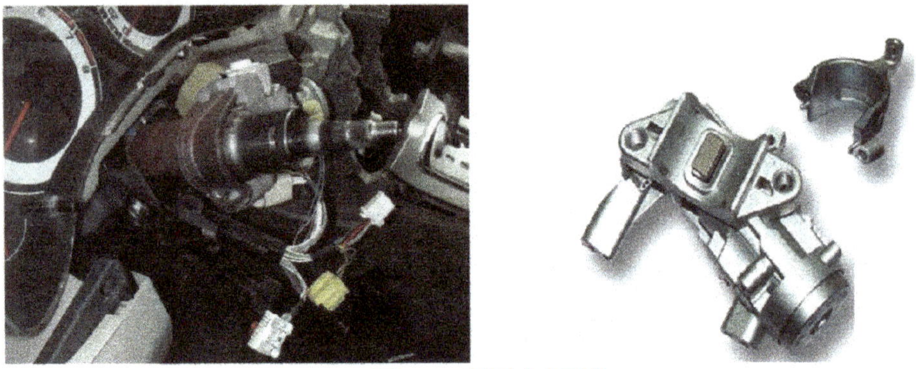

图 4-53　拆下点火开关

144. 无电器式点火系统电压的检测

无电器式点火系统电压的检测方法，如图 4-54 所示。

（1）关闭点火开关，拔出点火线圈插头。

（2）用万用表红表笔接点火线圈插头②脚，黑表笔接插头④脚，打开点火开关，测量此时电压值应为 12V 左右。

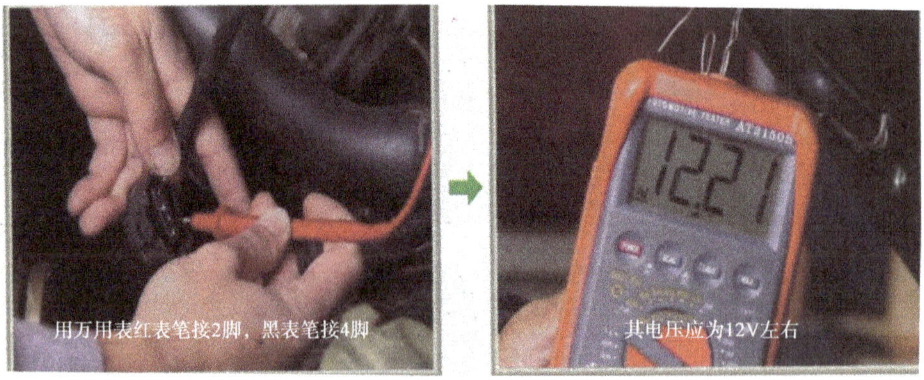

图 4-54　无电器式点火系统电压的检测方法

145. 无电器式点火系统信号的检测

无电器式点火系统信号的检测方法，如图 4-55 所示。

（1）用发光二极管连接点火模块插头①、④脚测量点火信号。

（2）用发光二极管连接点火模块插头③、④脚，发光二极管也应闪亮。

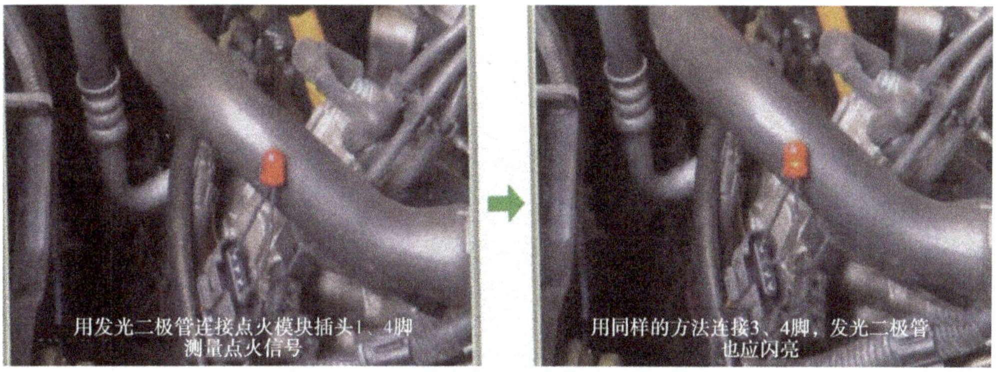

图 4-55　无电器式点火系统信号的检测方法

第5章 汽车充电系统

146. 汽车充电系统组成

汽车充电系统由蓄电池、发电机、调节器及充电状态指示装置组成，如图 5-1 所示。发电机作为汽车运行中的主电源，担负着向起动系之外所有用电设备供电和向蓄电池充电的任务。由于发电机是由发动机经传动带驱动旋转的，当发动机转速变化时，发电机输出电压是变化的。为满足汽车用电设备用电及向蓄电池充电的恒定电压要求，充电系设有电压调节器，电压调节通过调节发电机的励磁电流，保持发电机在转速和负荷变化时输出电压稳定。充电状态指示装置用于指示充电系统的工作情况，指示蓄电池是处于充电还是处于放电状态。

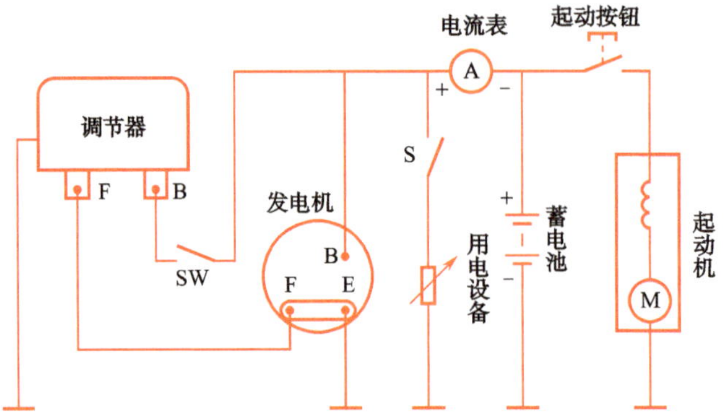

图 5-1　汽车充电系统的组成

147. 硅整流发电机的作用

汽车用发电机也称硅整流发电机，其结构形式多种多样。柴油机配用的发电机带有真空泵，称为带泵型发电机；若调节器置于发电机内，则称为整体式发电机；按整流二极管的多少来分，则有六管、八管、九管、十一管发电机；按励磁绕组搭铁方式不同，又分内搭铁式和外搭铁式两种。如图 5-2 所示，为硅整流发电机总成。

图 5-2　硅整流发电机总成

148. 交流发电机的基本原理

如图 5-3 所示，为三相同步交流发电机结构示意图；当发电机转子总成由发动机通过传动带驱动旋转时，由于磁场绕组中有电流通过，产生了磁场，使转子轴上的两块爪形磁极磁化，一块为 N 极，一块为 S 极。当转子旋转时，磁极交替地在定子铁芯间穿过，形成一个旋转的磁场，它与固定不动的三相定子绕组之间产生相对运动，三相定子绕组中产生了三相交流电动势，各相电动势的频率相同、幅值相等、相位互差 120°（电角度）。转子磁极呈鸟嘴形，可使三相定子绕组感应的电动势近似于正弦曲线的波形。

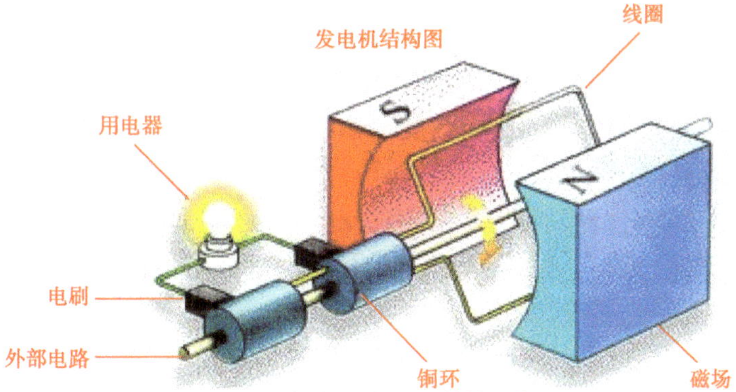

图 5-3　三相交流发电机结构示意图

149. 发电机的发电过程

（1）当磁铁在线圈内旋转时，线圈的两端会产生电压，形成交流电流，如图 5-4（a）所示。

（2）当磁体的 N 极和 S 极与线圈接近时，所产生的电流最大；然而，磁体每转半圈，电流就流向反方向，形成单相交流电，如图 5-4（b）所示。

（3）为了更有效地发电，汽车发电机采用了三个线圈，如图 5-4（c）所示。

（4）线圈 A、B、C 相隔 120° 分开，当磁体（发电机转子）在其中旋转时，在各线圈上均产生交流电，是三相交流电，如图 5-4（d）所示。

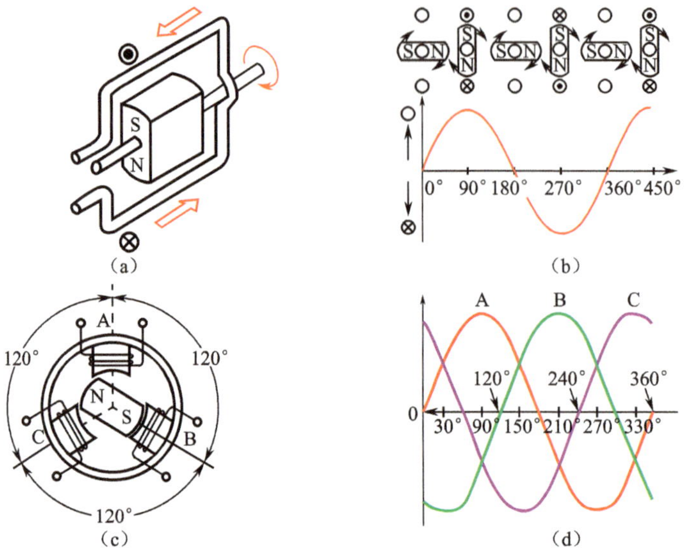

图 5-4　发电机的发电过程

150. 三相桥式整流器工作原理

如图 5-5 所示，三相桥式全波整流电路中，三个二极管 VD1、VD2、VD3 的负极（外壳）通过元件板连接在一起，它们的正极则分别与三相绕组的首端相连。这三只管的导通条件是：在某一瞬间，哪一相的电压最高（相对其他两相而言），则该相的二极管导通。三个负极二极管 VD4、VD5、VD6 的负极也与三相绕组的首端相连，其正极（外壳）通过元件板或端盖连接在一起。这三只管子的导通条件是：在某一瞬间，哪一相的电位最低（相对其他两相而言），则该相的二极管导通。

在硅整流发电机运转过程的每一个时间区间中，总是一相电位最高一相电位最低，整流器的六只整流二极管中，始终保持有两个管子导通（一个正极管、一个负极管），负载两端得到的是两相间的线电压。依次类推，循环反复，六只二极管中两只两只轮流导通，在负载上得到一个较平稳的脉动直流电压，每个周期内有六个波形，如图 5-6 所示。

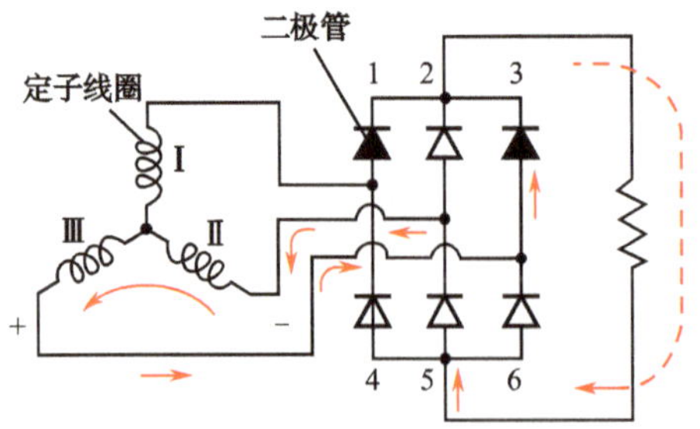

图 5-5　三相桥式整流电路

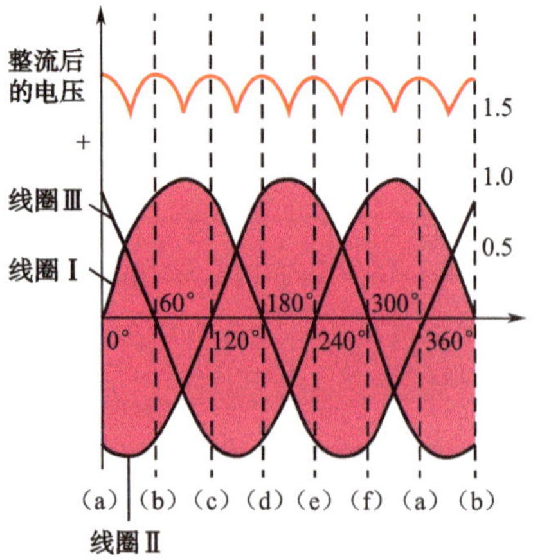

图 5-6　三相桥式整流电压波形图

在三相桥式整流电路中，由于交流电每个周期内，每只二极管只有三分之一时间导通，所以流过每只二极管的平均电流仅为负载电流的 1/3。

151. 交流发电机的结构

如图 5-7 所示，为交流发电机的分解部件结构图。

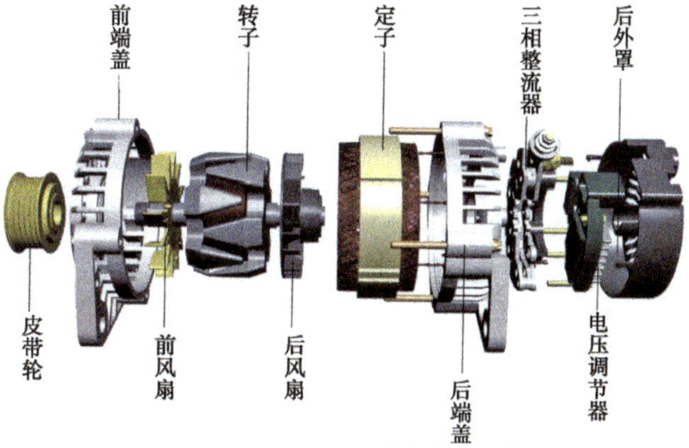

图 5-7　交流发电机的分解部件结构图

152. 发电机的定子结构

如图 5-8 所示，定子由定子铁芯和定子线圈组成，当发电机的转子旋转时，磁通量发生了变化，定子产生了三相交流电。定子槽内有三组对称的绕组，做星形连接，共同连接点称为“中性点”。

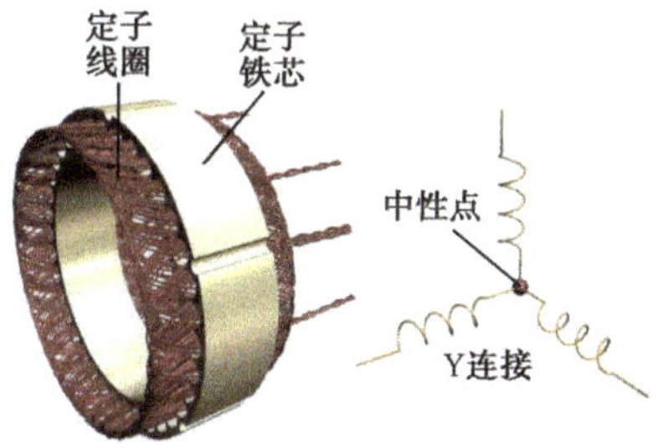

图 5-8　发电机的定子结构

153. 发电机转子结构

如图 5-9 所示，发电机转子是在定子线圈内的一个旋转的磁体，由爪极、励磁绕组、转子轴和滑环组成；直流电流通过碳刷、滑环流入励磁绕组产生磁场，把爪极磁化成 N 极、S 极。

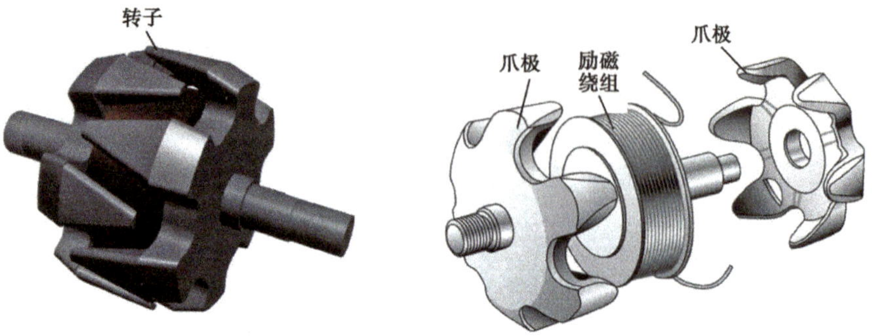

图 5-9　发电机转子结构

154. 硅整流器结构

如图 5-10 所示为交流发电机的硅整流器，由 6 只硅整流二极管将定子绕组产生的三相交流电整流成直流电。

图 5-10　交流发电机的硅整流器结构

155. 电压调节器结构

如图 5-11 所示，电压调节器主要由混合式集成电路、散热片和连接器组成，通过检测发电机的内部电压来把输出电压调节到规定值。

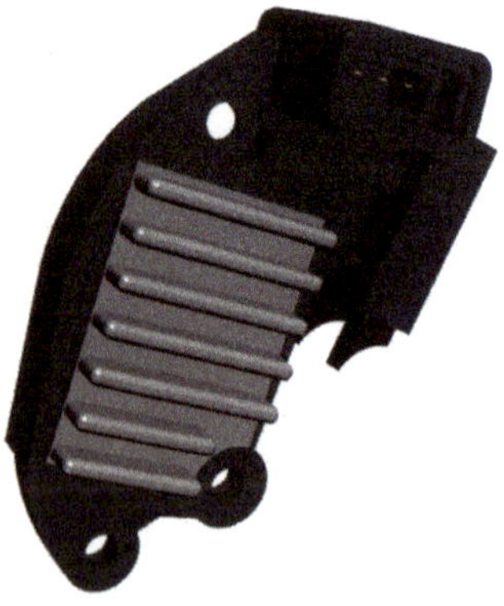

图 5-11　电压调节器结构

156. 发电机整流器与整流二极管的安装位置

整流器的作用就是将定子绕组产生的三相交流电变为直流电。如图 5-12（a）所示，整流器由整流二极管组成。如图 5-12（b）所示，6 管交流发电机整流器由 6 只硅整流二极管分别压装或焊接在两块相互绝缘的绝缘板上，其中一块为正极板（带有输出接线螺栓），另一块为负极板，与发电机的外壳直接连接（搭铁）。也可以把发电机的后盖直接作为负极板。

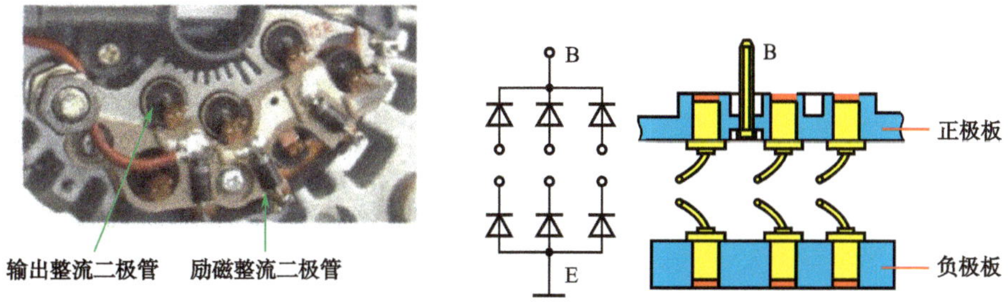

（a）　（b）

图 5-12　发电机整流器与整流二极管的安装

157. 电刷与电刷架的结构

在发电机的后端盖上安装有电刷组件，如图 5-13（a）所示；电刷组件由电刷、电刷架和电刷弹簧组成。目前国产的交流发电机的电刷架有两种：外装式电刷架，可以直接从发电机的外部拆卸、安装电刷，安装维修方便，如图 5-13（b）所示；内装式电刷架，在发电机需要更换电刷时，需要将发电机拆开，目前这种结构已逐步淘汰，如图 5-13（c）所示。

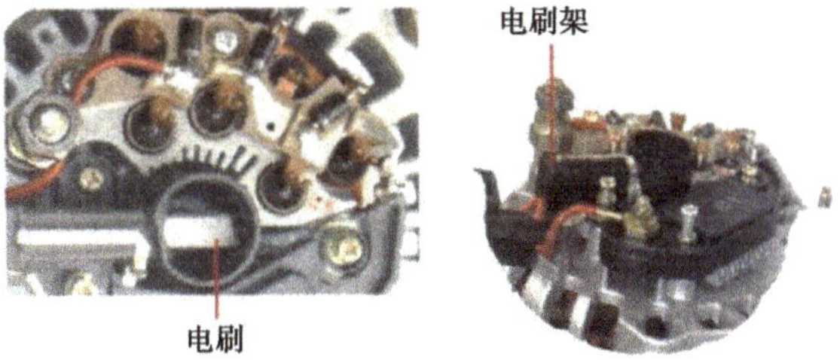

（a）

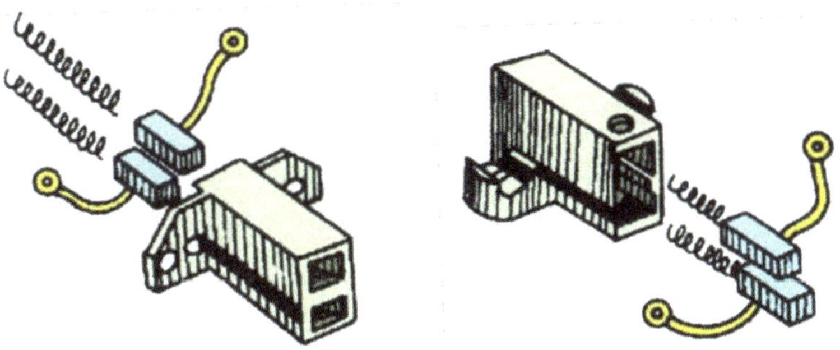

（b）　（c）

图 5-13　电刷组件

158. 交流有刷（无刷）发电机组件

交流有刷（无刷）发电机组件，如图 5-14 所示。

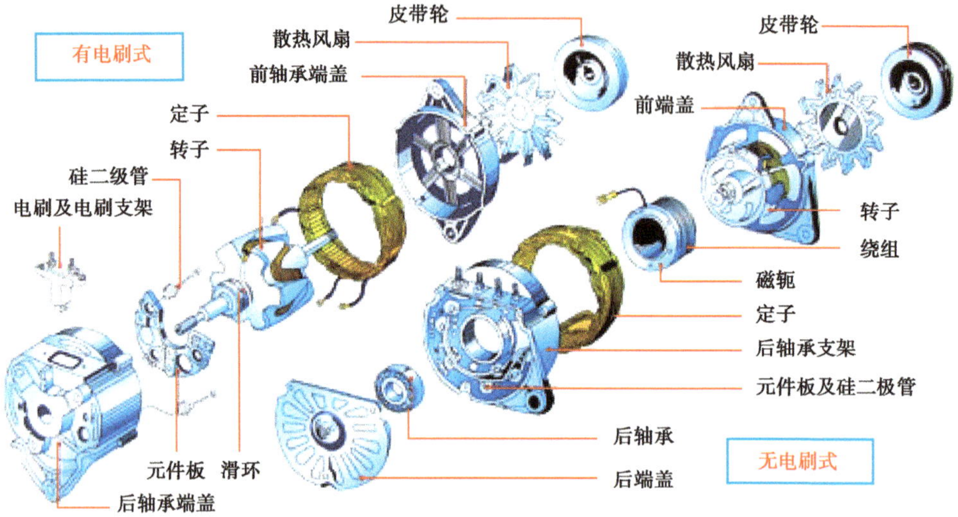

图 5-14　交流有刷（无刷）发电机组件

159. 外搭铁式交流发电机控制电路的特点

外搭铁式发电机控制电路，主要应用在部分中型汽车上，如解放 CA1092、中型客车及农用车辆上。如图 5-15 所示，发电机转子线圈与发电机的外壳是绝缘的，两个接线柱 F，一个接正极，另一个接电压调节器 F 端。

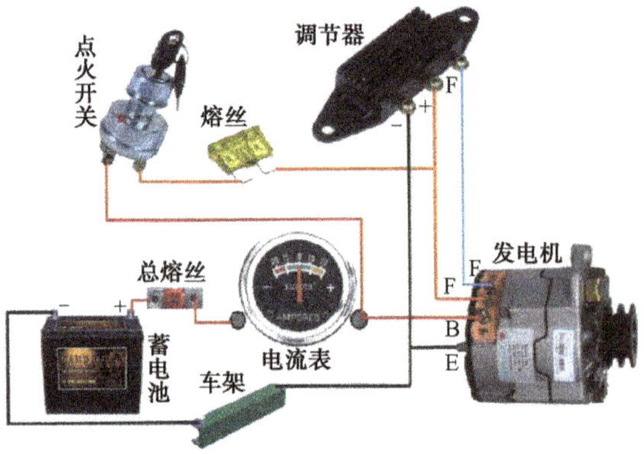

图 5-15　外搭铁式发电机控制电路

160. 内搭铁式交流发电机控制电路的特点

内搭铁式发电机控制电路，主要应用在部分中型汽车或柴油车上，如东风 EQ1091 及农用车辆上。如图 5-16 所示，发电机转子线圈的两个接线柱，一个为负极，与发电机外壳相连；

另一个为正极，与电压调节器的 F 端相连接。

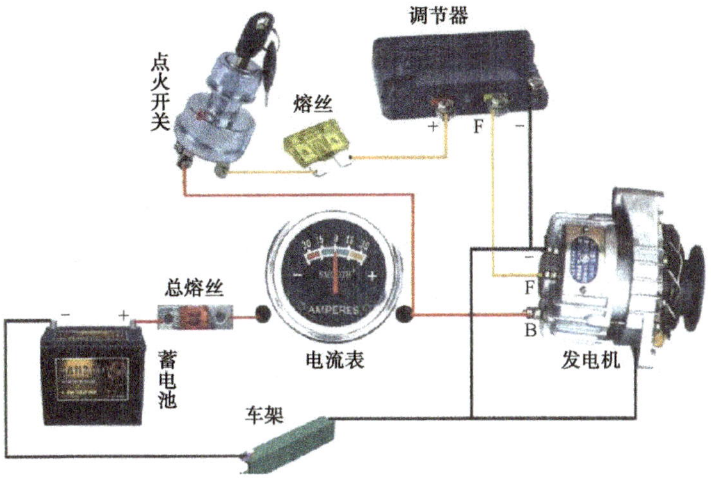

图 5-16 内搭铁式发电机控制电路

161. 大众车系交流发电机控制电路的特点

在桑塔纳、捷达等大众品牌汽车上，采用的是整体发电机。发电机外壳上有两个接线柱，其中一个标有“B”字母的接线柱，与蓄电池的正极连接；另一个标有“D+”的接线柱与仪表盘上的充电指示灯连接；发电机的外壳与车架和蓄电池负极连接，如图 5-17 所示。

当接通点火开关后，充电指示灯点亮，发电机开始运转后充电指示灯熄灭，发电机通过接线柱“B”向蓄电池充电和向其他用电设备供电。

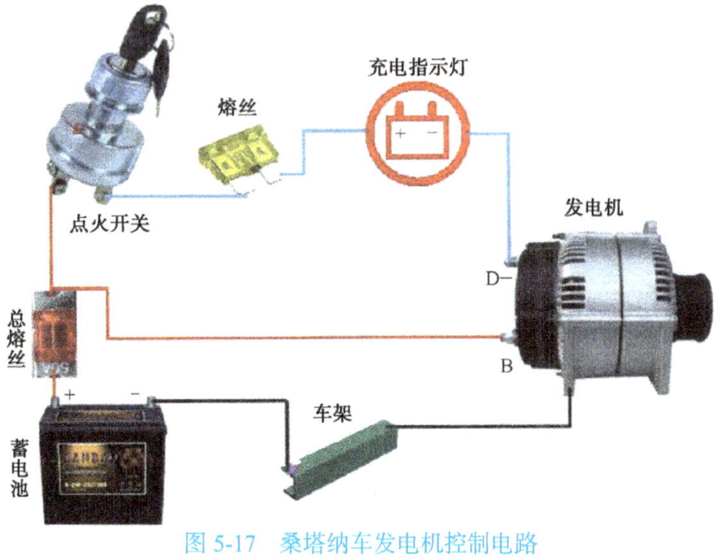

图 5-17 桑塔纳车发电机控制电路

162. 一汽国产车系交流发电机控制电路的特点

在一汽国产夏利、威志车上，采用的是整体发电机。发电机外壳上有一个两线插座和一个接线柱，标有“B”字母的接线柱通过熔丝与蓄电池的正极连接，标有“L”的插头与仪表盘上的充电指示灯连接，标有“IG”的插头与经过点火开关的熔丝相连，发电机的外壳与车架和蓄电池的负极连接，如图 5-18 所示。

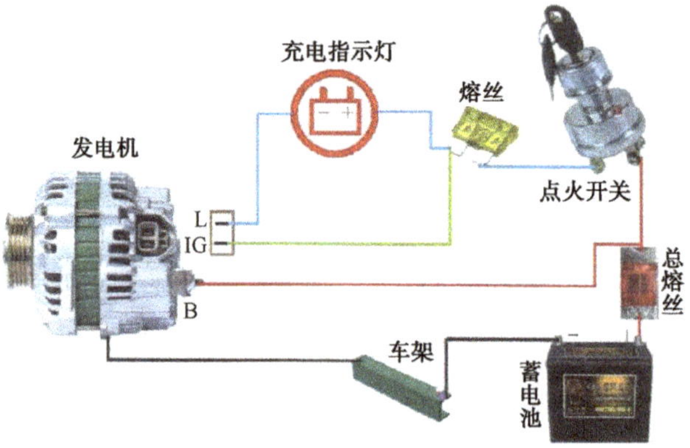

图 5-18　一汽国产车系发动机控制电路

163. 一汽丰田车系交流发电机控制电路的特点

在一汽丰田车系的部分汽车上，采用的也是整体发电机。发电机的外壳上有个三线插座和一个接线柱“B”，如图 5-19 所示。“B”接线柱与蓄电池的正极相接，插头“L”与充电指示灯连接，插头“IG”与经过点火开关的熔丝连接，插头“S”与蓄电池的正极连接。

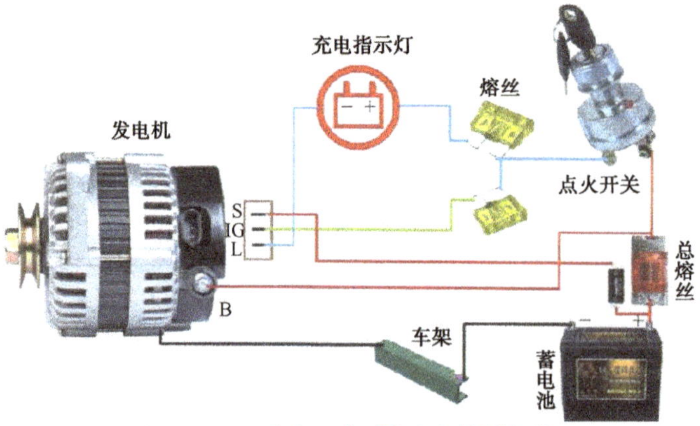

图 5-19　一汽丰田车系发电机控制电路

164. 发电机在车架上的位置

如图 5-20 所示为发电机在车架上的位置。

图 5-20　发电机在车架上的位置

165. 从车上拆卸发电机的步骤

（1）卸下蓄电池负极接线柱引线，如图 5-21 所示。

（2）卸下发电机引线，如图 5-22 所示。

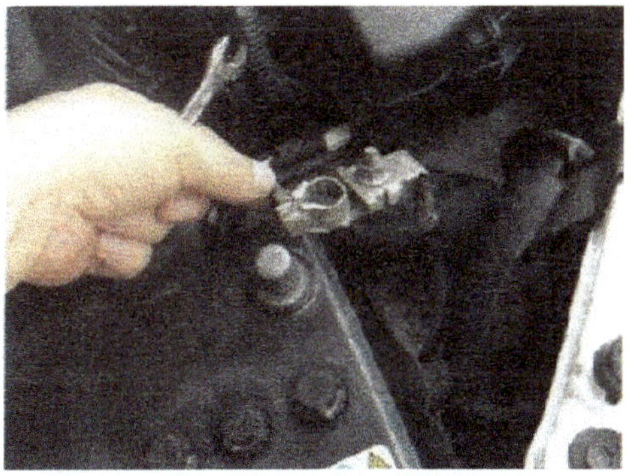

图 5-21　卸下蓄电池负极接线柱引线

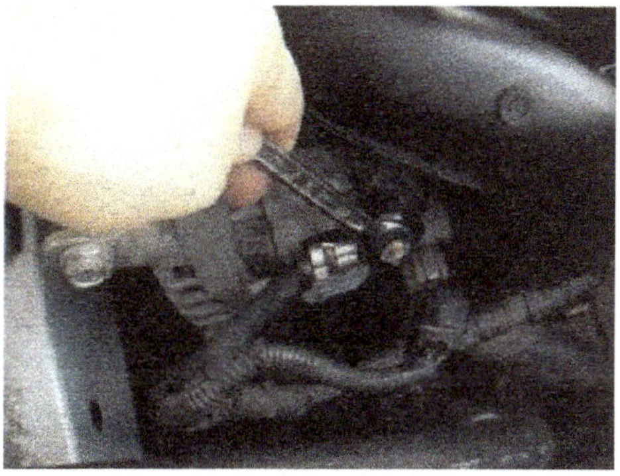

图 5-22　卸下发电机引线

（3）卸下发电机支架固定螺栓，如图 5-23 所示。

（4）松开皮带拉紧螺钉，取下皮带，如图 5-24 所示。

图 5-23　卸下发电机支架固定螺栓

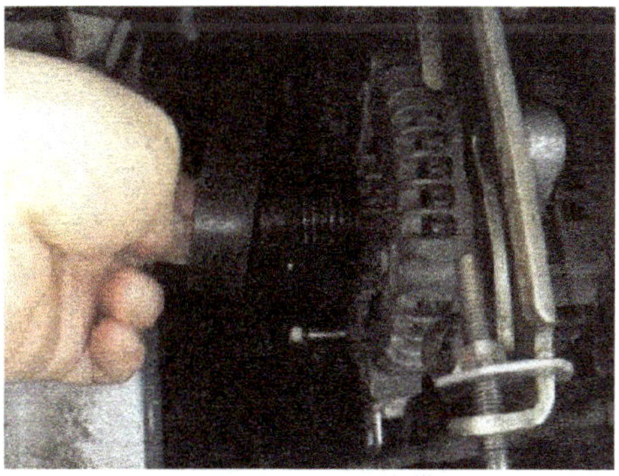

图 5-24　取下皮带

（5）取下发电机整体，如图 5-25 所示。

图 5-25　发电机整体

166. 发电机的分解步骤

（1）拆下发电机的接线螺母，如图 5-26 所示。

（2）取下整流器防护罩，如图 5-27 所示。

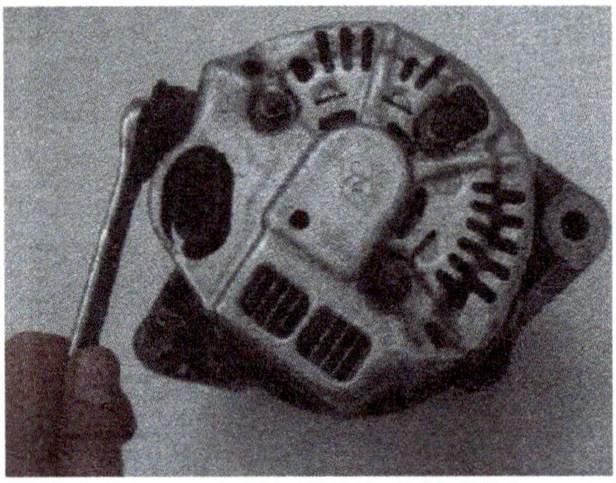

图 5-26　拆下发电机的接线螺母

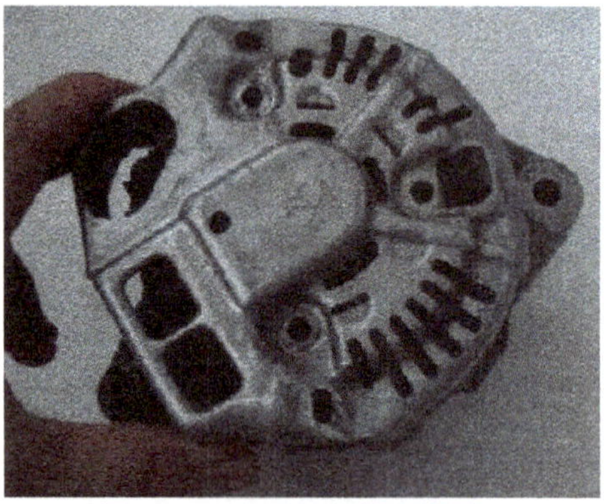

图 5-27　取下整流器防护罩

（3）卸下电压调节器固定螺钉，如图 5-28 所示。

（4）取下电刷架，如图 5-29 所示。

图 5-28　卸下电压调节器固定螺钉

图 5-29　取下电刷架

（5）取下整流器，如图 5-30 所示。

（6）取下绝缘垫片，如图 5-31 所示。

图 5-30　取下整流器

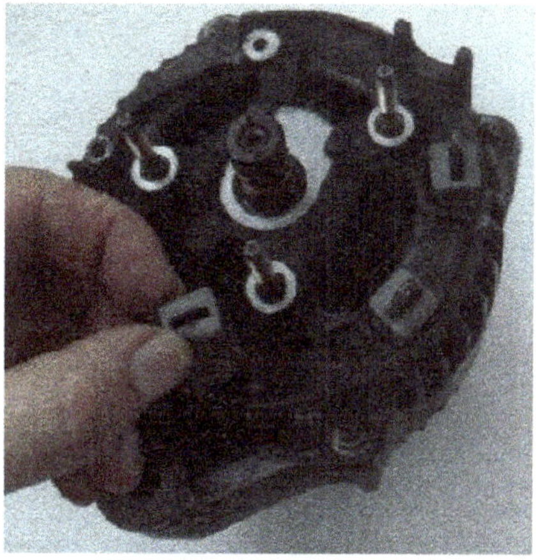

图 5-31　取下绝缘垫片

（7）拆下发电机前后端盖固定螺母，如图 5-32 所示。

（8）卸下皮带轮，如图 5-33 所示。

图 5-32　拆下发电机前后端盖固定螺母

图 5-33　卸下皮带轮

（9）取下发电机后端盖，完成整个解体步骤，如图 5-34 所示。

图 5-34　发电机解体

167. 发电机的组装步骤

（1）安装发电机转子并紧固前端盖，如图 5-35 所示。

（2）安装皮带轮，如图 5-36 所示。

图 5-35　安装发电机转子并紧固前端盖

图 5-36　安装皮带轮

（3）安装紧固发电机后端盖，如图 5-37 所示。

（4）安装绝缘片，如图 5-38 所示。

图 5-37　安装后端盖

图 5-38　安装绝缘片

（5）安装整流器，如图 5-39 所示。

（6）安装电压调节器与电刷，如图 5-40 所示。

图 5-39　安装整流器

图 5-40　安装电压调节器与电刷

（7）安装轴承护盖，如图 5-41 所示。
（8）安装紧固护盖，如图 5-42 所示。

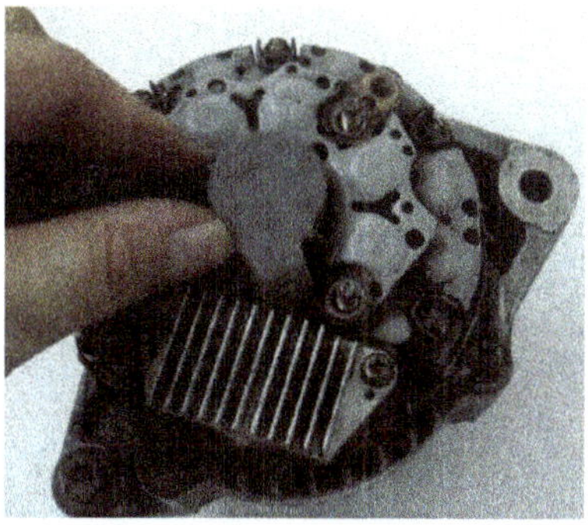
图 5-41　安装轴承护盖

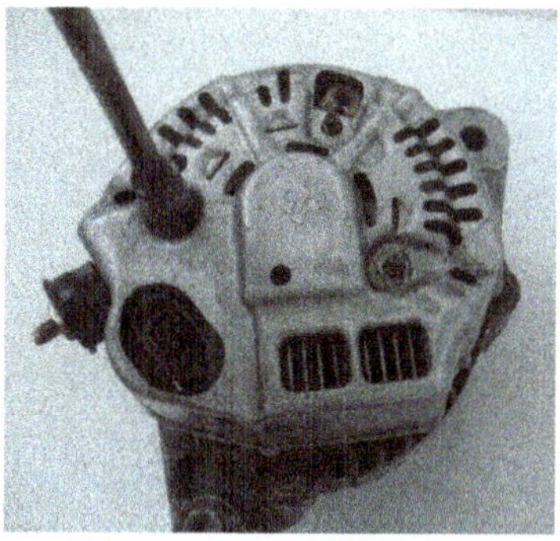
图 5-42　安装紧固护盖

（9）紧固螺母，发电机组装完成，如图 5-43 所示。

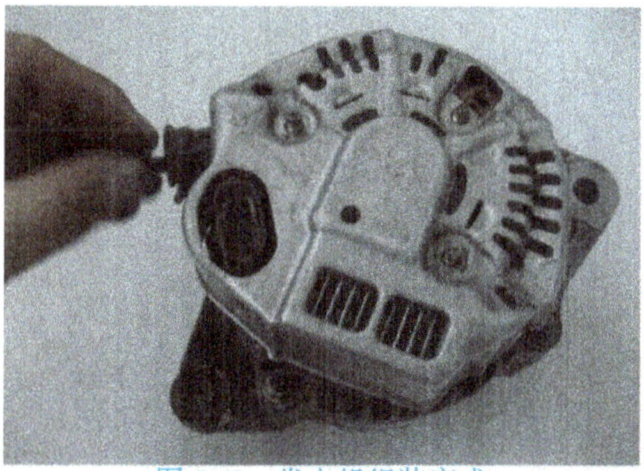
图 5-43　发电机组装完成

168. 交流发电机的整机检查

用万用表测量发电机的输出端子 B+ 和搭铁 E 之间的电阻值（发电机的壳体或搭铁接线柱），检查方法如图 5-44 所示。

图 5-44　用万用表测量发电机的输出端子

169. 发电机的 E 端子绝缘电阻的检查

检查发电机的 E 端子绝缘电阻，如图 5-45 所示。

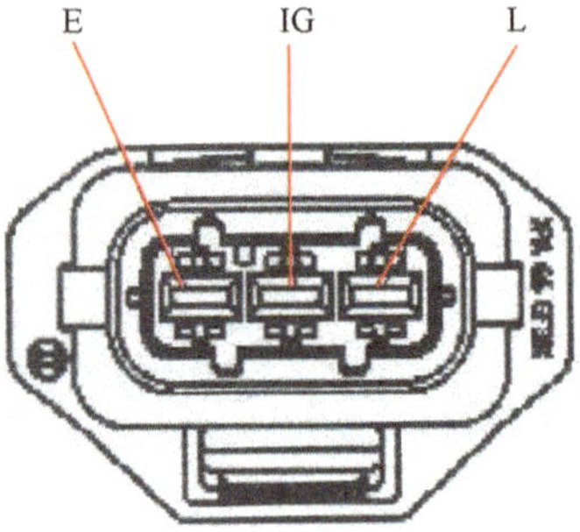

图 5-45 检查发电机的 E 端子绝缘电阻

170. 整流器的检查方法

将整流器上的整流二极管的引线断开，分别用万用表的黑、红表笔与二极管的正、负极接触测量，然后反接测量表笔再进行测量。如果两个方向测量的二极管电阻值一次小（整流二极管的正向电阻为 8～10Ω），一次大（整流二极管的反向电阻大约为 10kΩ），说明此二极管良好；如果正、反向测量的整流二极管的电阻值都为“0”或“∞”时，说明此二极管被击穿短路或断路，要更换同型号的整流二极管。检查方法如图 5-47 所示。

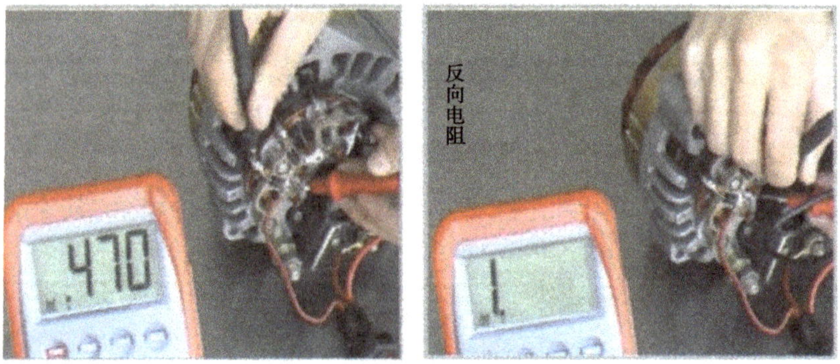

图 5-46 整流器二极管的检查

171. 发电机转子集电环的检修

转子集电环的表面应该光洁，不得沾有油污，否则要进行清洁。当集电环表面被油污沾染或有轻微的烧损时，可以用 0# 砂布磨光；如有严重烧损或失圆时，要在车床上修复，修复后的集电环表面粗糙度 $Ra \leqslant 1.60\mu m$，集电环的厚度大于等于 1.50mm。磨光方法如图 5-47 所示。

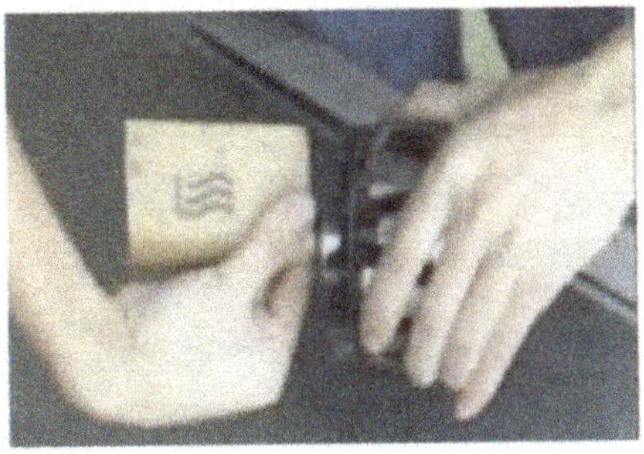

图 5-47　集电环的磨光

172. 发电机转子轴的检修

转子轴的弯曲会造成转子与定子之间的间隙过小，从而产生摩擦和碰撞。当发现发电机在运转时阻力过大和有异常声响时，应检查转子轴的弯曲度。发电机转轴对其轴线的径向圆跳动值应小于等于 0.05mm，否则要进行校正与更换。检测方法如图 5-48 所示。

图 5-48　转子轴的检修

173. 发电机转子励磁绕组通、断的检查

用万用表表笔分别触及两个集电环，如万用表显示阻值为“无穷大”，说明励磁绕组有断路故障；如果万用表显示阻值为“0”，说明励磁绕组有短路故障。检测方法如图 5-49 所示。

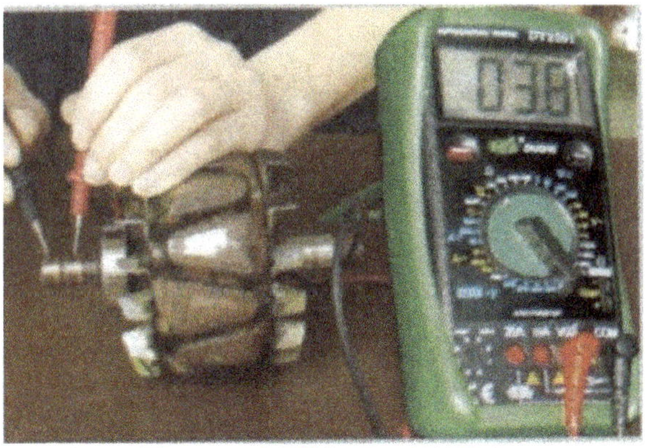

图 5-49　励磁绕组通、断的检查

174. 发电机转子励磁绕组绝缘性能的检查

用万用表的电阻挡，两表笔分别触及集电环和转子轴，如万用表显示阻值“无穷大”，说明励磁绕组绝缘良好，否则说明绕组有搭铁故障，检测方法如图 5-50 所示。

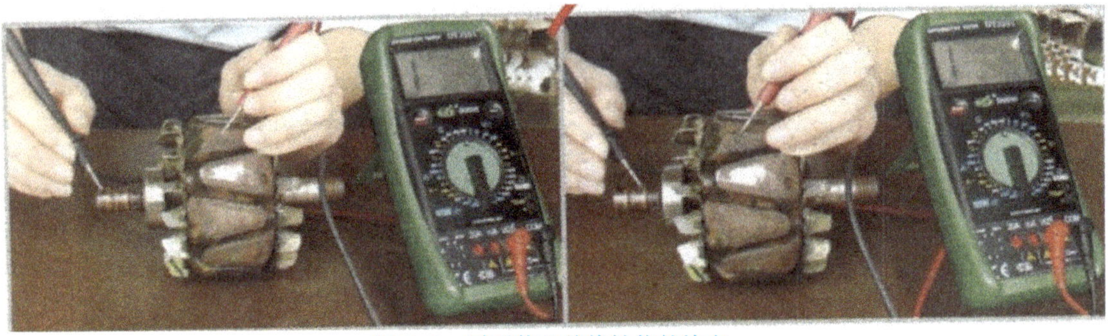

图 5-50　励磁绕组绝缘性能的检查

175. 发电机定子绕组断路的检查方法

用万用表的两表笔触及定子绕组的任何两相端，当万用表的显示电阻值相等并且阻值很小时，说明绕组没有断路故障；当万用表的显示电阻值为无穷大时，说明定子绕组有断路故障，检查方法如图 5-51 所示。

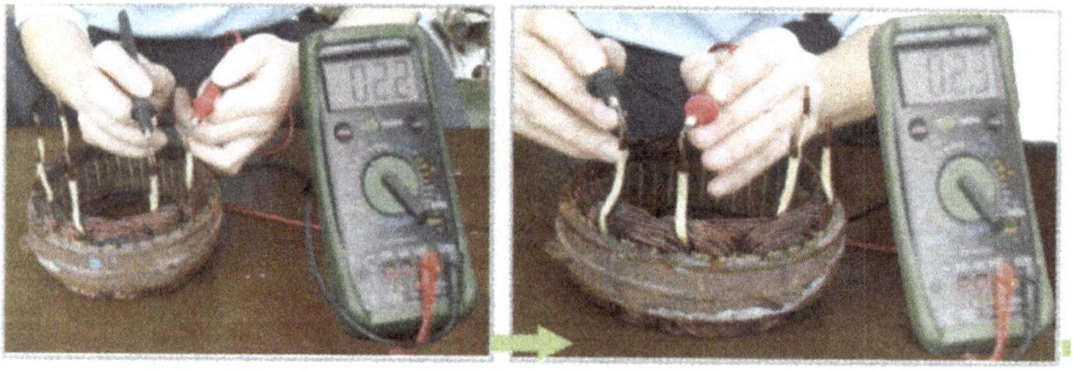

图 5-51　定子绕组断路的检查方法

176. 发电机定子绕组绝缘的检查方法

用万用表的两表笔分别触及定子绕组与定子铁芯，如果万用表的显示电阻值为无穷大，说明绕组绝缘良好，否则有绕组搭铁故障，检查方法如图 5-52 所示。

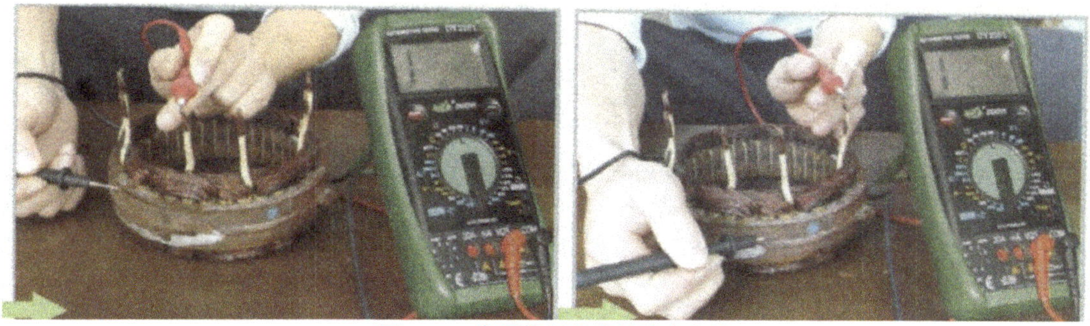

图 5-52　定子绕组绝缘的检查方法

177. 电刷电阻的测量

用万用表的电阻挡测量电刷与接线柱之间的电阻值（≯ 1Ω），测量方法如图 5-53 所示。当测量的电阻值过大时要检查连接点的接触是否良好。

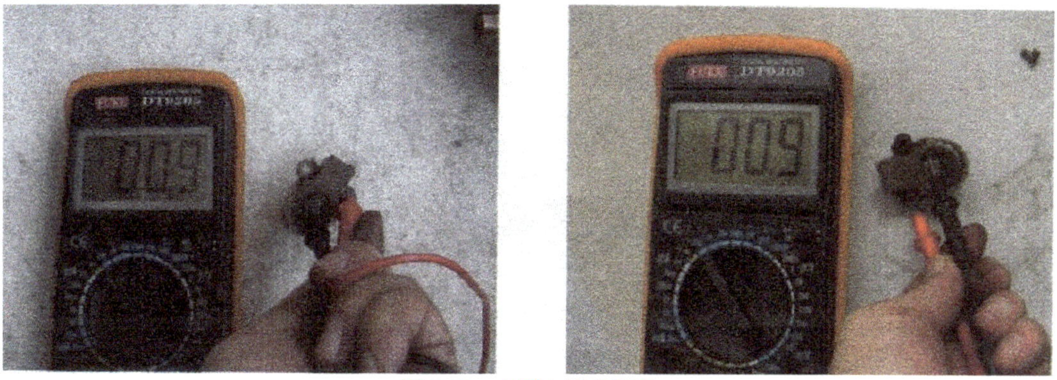

图 5-53　电刷电阻的测量

178. 电刷高度的测量

正常的电刷与电刷架应无破损和裂纹，电刷在电刷架中应上下活动无卡滞现象。当测量的电刷高度低于新电刷高度的 2/3 时，应更换新件，检查方法如图 5-54 所示。

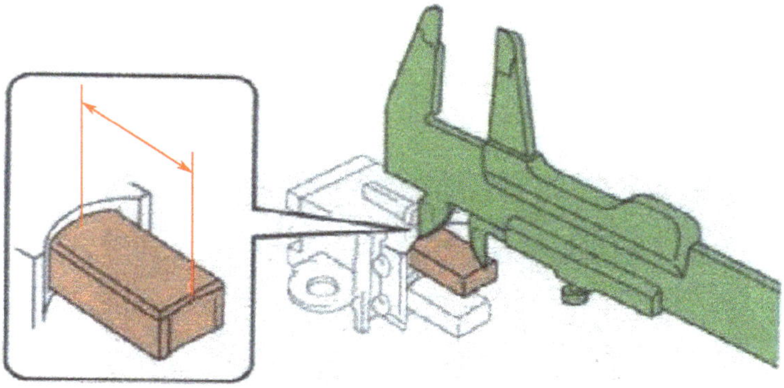

图 5-54　电刷高度的测量

第6章

仪表、信号与照明系统

179. 汽车组合仪表板的功能

为使汽车驾驶员及时获取汽车各系统工作状态的信息，在汽车驾驶员易于观察的转向盘前方面板上都装有仪表、报警灯及电子显示装置。汽车常见仪表有电流表、电压表、燃油表、水温表、机油压力表、车速里程表和发动机转速表（图 6-1）。

图 6-1　桑塔纳轿车典型仪表板

180. 组合仪表显示汽车的工作状况

如图 6-2 所示，为各式仪表指示当时汽车的工作状况，如发动机转速、水温、车速、燃油量等。

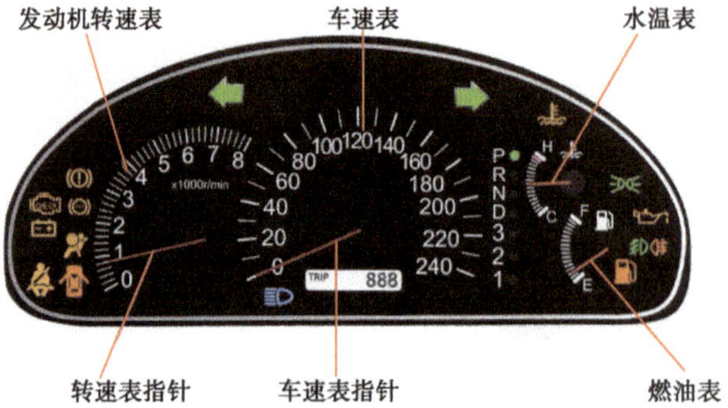

图 6-2　各式仪表指示当时汽车的工作状况

181. 组合仪表显示驾驶员当时操作的信号灯

如图 6-3 所示，为驾驶员当时操作的信号灯，如挡位指示灯、转向指示灯等。

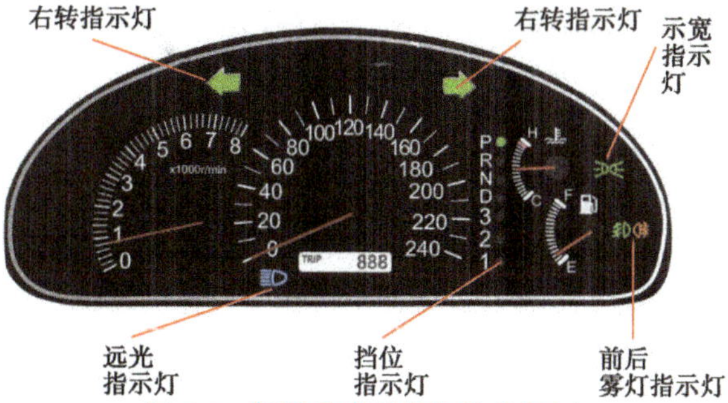

图 6-3　驾驶员当时操作的信号灯

182. 组合仪表发出车辆当前存在的故障报警显示

如图 6-4 所示，为仪表发出车辆当前存在的故障报警，提醒驾驶员及时处理，如燃油报警、发动机故障、ABS 报警等。

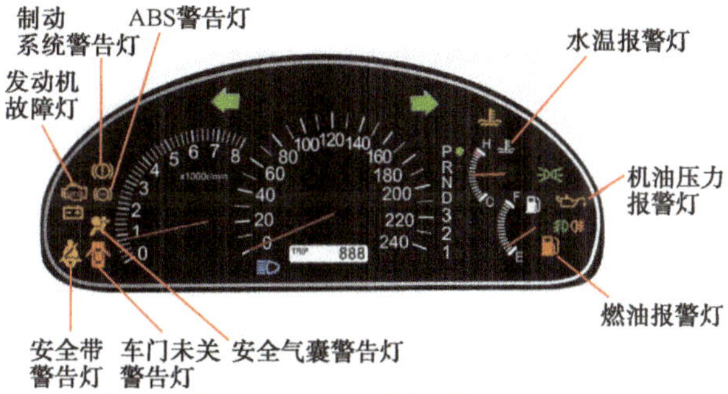

图 6-4　仪表发出车辆当前存在的故障报警

183. 车辆仪表板常用指示灯显示图形

车辆仪表板常用指示灯显示图形，如图 6-5 所示。

组合式仪表板中各个仪表单独不具有密封性，它们被装在一个大的仪表外壳中，组成一个密封整体，发光二极管（报警灯）或个别仪表损坏，组合式仪表板可方便分解，单独更换失效管子和表芯，而不影响其他仪表；照明、报警或指示用灯泡损坏则从仪表外面就可将灯泡更换。

图 6-5　车辆仪表板常用指示灯显示图形

184. 电流表

电流表用来指示蓄电池的充放电电流值，它串接在蓄电池与发电机之间的线路上。同时还用以监视充电系是否正常工作，如图 6-6 所示，是典型电流表的外形。汽车常用电流表的结构可分上为动铁式和动磁式两种。

图 6-6　典型电流表的外形

185. 电压表

电压表用来指示发电机和蓄电池的端电压，如图 6-7 所示，是典型电压表外形。电压表在结构形式上有电热式、电磁式两种。通常与负载并联，且受点火开关控制。接通点火开关，电压表即指示蓄电池的端电压，对 12V 电系的汽车一般为 11.5～12.6V，接通起动机的瞬间，电压将下降至 9～10V，如起动时电压表指示值过低，说明蓄电池亏电或有故障。

图 6-7　典型电压表外形

186. 机油压力表

机油压力表简称油压表或机油表，如图 6-8 所示，是典型机油压力表的外形。其作用是在发动机运转时，指示发动机主油道机油压力。它由装在发动机主油道上（或粗滤器壳上）的油压传感器配合工作。

常用油压表按其结构有电热式和电磁式两种。

图 6-8　典型机油压力表的外形

187. 电热式机油压力表的结构及电路

如图 6-9 所示，油压传感器为圆盒形，内部有感受机油压力的膜片，膜片下方的油腔与润滑系主油道相通。膜片上方顶着弓形弹簧片，弹簧片的一端焊有银合金触点，另一端固定并搭铁。双金属片上绕有电热线圈，线圈的一端焊在双金属片上，另一端接在接触片上，校正电阻与电热线圈并联。

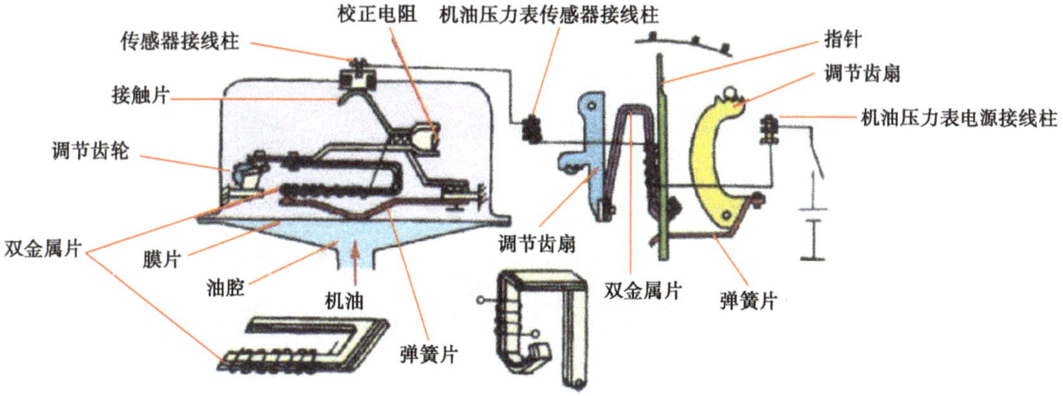

图 6-9　电热式机油压力表的结构及电路

油压表内装有双金属片，其上绕有电热线圈，线圈一端经接线柱和传感器的触点串联，另一端接电源正极。双金属片的一端制成钩状，钩在指针上，另一端则固定在调整齿扇上。当油压表接入电路中工作时，电流由电源正极经油压表双金属片电热线圈到传感器接线柱、接触片校正电阻、电热线圈、触点、弹簧片、搭铁构成回路。未接通点火开关时，仪表电路不通，指示表靠双金属片保持在“0”位置。

发动机运转时，发动机机油压力增大，膜片向上拱曲，传感器内触点的压力增大，这时，电热线圈必须经过较长时间通电后，才能使双金属片弯曲变形将触点分开。触点分开后，只需较短时间的冷却，又使触点重新闭合。因此，当油压升高时，传感器内触点断开的时间短，闭合时间长，电流平均值增大，油压表内双金属片变形相应增大，从而指示较高的油压。反之，当油压降低时，传感器内触点断开的时间长，闭合时间短，电路中电流的平均值减小，油压表内双金属片变形减小，指针指示较低油压。

188. 电磁式机油压力表的结构及电路

如图 6-10 所示，油压传感器是利用油压大小推动滑臂来改变可变电阻阻值的，当压力增大时，其电阻值减小。油压指示表中有两个正十字交叉线圈，中间放置永久磁铁转子，转子上连有指针。

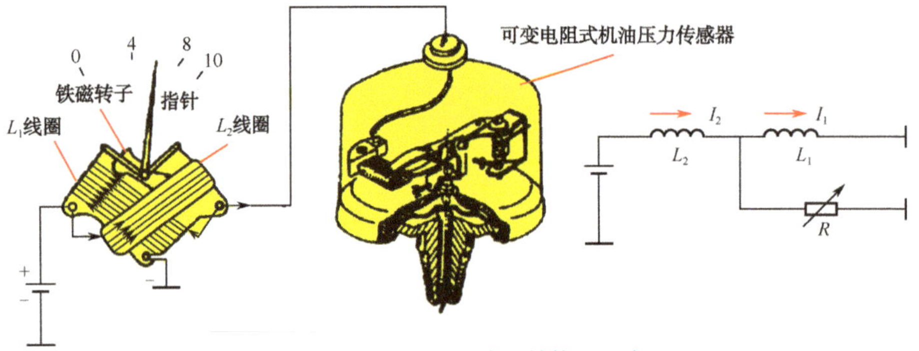

图 6-10 电磁式油压表的结构及电路

当油压较低时，传感器中电阻值增大，右线圈中电流相对减小，左线圈中电流相对增大，转子转向合成磁场方向，带动指针指向较低油压值；当油压升高时，传感器中的电阻值减小，右线圈中的电流相对增大，而左线圈中的电流相对减小，转子又朝另一合成磁场方向转动，使指针指向较高油压值。

发动机处于怠速工况时，机油表的指示值不得低于 100kPa；处于低速工况时，指示值不得低于 150kPa。一般正常值应为 200～400kPa，最高不允许超过 500kPa。

189. 电磁式冷却液温度表工作原理

如图 6-11 所示，当接通点火开关后，电流由蓄电池→点火开关再分两路：一路经线圈 L_1→搭铁→蓄电池负极构成回路；另一路经线圈 L_2→传感器热敏电阻→搭铁→蓄电池负极构成回路。

这时在线圈 L_1、L_2 上各形成一个磁场，同时作用在软铁转子上，软铁转子便在合成磁场的作用下旋转，使指针指定在某一个位置上。

当冷却液的温度降低时，传感器热敏电阻的电阻值增大，线圈 L_2 中的电流变小，合成磁场主要取决于 L_1，使指针指在低温位置；反之，当冷却液的温度降低时，传感器热敏电阻的电阻值减小，线圈 L_2 中的电流增大，合成磁场偏移，使指针指在高温位置。

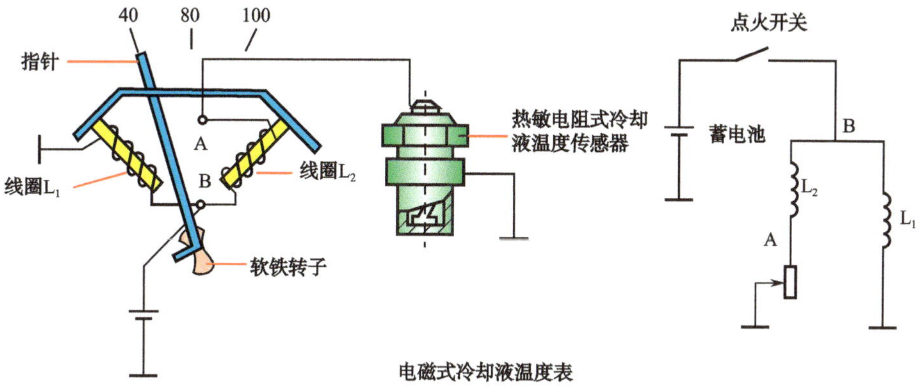

图 6-11　电磁式冷却液温度表工作原理

190. 动磁式燃油表工作原理

如图 6-12 所示，左线圈与右线圈互相垂直地绕制在一个矩形塑料架上，塑料套筒轴承和金属轴穿过交叉线圈，金属轴上装有永久磁铁转子，转子上连有指针。当燃油箱无油时，浮子下沉，可变电阻上的滑片移到最右端，可变电阻被短路，永久磁铁在左线圈的磁力作用下偏转，带动指针指示油位为“0”。

随着燃油箱中的油量增加，浮子上升，可变电阻部分接入电路，右线圈的电流相应减小，左线圈中的电流增大。转子在合成磁场的作用下转动，使指针向右偏移，指示出油箱中油量的相对刻度。

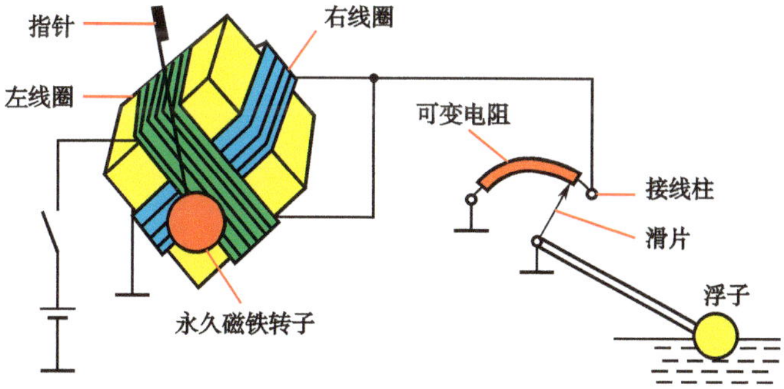

图 6-12　动磁式燃油表工作原理

191. 电热式燃油表工作原理

电热式燃油表的电路，如图 6-13 所示，为了稳定电源电压，在电路中还串接了一个仪表稳压器。当燃油较多时，浮子上升，传感器阻值减小，流过指示表电热线圈中的电流较大，双金属片变形大，指针指向燃油较多的方向；相反燃油较少时，浮子下降，传感器电阻较大，双金属片变形小，指针指向燃油较少的方向。

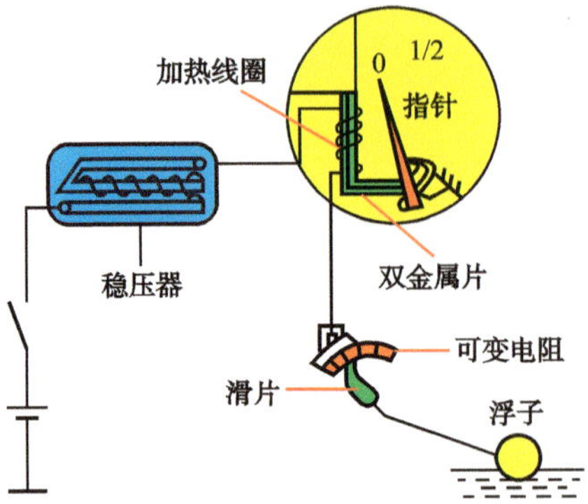

图 6-13　电热式燃油表电路

192. 发动机转速表

发动机转速表用来测量发动机曲轴转速，如图 6-14 所示，是典型转速表外形。转速表按其结构不同可分为机械式和电子式两种，其中应用较广泛的是电子式。

图 6-14　典型转速表外形

193. 磁感应式车速里程表

磁感应式车速里程表的结构，如图 6-15 所示。它没有电路连接，其主动轴由变速器或分动器传动输出轴经软轴驱动。

汽车行驶时，主动轴带动 U 形永久磁铁旋转，在感应罩上产生涡流磁场和转矩，驱使感应罩克服盘形弹簧弹力作同向旋转，从而带动指针在刻度上指示相应的车速值。车速越快，永久磁铁旋转越快，感应罩上的涡流转矩越大，感应罩带着指针偏转的角度就越大，指示的车速值也越大；反之，车速越慢，则指示的车速值越小。另外主动轴旋转还带动三套蜗轮蜗杆按一定传动比传动，从而逐级带动计数轮转动，计数器为十进制，右边数字轮每旋转一周，相邻的左边数字轮指示数便自动增加 1，从右往左其单位依次为（1/10）km、1km、10km……，依此类推，就能累计出汽车所行驶过的里程。

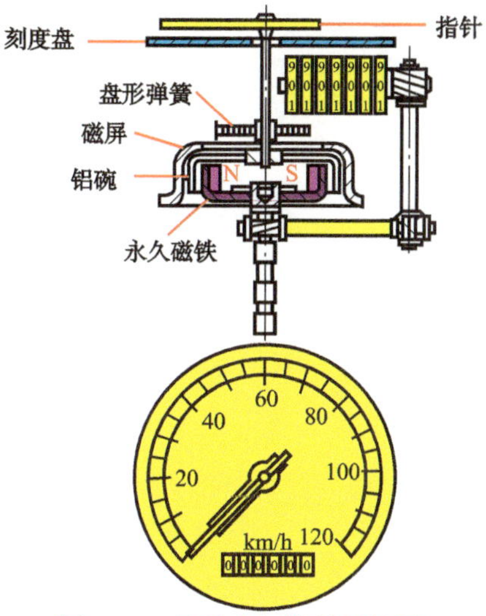

图 6-15 里程表记数器结构图

194. 电子式车速里程表原理

电子式车速里程表电路主要由车速传感器、电子电路、车速表和里程表四部分组成。

车速传感器由变速器驱动，能够产生正比于汽车行驶速度的电信号。它由一个干簧开关和一个含有四对磁极的转子组成，如图 6-16 所示。转子每转一周，干簧开关中的触点闭合 8 次，产生 8 个脉冲信号，汽车每行驶 1km，车速传感器将输出 4127 个脉冲。

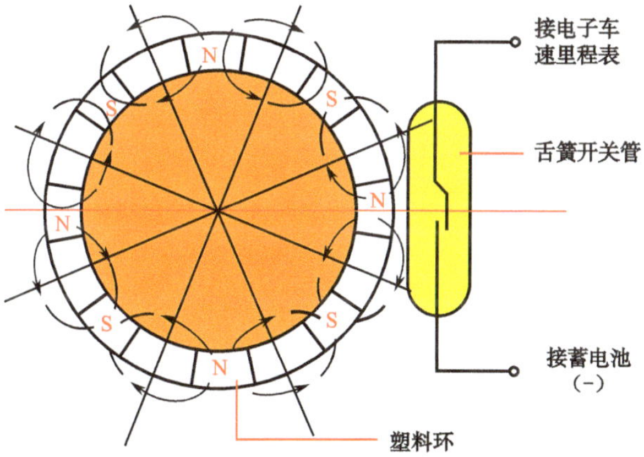

图 6-16 电子式车速里程表原理

195. 水温过高报警灯电路

水温过高报警灯电路，如图 6-17 所示，其报警开关为双金属片式温度开关。当冷却水温正常时，双金属片几乎不变形，触点分开，报警灯不亮。如果冷却水温升高到 95～105℃时，双金属片由于温度升高而弯曲变形，使触点闭合，红色报警灯便通电发亮，提醒驾驶员采取适当降温措施。

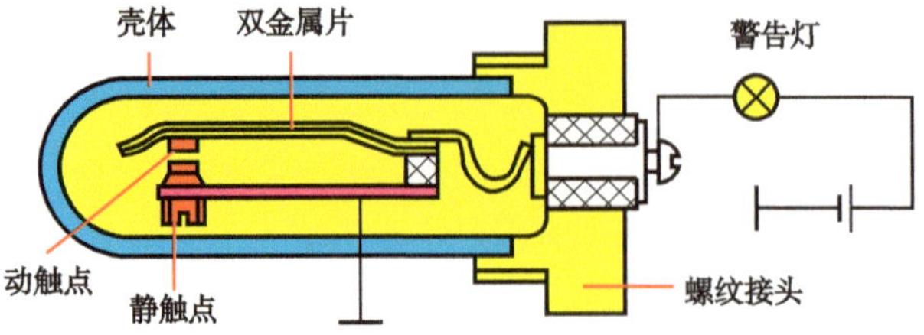

图 6-17　水温过高报警灯电路

196. 水温传感器的拆卸

如图 6-18 所示，水温传感器安装在发动机冷却水管道上，拆卸时要取下连接的传感器导线，更换上新件即可。

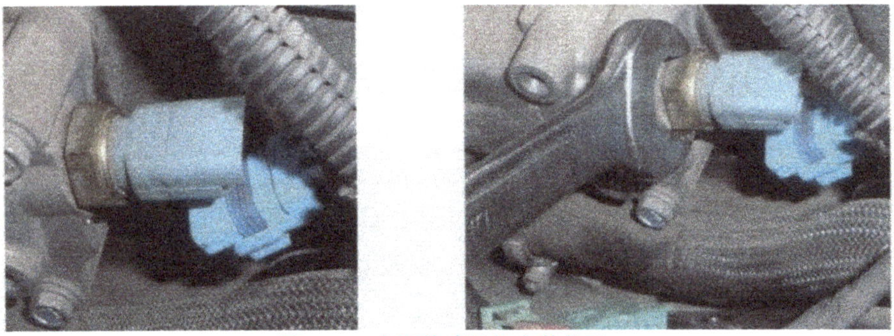
图 6-18　水温传感器的安装位置

197. 机油压力过低报警

如图 6-19 所示，为东风 EQ1092 型汽车装用的机油压力过低报警灯电路。其报警灯开关为盒形，内有管形弹簧，管形弹簧一端经管接头通润滑系主油道，另一端焊有活动触点，固定触点经接触片与接线柱相连。

当机油压力低于某一定值时（一般为 0.03～0.15MPa），管形弹簧呈向内弯曲状态，于是触点闭合，电路接通。报警灯发亮，告示驾驶员应及时将发动机熄火，检查机油压力过低的原因，排除故障。当机油压力恢复正常值时，管形弹簧变形大，触点张开，报警灯熄灭。

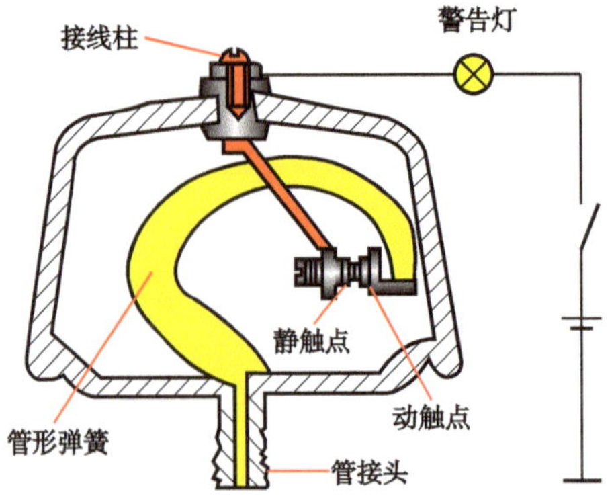

图 6-19　机油压力过低报警灯

198. 机油压力低报警时的检修

（1）当发现机油压力低报警时，要及时关闭发动机，检查发动机润滑油面是否过低，如图 6-20 所示。

（2）检查是否有漏油现象，如图 6-21 所示。

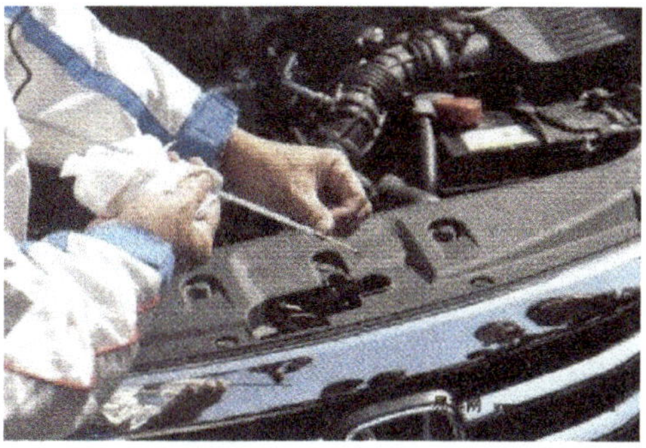
图 6-20　检查发动机润滑油面是否过低

图 6-21　检查是否有漏油现象

（3）检查机油报警开关是否损坏及发生短路现象，如图 6-22 所示。

（4）必要时更换机油滤清器和更换机油，如图 6-23 所示。

图 6-22　检查机油报警开关

图 6-23　更换机油

199. 燃油量不足报警

燃油量不足报警灯电路，如图 6-24 所示。其报警开关为热敏电阻式，装在油箱内。当油箱内燃油量多时，负温度系数的热敏电阻元件浸没在燃油中，散热快，温度较低，电阻值较大。因此电路中几乎没有电流，报警灯不亮。而当燃油量减少到规定值以下时，热敏电阻元件露出油面，散热较慢，温度升高，电阻值减小，电路中电流增大，于是报警灯发亮，提醒驾驶员应及时加注燃油。

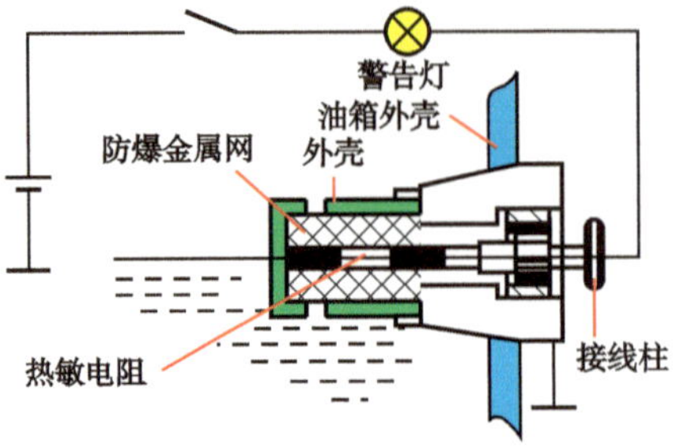

图 6-24　燃油量不足报警灯电路图

200. 燃油传感器的拆卸

燃油传感器一般安装在油箱的顶部，轿车的油箱多位于后排座椅或后备厢下面。

（1）拆下燃油传感器的护盖，如图 6-25 所示。

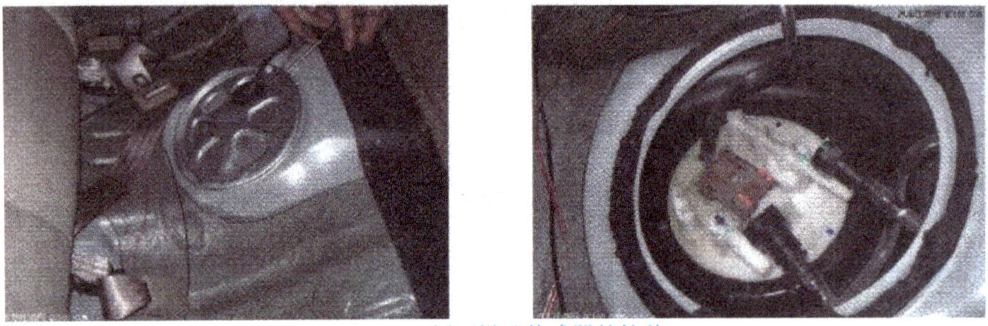
图 6-25　拆下燃油传感器的护盖

（2）拆下连接导线与燃油管路，如图 6-26 所示。

图 6-26　拆下连接导线与燃油管路

（3）拆下固定螺母，如图 6-27 所示。

（4）取下燃油传感器并更换，如图 6-28 所示。

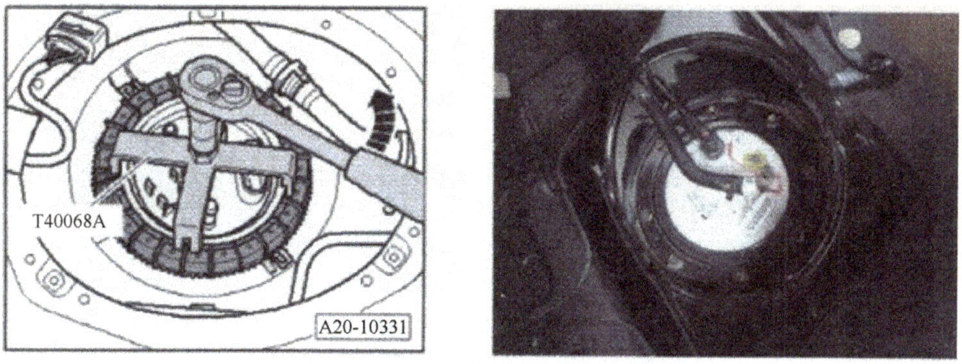

图 6-27　拆下固定螺母

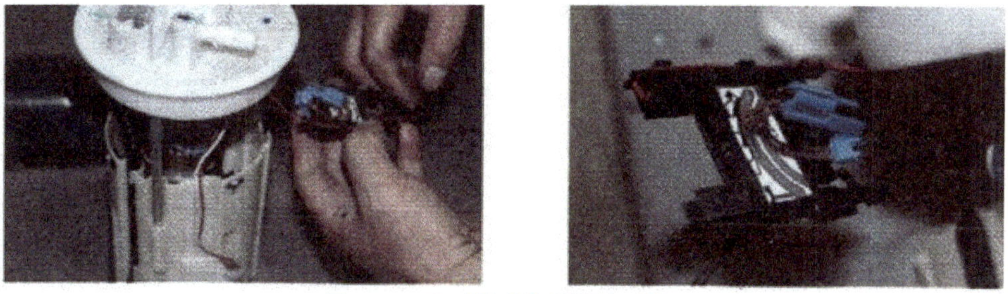

图 6-28　取下燃油传感器并更换

201. 制动灯断线报警

制动灯断线报警灯电路，如图 6-29 所示。在正常情况下制动时，踩下制动踏板，制动灯开关接通，电流分别流经左右两电磁线圈，使左右制动信号灯亮。此时，两线圈所产生的磁场相互抵消，干簧开关触点断开，报警灯不亮。若左（或右）制动信号灯线断路或灯丝烧断时进行制动，则左（或右）电磁线圈无电流通过，而通电的线圈所产生的电磁吸力吸动干簧开关触点闭合，报警灯发亮，表示制动灯电路有断路故障。

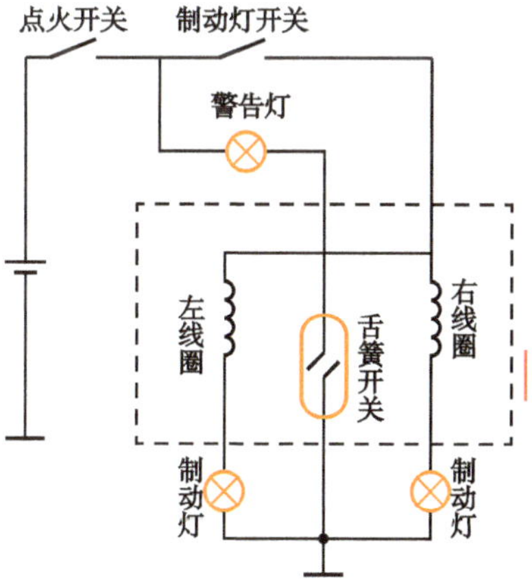

图 6-29　制动灯断线报警灯电路图

202. 制动液液面过低报警

液面过低报警装置适用于发动机冷却水、制动液、挡风玻璃清洗液等液面过低的报警，其电路如图 6-30 所示。它的工作原理是：当浮子随液面下降到规定值以下时，永久磁铁吸动干簧开关使之闭合，接通电路，使报警灯发亮，以示告警。当液面在规定值以上时，浮子上升，磁铁吸力不足，干簧开关在自身弹力作用下，使电路断开，报警灯熄灭。

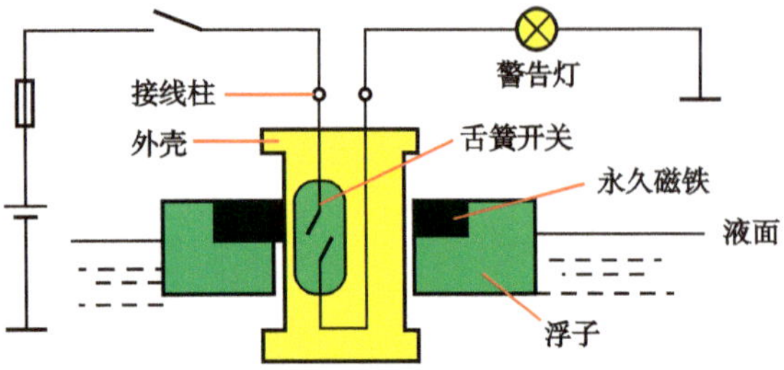

图 6-30　液面过低报警灯电路图

203. 制动液不足报警的检查

（1）检查手制动开关，如图 6-31 所示。

（2）检查制动液液面高度及连接导线，如图 6-32 所示。

图 6-31　检查手制动开关

图 6-32　检查制动液液面高度及传感器连接导线

204. 倒车报警

为了在倒车时警告处于车后的行人和车辆驾驶员，有些汽车的后部有倒车报警器，它和倒车灯一起由装在变速器盖上的倒车灯开关控制。倒车报警器电路和倒车灯开关结构，如图 6-33 所示。

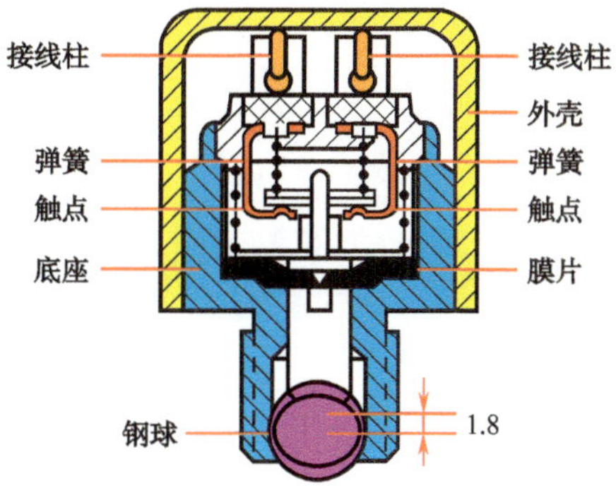

图 6-33　倒车灯开关结构

205. 倒车灯电路

倒车灯电路为：蓄电池正极→总熔丝→点火开关→熔丝→倒车灯开关→倒车灯→车架→蓄电池负极，如图 6-34 所示。

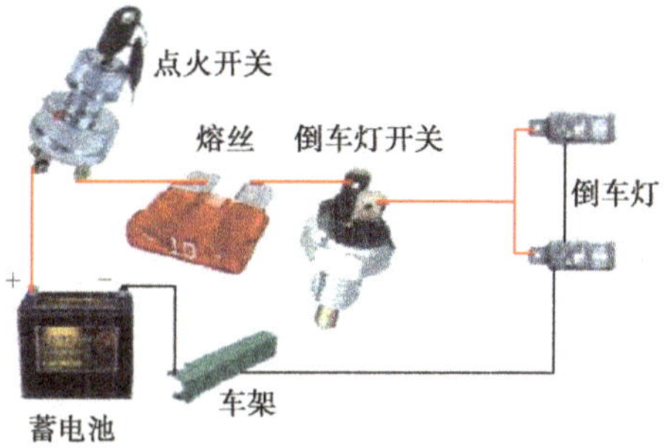

图 6-34　倒车灯电路

206. 制动气压报警

对于采用气压制动的车辆来说，如果制动气压低于某一数值，制动机构就会失灵，可能酿成大的事故。为此有的汽车上安装了制动气压报警装置。如果由于故障导致制动气压过低，报警装置就会点亮，警告驾驶员迅速采取措施。制动气压报警传感器装在制动系的储气缸上或制动总泵的压缩空气输入管道中。制动气压报警灯装在仪表盘上。制动气压开关的结构，如图 6-35 所示。

制动气压报警装置的工作过程是，接通电源开关，当制动系的储汽缸内气压下降到 0.38～0.46MPa 时，作用在报警传感器膜片上的压力减小，膜片在弹簧弹力作用下向下移动，触点闭合，产生电流，点亮报警灯。当汽缸中的气压升高到 0.45MPa 以上时，传感器中的膜片所受的压力增大，压缩弹簧，打开触点，报警灯熄灭。

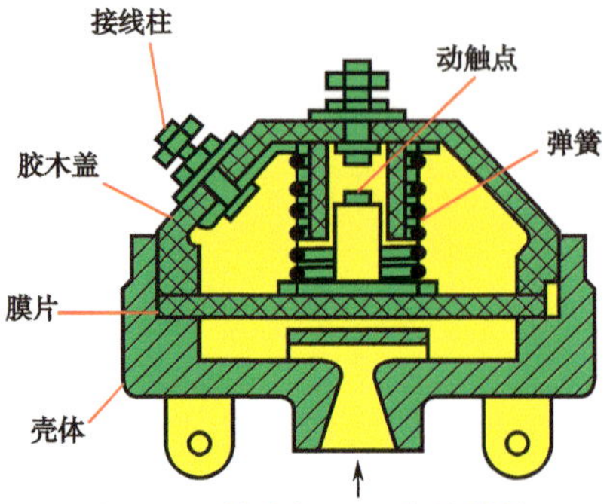

图 6-35　制动气压开关的结构

207. 制动灯电路

如图 6-36 所示，为丰田凯美瑞轿车制动灯电路。蓄电池电压经 10A 制动电路中熔丝后，给制动灯电路提供电源，当踩下制动踏板后，制动灯开关闭合。蓄电池电流经 10A 熔丝→制动灯开关→连接器 N28 的⑦脚后分两路：一路从连接器 N28 ⑨脚→制动灯 N16→连接器 N29→N1 搭铁，此时制动灯 N16 点亮。另一路从连接器 N28 ⑩脚→连接器 S16 的⑧脚后又分成两路：一路从连接器 S16 的⑨脚→后组合灯 S12 的右后制动灯→连接器 S15 的⑥脚→连接器 S15 的⑨脚→S1 搭铁；另一路从连接器 S16 的⑩脚→后组合灯 S11 左后制动灯→连接器 S15 的⑦脚→连接器 S15 的⑨脚→搭铁。此时，后组合灯 S12 右后制动灯和后组合制动灯 S11 的左后制动灯均点亮。

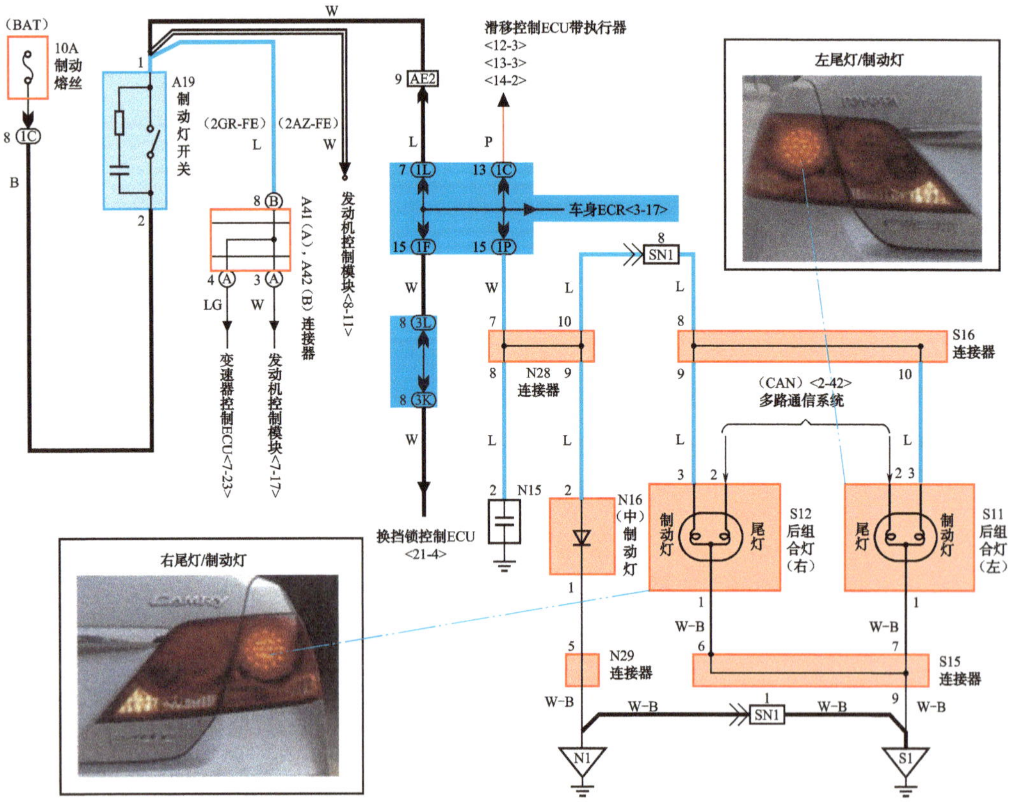

图 6-36　丰田凯美瑞轿车制动灯电路

208. 电喇叭的结构

喇叭按发音动力的不同分为点喇叭和气喇叭两类；按外形分有螺旋形、筒形、盆形三类，如图 6-37 所示。按声频分有高音和低音两种，按接线方式分有单线制和双线制两种。

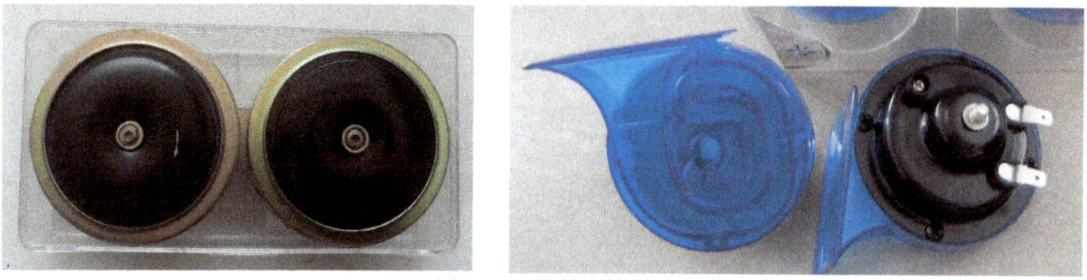

图 6-37 电喇叭外形

209. 电动气喇叭

电动气喇叭主要由电动气泵和气喇叭两部分组成，如图 6-38 所示。按下喇叭按钮时，直流电动机气泵运转，产生了压缩空气，压缩空气直接通入气喇叭使喇叭发音。

电动气泵属刮片式结构，气泵转子与电动机同轴。电动机带动转子旋转时，刮片在偏心腔体里旋转滑动，完成吸气排气的过程。

图 6-38 电动气喇叭外形

气喇叭是利用气流冲击使金属膜片振动产生音响的，其外形一般为长筒形，多用在具有空气制动装置的重型载货汽车上。电喇叭是利用电磁力使金属膜片振动产生音响的，其声音悦耳，广泛使用于各种类型的汽车上。

210. 电喇叭的调整

电喇叭一般制成不可调式，如图 6-39 所示。螺旋形、盆形电喇叭的调整一般有铁芯气隙调整和触点预压力调整两项，前者调整喇叭的音调，后者调整喇叭的音量（即“声级”）。

（1）铁芯气隙（即衔铁与铁芯间的气隙）调整操作。电喇叭音调的高低与铁芯气隙有关，铁芯气隙小时，膜片的振动频率高（即音调高）；铁芯气隙大时，膜片的振动频率低

（即音调低）。铁芯气隙值（一般为 0.7～1.5mm）视喇叭的高、低音及规格型号而定，如 DL34G 为 0.7～0.9mm，DL34D 为 0.9～1.05mm。

（2）触点预压力调整操作。电喇叭音量的大小与通过喇叭线圈的电流大小有关。当触点预压力增大时，流过喇叭线圈的电流增大，使喇叭产生的音量增大，反之音量减小。

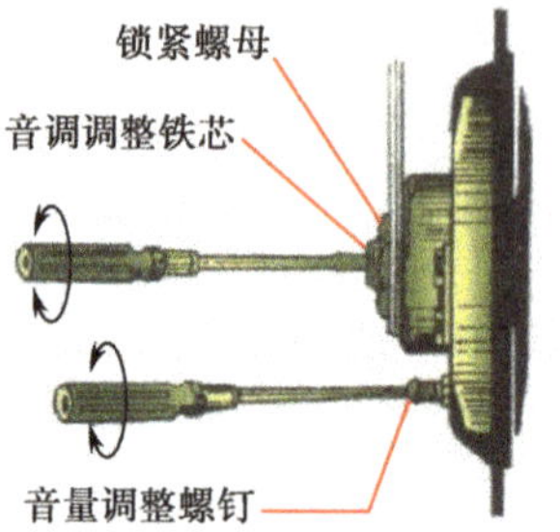

图 6-39　电喇叭的调整

211. 电喇叭控制电路

如图 6-40 所示，当按下方向盘上的电喇叭的按钮后，电喇叭的继电器接通触点闭合，给电喇叭供电，使电喇叭发音。

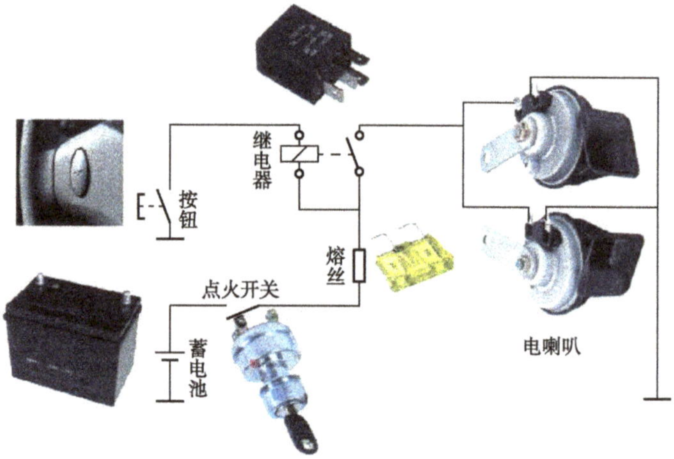

图 6-40　电喇叭控制电路

212. 喇叭继电器的检测

喇叭继电器的检测方法，如图 6-41 所示。

（1）电磁磁化线圈的检测。用万用表 $R\times1\Omega$ 挡测量电喇叭继电器的“电源”与“搭铁”接线柱之间的电阻，正常时应该有很小的电阻值。

（2）触点的检测。用万用表 $R\times10k\Omega$ 挡测量电喇叭继电器的“电源”与“H”接线柱之间的电阻，正常时应为“∞”，否则为触点粘连。

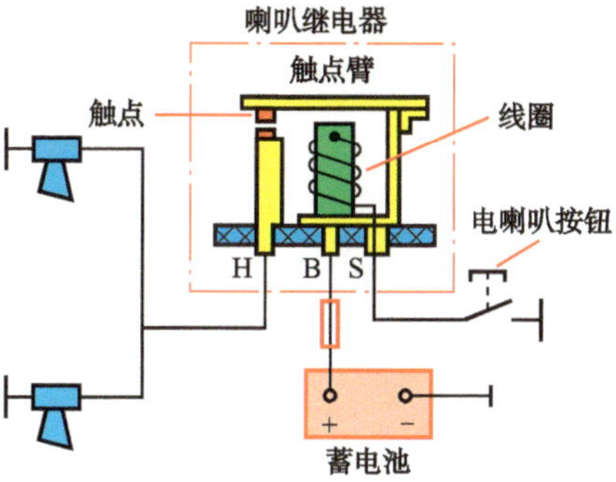

图 6-41　喇叭继电器的检测

213. 电喇叭继电器的检修方法

（1）按动电喇叭按钮，如果电喇叭不响，要检查继电器连接线、熔丝及按钮，如图 6-42 所示。

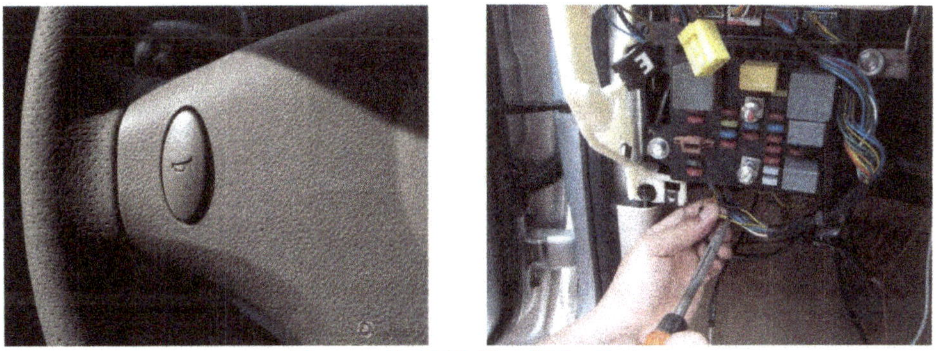
图 6-42　检查继电器连接线、熔丝

（2）拔下电喇叭继电器，用万用表检查继电器线圈是否断路，如图 6-43 和图 6-44 所示。

图 6-43　检测继电器线圈

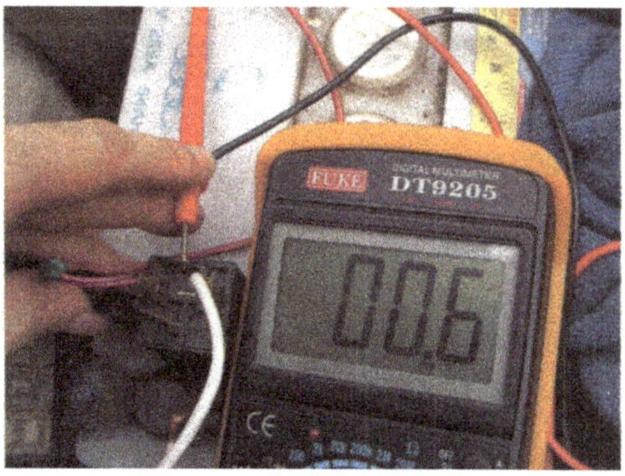

图 6-44　检测继电器触点

214. 汽车照明系统的作用

汽车照明与信号系统由照明灯、信号灯、发音装置、操纵控制装置及其连线组成。照明与信号系统的作用如下。

（1）促进安全行驶，为车前及路面提供充分而可靠的照明。

（2）为车辆维修及驾乘人员提供驾驶室、车厢内部照明。

（3）通过不同色泽的发光标志，显示汽车工作情况，并向其他车辆、行人转达信息。

（4）发出特殊声音，警告行人及其他人员引起注意，确保行车安全。

（5）标示特种车辆的类别。

汽车前照灯类型，如图 6-45 所示；汽车后照灯类型，如图 6-46 所示。

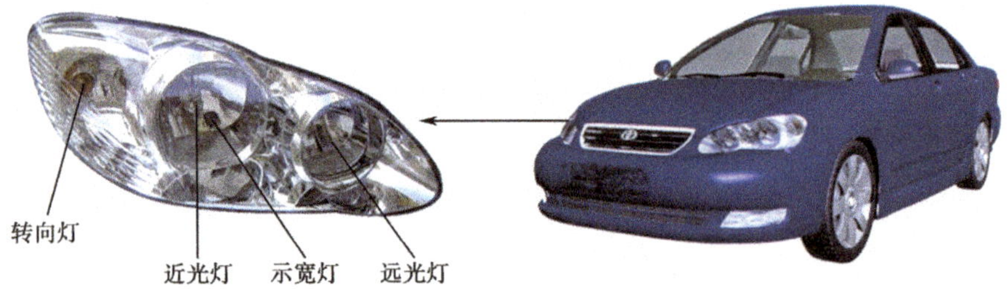

图 6-45　汽车前照灯类型

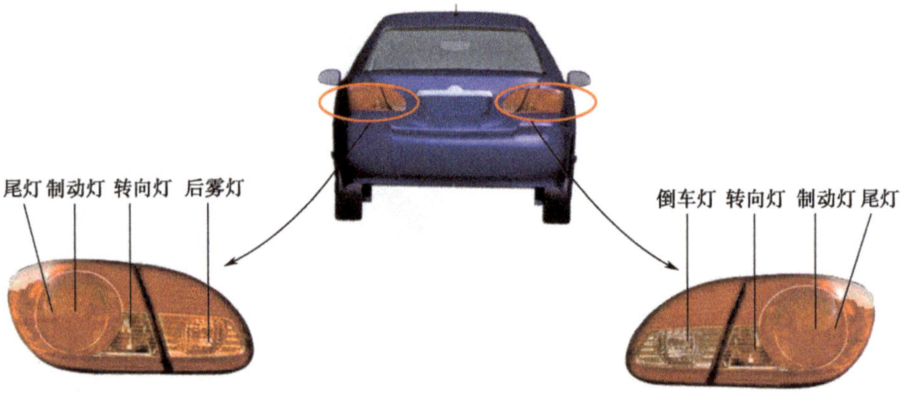

图 6-46　汽车后照灯类型

（6）汽车灯具的类型与作用。

① 前照灯。俗称“大灯”，装在汽车头部两侧，功率一般为 40 ～ 60W，用来照明车前道路。有两灯制、四灯制之分。四灯制前照灯并排安装时，装于外侧的一对应为近、远光双光束灯，装于内侧的一对应为远光单光束灯。

② 雾灯。安装在汽车头部或尾部。前雾灯功率为 45W，光色为橙黄色（黄色波长较长，透雾性好）。在雾天、下雪、暴雨或尘埃弥漫等情况下，用来改善车前道路的照明情况。后雾灯为 21W 或 6W，光色为红色，以警示尾随车辆保持安全间距。

③ 牌照灯。装于汽车尾部牌照上方或左右两侧，功率一般为 5 ～ 10W，用来照明后牌照，确保行人在车尾 20m 之内能看清牌照上的文字及数字。

④ 倒车灯。安装在汽车尾部，功率为 21W，光色为白色。当变速器挂倒挡时，自动发亮，照明车后侧，同时警示后方车辆行人注意安全。

⑤ 制动灯。俗称“刹车灯”，安装在汽车尾部。功率为 21W，光色为红色，灯罩显示面

积较后示位灯大。在踩下制动踏板时，发出较强红光，以示制动。为避免尾随大型车辆对轿车碰撞的危险，轿车后窗内可加装由发光二极管成排显示的高位制动灯。

⑥ 转向灯。主转向灯一般安装在汽车头尾部的左右侧，用来指示车辆行驶趋向。汽车车侧中间装有侧转向灯。主转向灯功率一般为 21W，侧转向灯为 5W，光色为琥珀色。转向时，灯光呈闪烁状，频率规定为 1.5 ± 0.5Hz，起动时间不大于 1.5s。在紧急遇险状态需要其他车辆注意避让时，全部转向灯可通过危险报警灯开关接通同时闪烁。

⑦ 示位灯。安装在汽车前面、后面和侧面，功率为 5W。前位灯（俗称“小灯”、“示宽灯”、“位置灯”）光色为白色或黄色，后位灯（俗称“尾灯”）光色为红色，侧位灯光色为琥珀色。夜间行驶接通前照灯时，示位灯与仪表照明灯、牌照灯同时发亮，以标志车辆的形位。

⑧ 示廓灯。俗称“角标灯”，GB7258 — 1997《机动车运行安全技术条件》规定空载、高 3.0m 以上的车辆均应安装示廓灯。示廓灯功率为 5W，作用为标志车辆轮廓。

⑨ 驻车灯。装于车头和车尾两侧，要求从车前和车尾 150m 远处能确认灯光信号，光色要求车前处为白色，车尾处为红色。夜间驻车时，将驻车灯接通标志车辆形位，此时仪表照明灯，牌照灯并不亮，其电池耗电比示位灯小。

⑩ 警示灯。一般装于车顶部，功率一般为 40 ～ 45W，用来标示车辆特殊类型。消防车、警车用红色，救护车用蓝色，旋转速度为每秒 2 ～ 6 次；公交车和出租车为白色、黄色。出租车空车标示灯在仪表台上，功率为 5 ～ 15W，光色为红底、白字。

215. 常见汽车照灯灯泡的类型

目前汽车前照灯的灯泡为了缩小灯丝的尺寸，常把灯丝制成紧密的螺旋状，这对聚合平行光束是有利的，常见汽车前照灯灯泡，如图 6-47 所示。

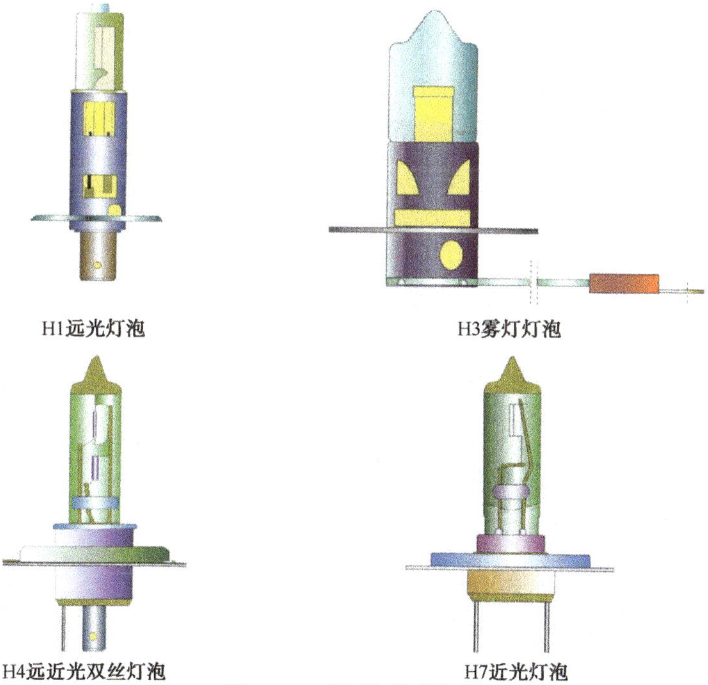

图 6-47　常见汽车照灯灯泡

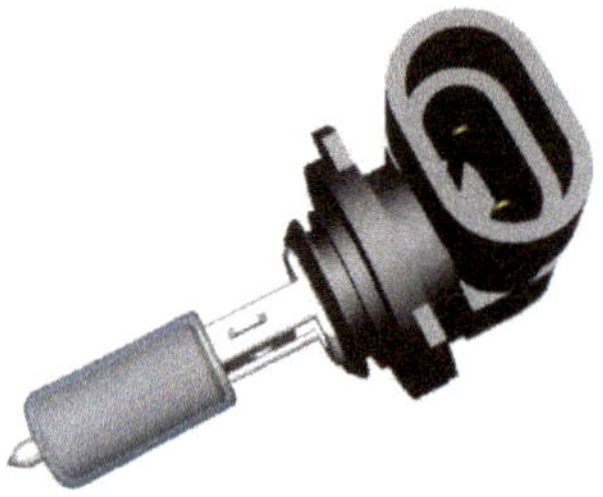

前照灯灯泡

示宽灯灯泡

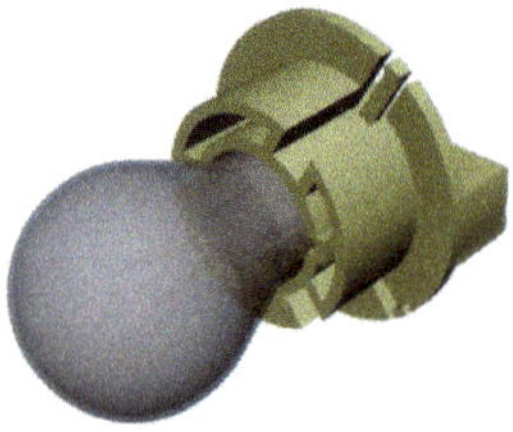

转向灯灯泡

雾灯灯泡

图 6-47　常见汽车照灯泡（续）

216. 卤素灯泡的功能

这种灯泡内的惰性气体中渗有某种卤族元素气体。卤素灯从外形上分 H1、H2、H3、H4 四种，如图 6-48 所示，其中 H4 双灯丝灯泡广泛用于前照灯，H1、H2、H3 灯泡为单灯丝灯泡，常用做辅助前照灯（如雾灯和探照前灯）。

图 6-48　卤素灯泡外形图

钨原子容易从炽热的钨丝上蒸发出来，气态钨在小于或等于 1450℃环境下，与卤素反应生成了一种挥发性卤化钨。卤化钨扩散漂移到灯丝附近高温区受热分解，分解后的钨重新回到灯丝上。被释放出的卤素继续扩散参与下一轮循环。如此周而复始地循环下去，防止了钨的蒸发和灯泡玻璃体的黑体现象。

卤素灯泡尺寸较小，壳体用耐高温、机械强度较高的石英玻璃和硬玻璃制成。充入的惰性气体压力较高，掺入的卤素一般为碘或溴。因工作温度高，灯内工作气压比其他灯泡高得多，因此钨的蒸发也受到了有效的限制。在相同功率情况下，卤素灯的亮度是白炽灯的 1.5 倍，而寿命是白炽灯的 2～3 倍。

217. 氙气灯泡的功能

如图 6-49 所示，氙气灯是在水晶石英玻璃管内，以氙气与碘化物等惰性气体充填，变压器将车上的 12V 电压升到 20000V，经过高压振幅激发石英管内的氙气电子游离，在两极之间产生光源。氙气所产生的白色超强电弧光，其亮度是传统卤素灯泡的 3 倍；氙气灯泡的使用寿命是传统卤素灯泡的 10 倍。

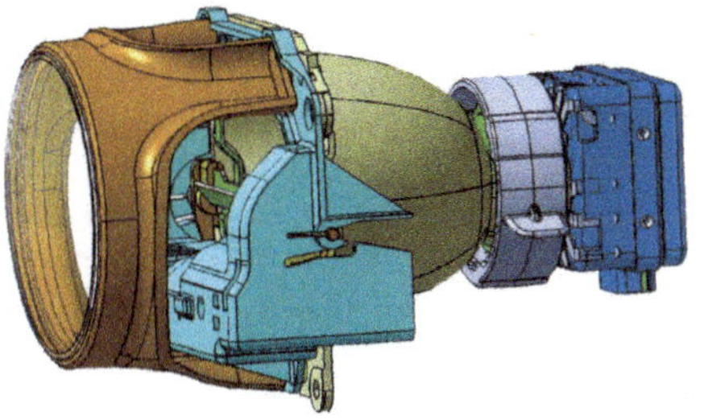

图 6-49　氙气灯

218. 氙气灯的点亮过程

如图 6-50 所示，灯中心部分是放电室，用石英玻璃制成，管内充有一定量的汞、金属盐和氙气，用钨做主电极。当接通电路时，氙气灯立即点亮，并使汞和金属盐蒸发，金属蒸气混合物影响发光效果，汞产生大多数光源，而金属盐影响色谱。

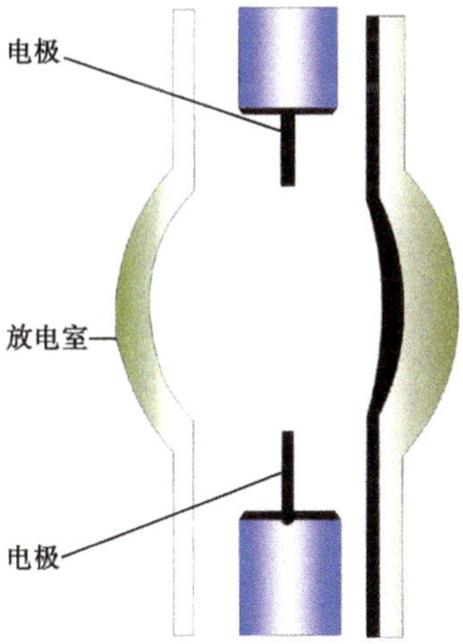

图 6-50　氙气灯的内部构成

219. 氙气灯总成

它由小型石英灯泡、变压器和电子控制器组成，如图 6-51 所示。变压器将低压电变为高压电输出，电子控制器的主要功能是限制氙气灯泡的工作电流，向灯泡提供 20000V 以上的点火电压和维持工作电压（80V）。

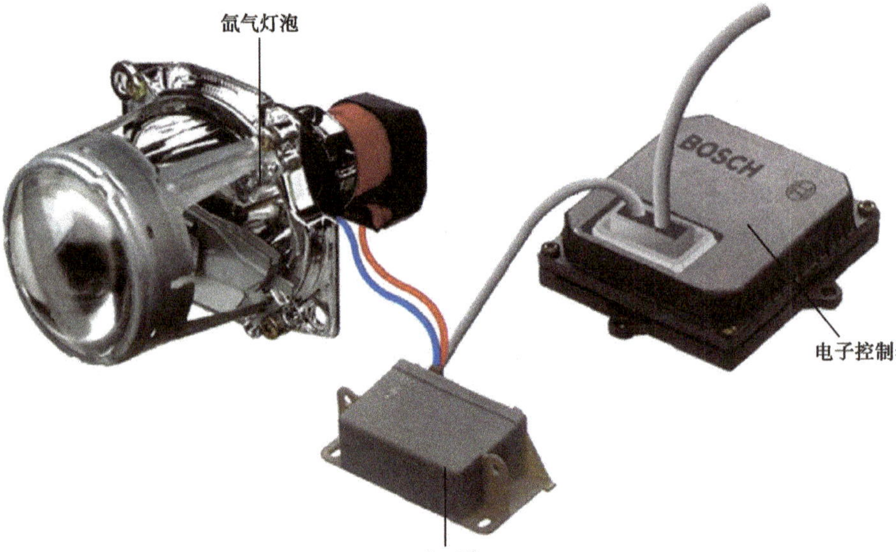

图 6-51　氙气灯总成

220. 高压放电氙气灯电路

高压放电氙气灯电路接线，如图 6-52 所示。

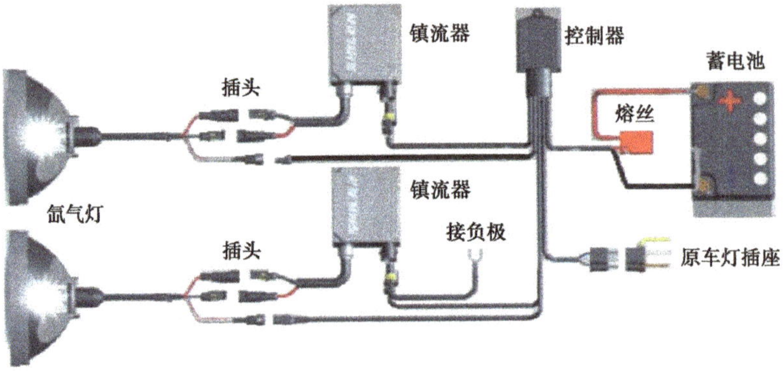

图 6-52　高压放电氙气灯电路接线

221. 氙气灯的安装

（1）拆下原车大灯，如图 6-53 所示。

（2）更换氙气灯灯泡，如图 6-54 所示。

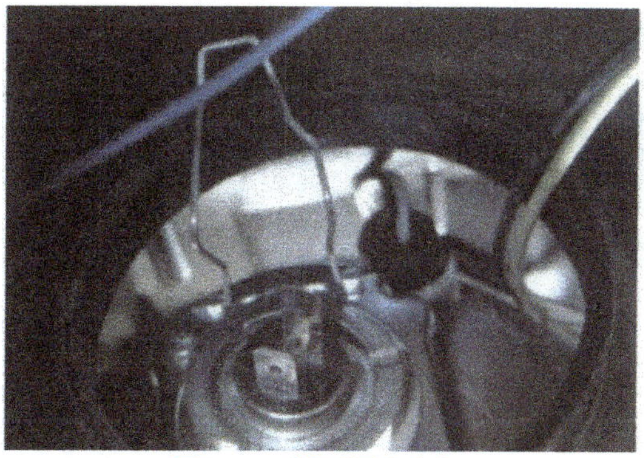

图 6-53　拆下原车大灯

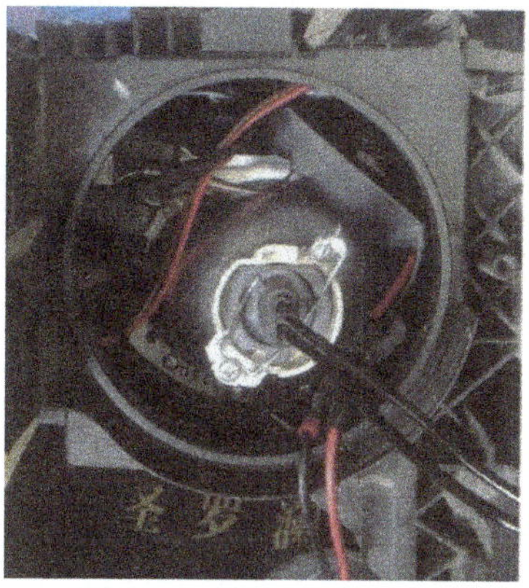

图 6-54　更换氙气灯灯泡

（3）固定氙气灯镇流器，如图 6-55 所示。
（4）连接电源，如图 6-56 所示。

图 6-55　固定氙气灯镇流器

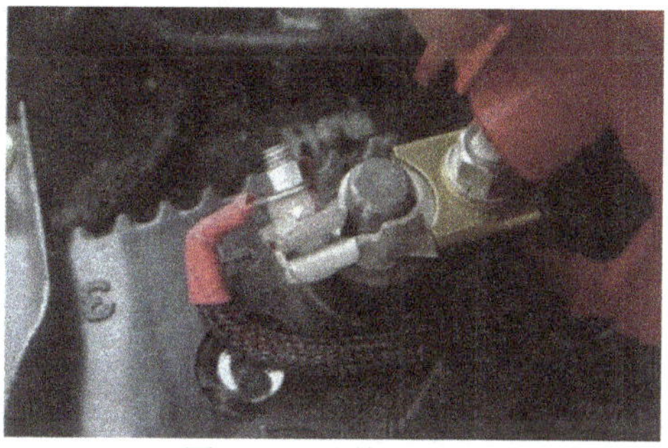

图 6-56　连接电源

222. 主动转向大灯

主动转向大灯（AFS）也称随动转向大灯，如图 6-57 所示，它能能够不断对大灯进行动态调节，保持与汽车的当前行驶方向一致，以确保对前方道路提供最佳照明并对驾驶员提供最佳可见度，从而显著增强了黑暗中驾驶的安全性。

当夜间驾车行驶在大弧度的弯道或在没有路灯照明的山路上时，弯道内侧的照明和视野盲点区对驾驶人和车内乘客来说都存在着极大的安全隐忧，威胁着夜间行车的安全性。

主动大灯转向照明系统，主要是在车头大灯组内后方或底座安装了转向马达，当驾驶转动方向盘时计算机会收集方向盘的转向角度和车速的信号，然后发送控制指令给大灯组内的转向电动机，令其随着车辆的实际过弯动态进行左右转动与实时调整，让照明光束集中在行车的路线上，让驾驶员可清楚地看清车辆前方即将经过的弯道上的路况。

以福特车为例：其主动转向大灯在车速 3km/h 以下时，为了避免灯光造成对向车道驾驶的困扰，仅能向右起动。车速在 3km/h 以上时，会自动起动最多 14° 的左右转向。宝马车的主动转向大灯，会随着车速自动调节灯光的照明长度范围，在低于时速 50km 的市区模式当中，更散射的灯光将会让驾驶员能看清楚左右两侧的路况；在高速公路模式下，光线照射的长度将会增加，以协助驾驶员看清前方更远的距离。当驾驶员开启雾灯的同时（车速高于 70km/h），光线则会增加强度并且增加照明范围的宽度，以提供更佳的视线范围。

图 6-57　主动转向大灯

223. 传统前照灯与主动转向大灯灯光效果比较

(1) 传统前照灯在转弯处的灯光束效果示意图，如图 6-58（a）所示；
（2）主动转向大灯在转弯处的灯光束效果示意图，如图 6-58（b）所示；
（3）传统前照灯在转弯处会车的灯光束效果示意图，如图 6-58（c）所示；
（4）主动转向大灯在转弯处会车的灯光束效果示意图，如图 6-58（d）所示 .

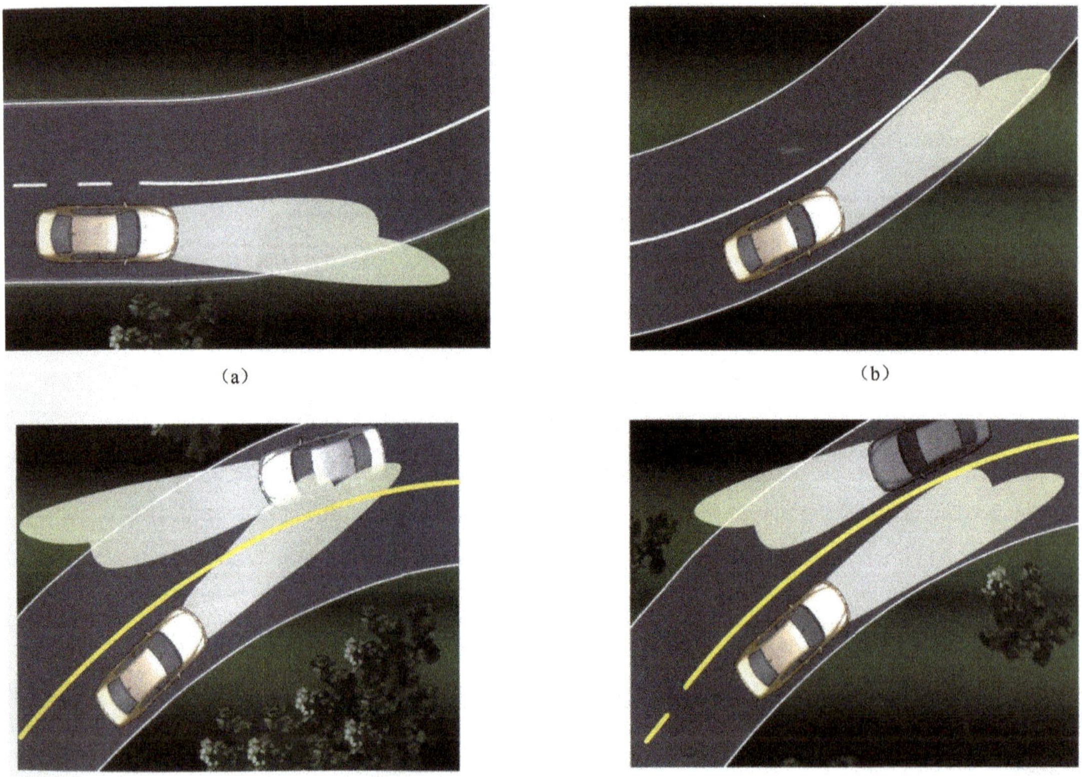

（a）　（b）　（c）　（d）

图 6-58　传统前照灯与主动转向大灯灯光效果比较

224. 主动转向大灯灯光效果图

（1）市区路段行驶示意图如图6-59（c）所示，市区道路复杂、狭窄，使车辆的行驶速度受到了限制，在这种情况下，主动转向大灯会产生比较宽阔的光型，可以有效地避免与岔路中突然出现的行人、车辆发生交通事故。

（2）高速公路直线行驶示意图如图6-59（b）所示，车辆在高速公路上行驶，车速极高，主动转向大灯比在一般道路上照射得更远、照得更宽，弥补了传统前照灯在高速公路上照明不足的缺陷。

（3）高速公路弯道行驶示意图如图6-59（a）所示，车辆在高速公路上行驶进入弯道时，主动转向大灯产生旋转的光型，给弯道以足够的照明，避免弯道的黑暗区存在。

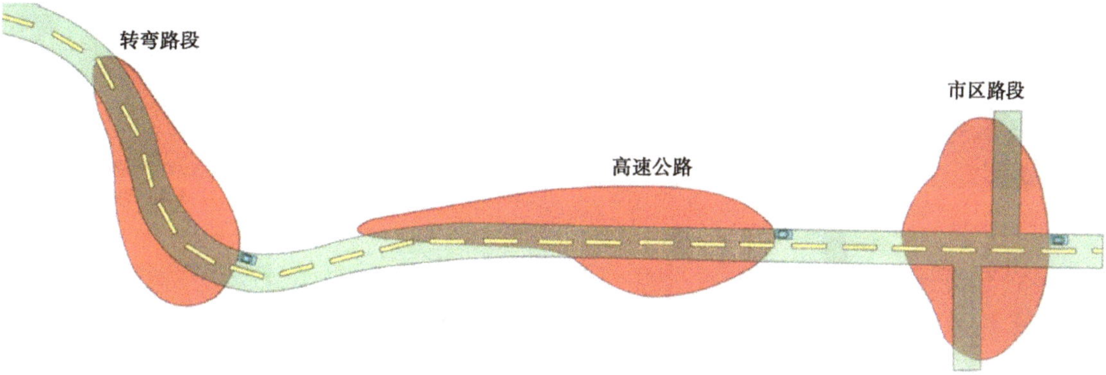

图6-59 主动转向大灯灯光效果图

225. 汽车前照灯原理电路

如图6-60所示，汽车前照灯原理电路。

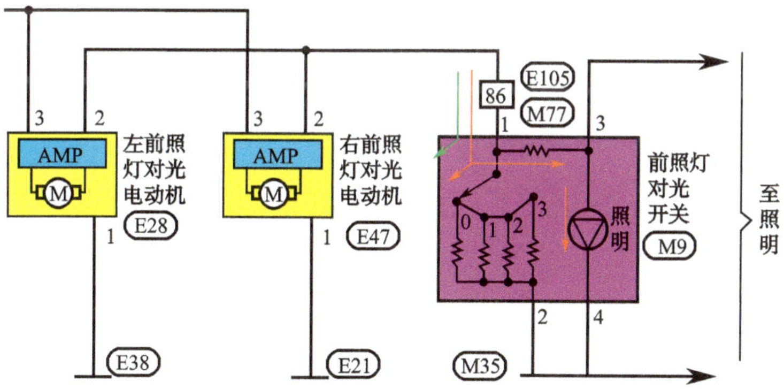

图6-60 东风日产新阳光N17车前照灯接线原理图

226. 汽车前后转向灯原理电路

如图6-61所示为汽车前后转向灯原理电路。

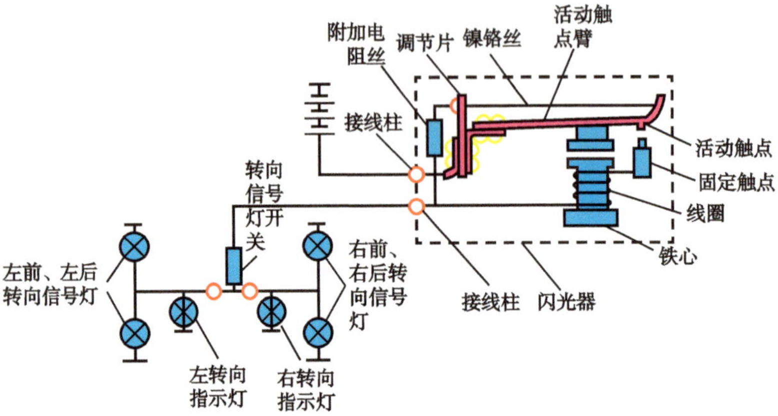

图 6-61　汽车前后转向灯（电热式）电路

227. 汽车前后雾灯原理电路

如图 6-62 所示，为汽车前后雾灯原理电路。

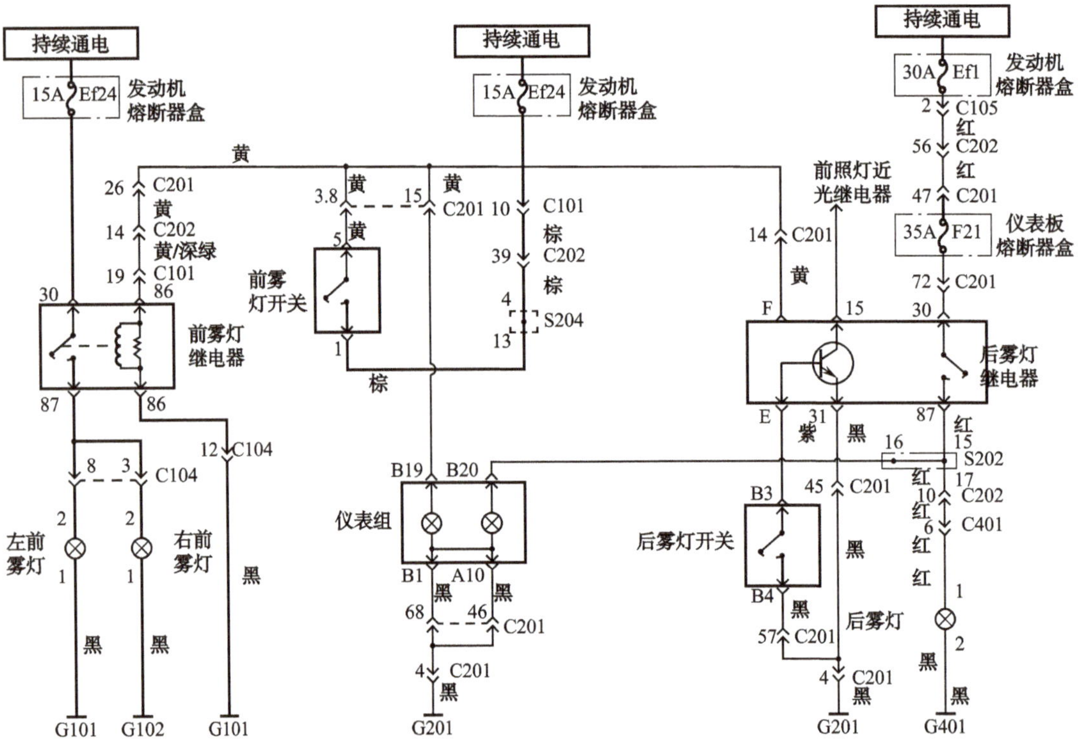

图 6-62　上海凯越汽车前后雾灯电路

228. 汽车尾灯原理电路

如图 6-63 所示，为汽车尾灯原理电路。

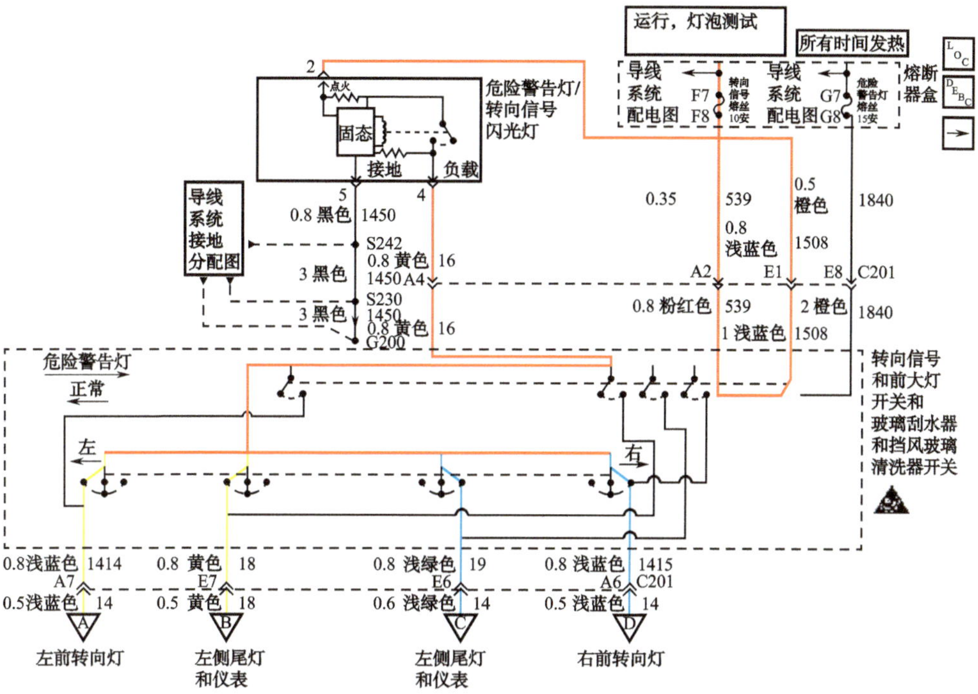

图 6-63　汽车尾灯原理电路

229. 前组合灯导线的导通性检测方法

如图 6-64 所示，为前组合灯导线的导通性检测方法。

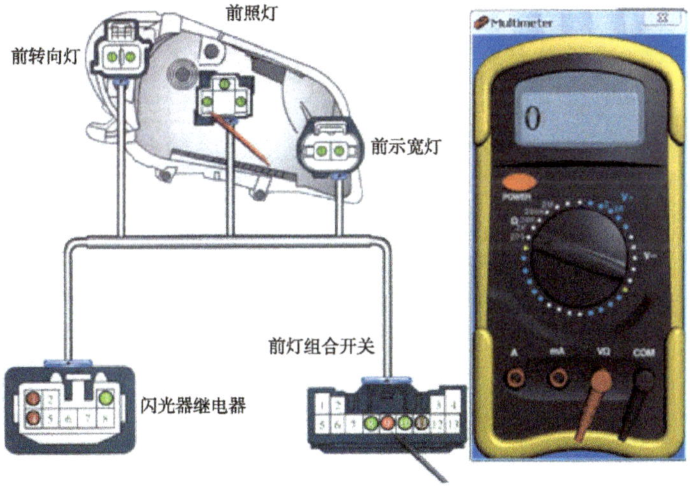

前组合灯导线导通性检测表

接插件名称		端子号
前照灯	前灯组合开关	1-8
前照灯	前灯组合开关	2-9
前示宽灯	前灯组合开关	2-10
前转向灯	闪光器继电器	2-3

图 6-64　前组合灯导线的导通检测方法

230. 前组合灯接插件检测

如图 6-65 所示，为前组合灯接插件检测图。

前灯组合开关接插件

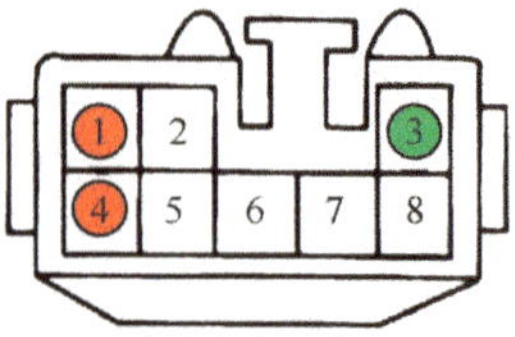

闪光器继电器接插件

前灯组合开关导通性检测表

测试端子	前灯组合开关位置	标注值
12-6	OFF	不导通
	TAIL	导通
	HEAD	导通
7-10		导通
11-10	FLASH	导通
9-10	LOW BEAM	导通
11-10	HI BEAM	导通
4-5	右转向	导通
4-3	左转向	导通
1-2	前雾灯ON	导通

闪光器继电器端子电压的导通性检测表

测试端子	测试条件	标注值
7-搭铁		导通
1-搭铁	点火开关ON位置	蓄电池电压
1-搭铁	点火开关ON位置	无电压
4-搭铁		蓄电池电压
2-搭铁	转向信号开关（右）OFF→ON	0V→9V（60～120次/分钟）
3-搭铁	转向信号开关（左）OFF→ON	0V→9V（60～120次/分钟）
5-搭铁	转向信号开关（左）OFF→ON	高于9V→0V
6-搭铁	转向信号开关（右）OFF→ON	高于9V→0V
8-搭铁	应急警告开关OFF→ON	高于9V→0V

图 6-65　前组合灯接插件检测图

231. 后组合灯导线的导通检测方法

如图 6-66 所示，为后组合灯导线的导通检测方法。

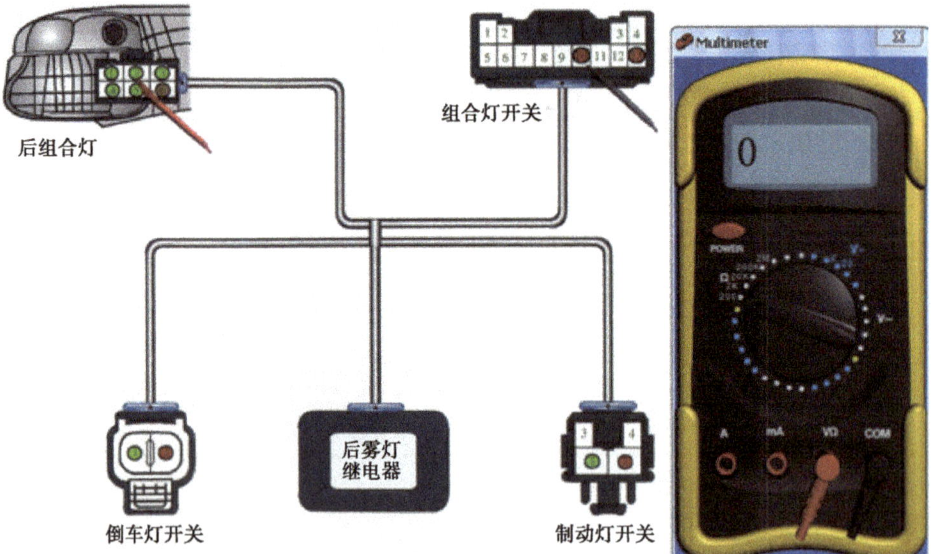

后组合灯导线导通性检测表

接插件名称		端子号
后组合灯	组合灯开关	2-10
后组合灯	制动开关	1-1
后组合灯	后雾灯继电器	4-3

图 6-66　后组合灯导线的导通检测方法

232. 前照灯光束的检测操作

汽车前照灯在进行检测与调整时，按 GB7258 — 1997《机动车运行安全技术条件》规定执行；如图 6-67 所示，双光束灯以调整近光光束为主，对于单光束灯，以调整远光光束为主。检验时，检验用场地应平整，屏幕与地面垂直，汽车轮胎气压符合标准，汽车空载（驾驶室内允许乘坐一名驾驶员），蓄电池性能良好、存电足，前照灯安装牢固。

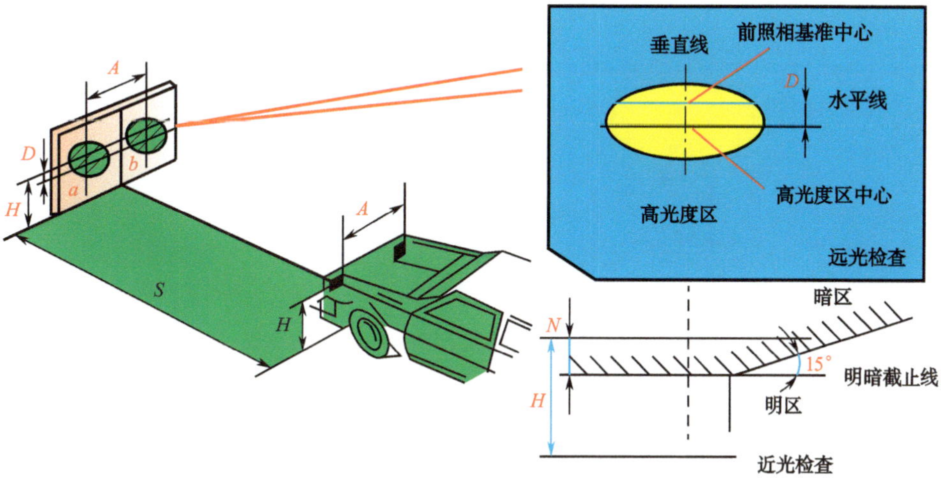

图 6-67　前照灯光束的检查

233. 前照灯的调整

（1）前照灯光轴的调整部位。前照灯光轴方向偏斜时，应进行调整，调整部位一般分外侧调整式和内侧调整式两种，如图 6-68 所示。调整时，按需要转动灯座上面的左右及上下调整螺钉（或旋钮），使光轴方向符合标准。

（2）前照灯亮度不足的原因有以下几个方面。

① 前照灯工作电压偏低。灯泡的工作电压偏低，灯泡的光通量及发光强度会大大降低，造成工作电压偏低的原因有：发电机输出功率不足、输出电压偏低、蓄电池存电不足、前照灯回路压降过大。

② 灯泡（或灯芯）老化或产品质量差。

③ 灯泡（或灯芯）的功率选择偏低。

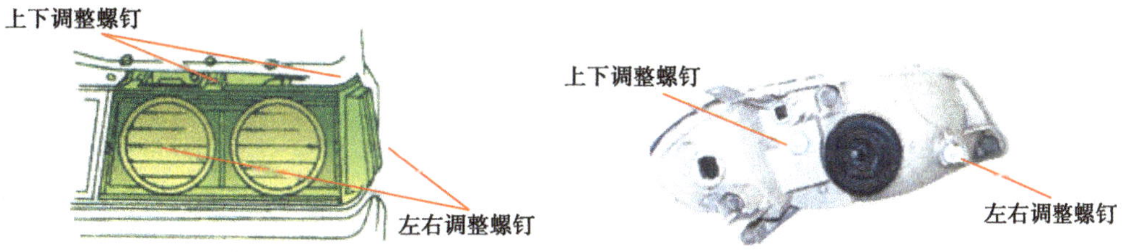

（a）外侧调整式　　（b）内侧调整式

图 6-68　前照灯的调整部位

234. 电容式闪光器

电容式闪光器的电路原理，如图 6-69 所示，它由一只大容量电解电容器和双线圈继电器组成，工作过程如下。

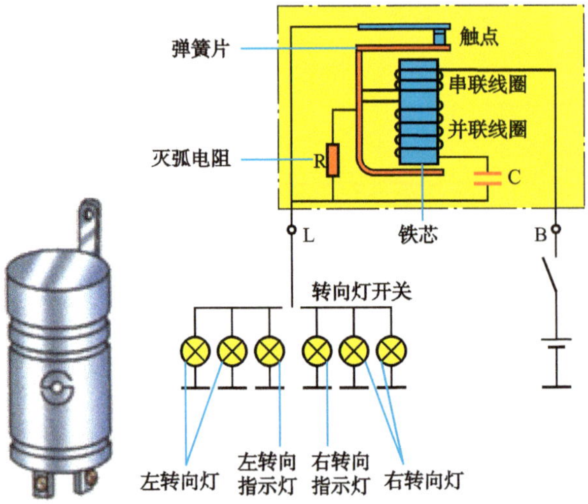

图 6-69　电容式闪光器与电路原理图

接通转向灯开关（左或右）后，串联线圈经触点、转向信号灯构成回路，且电流较大，产生较强磁场，吸动衔铁，使触点张开。此过程中，串联线圈通电时间极短，转向信号灯不亮。触点张开后电容器经串联线圈、并联线圈、转向灯开关、转向灯及转向指示灯构成充电回路。由于充电电流很小，故此时，转向灯与转向指示灯不亮。触点在串并联线圈的合成磁场（方向相同）作用下，仍保持张开状态。电容器充足电后，并联线圈电流消失，铁芯吸力减小，触点在复位弹簧作用下闭合，转向灯与转向指示灯亮；同时，电容器经并联线圈及触点放电。由于串联线圈与并联线圈磁场方向相反，铁芯吸力极小，因此触点保持闭合状态。当电容器放电结束后，并联线圈电流消失，铁芯吸力在串联线圈磁场作用下增强，触点再次张开，转向灯与转向指示灯变暗，电容器再次放电。如此周而复始，转向灯与转向指示灯不停地闪烁。

第7章 汽车辅助电器装置

235. 电动刮水器

刮水器的作用是刮除挡风玻璃上的雨水、积雪或灰尘，确保驾驶员有良好的视野。电动刮水器由刮水电动机、传动机构和雨刮三大部分组成，此外还包括刮水器开关及间歇继电器等附件。

目前，应用于汽车上的刮水电动机基本上都是永磁式直流电动机。其定子磁场是由锶钙铁氧体（或其他永磁材料）制成的一组永久磁场。它具有结构简单、比功率大、耗电省、机械特性较硬等优点。

15～80W 的刮水电动机一般都具有双速自动回位功能。若系统需要，只要在线路中增加间歇继电器、洗涤器等附件及控制开关，即可扩充电动机的工作能力。

刮水电动机呈封闭型结构，如图 7-1 所示，其旋转部位一般都使用铜基含油轴承和球轴承，在出厂前已贮有足够的润滑脂，减速器内的齿轮和蜗杆用两种抗咬合材料制成。减速器内贮有足够的润滑脂，在一定的运行期间（约 500h）内不必加油。

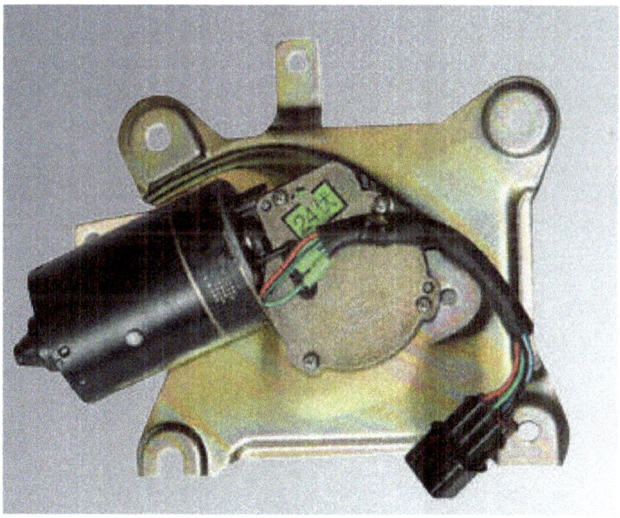

图 7-1　刮水电动机外形

236. 电动刮水器的组成

如图 7-2 所示，电动刮水器主要由直流电动机、蜗轮减速机构、拉杆、摆杆、刮水器臂、刮水器片等组成

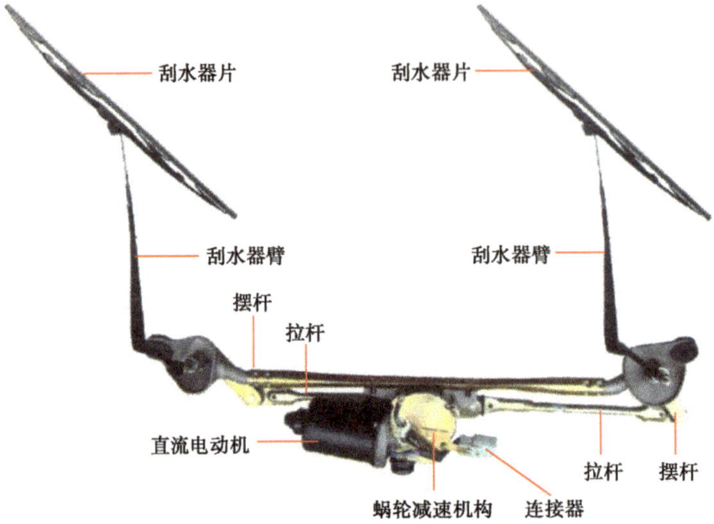

图 7-2 电动刮水器的组成

237. 刮水器电动机结构

如图 7-3 所示，直流电动机是刮水器的驱动动力源，电动机是和蜗轮减速机构结合成一体的刮水器电动机总成，通过传动机构，使刮水片在风挡玻璃表面上往复摆动，扫除风挡玻璃上的雨雪和灰尘。

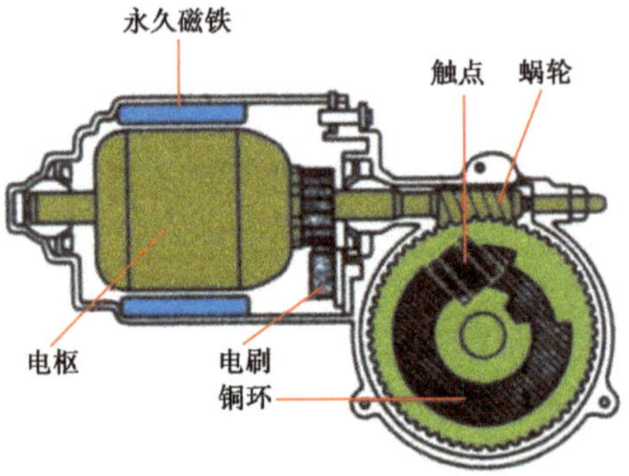

（a）刮水器电动机总成

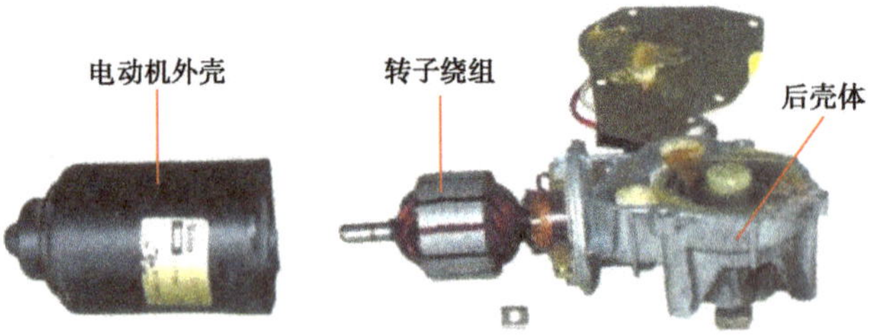

（b）刮水器电动机分解图

图 7-3 刮水器电动机

238. 刮水器总成结构

刮水器总成结构，如图 7-4 所示。

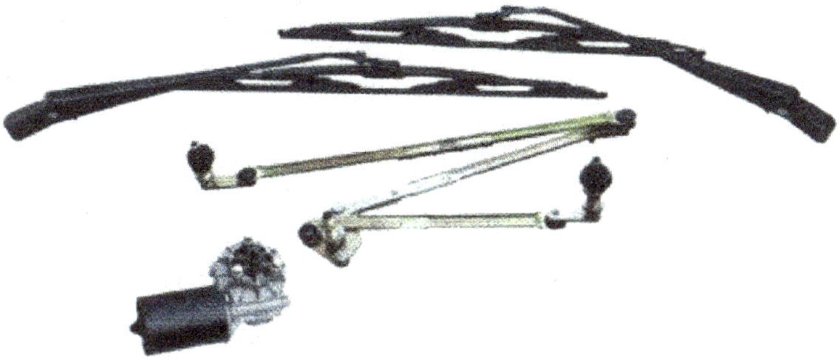

图 7-4　刮水器总成结构

239. 雨刮自动复位装置

刮水器自动复位是指刮水器片在任何位置，在切断刮水电动机电源后，刮水片都能自动停止在风挡玻璃的下部而不影响驾驶人的视线。

如图 7-5 所示，为铜环式刮水自动复位装置原理图。

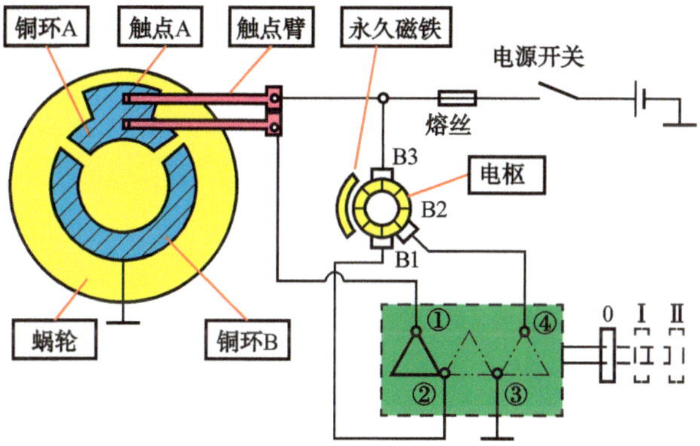

图 7-5　铜环式刮水自动复位装置原理图

如图 7-5 所示，当刮水器开关推到“0”挡（停止）时，如果刮水器片没有停到规定位置，由于触点 B 与铜环 B 接通则电流继续流入电动机电枢。电流回路是：蓄电池正极→点火开关→熔丝→电枢 B3 →电枢→电枢 B1 →接线拄②→接触片→接线柱①→触点臂→触点 B →铜环 B →塔铁→蓄电池负极，电动机仍低速运转直到蜗轮的特定位置后，电路才中断电源。由于电枢的运动惯性，电动机不能立即停止转动，此时电动机是以发电机的方式运行发电，其回路是：电刷 B3 →触点臂→触点 A →铜环 A →触点 B →触点臂→接线柱①→接线柱②→电刷 B1 →电枢绕组。电枢绕组所产生的反电动势的方向与外加电压的方向相反，产生了制动力矩，电动机迅速停止转动，使刮水器片复位到风玻璃的下部。

240. 凸轮式刮水器自动复位装置

如图 7-6 所示，为凸轮式刮水器自动复位装置，其控制原理主要是由蜗轮联动的蜗轮驱动复位开关动作，来实现刮水器的自动复位。

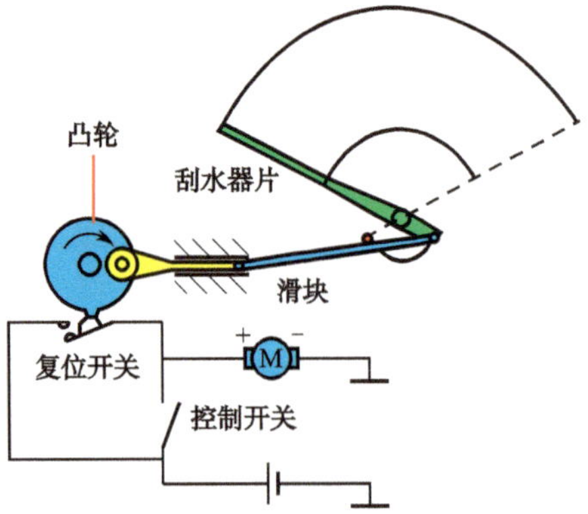

图 7-6　凸轮式刮水器自动复位装置

241. 刮水器直流永磁式电动机的分解

（1）拆下刮水器机壳的固定螺钉，如图 7-7 所示。

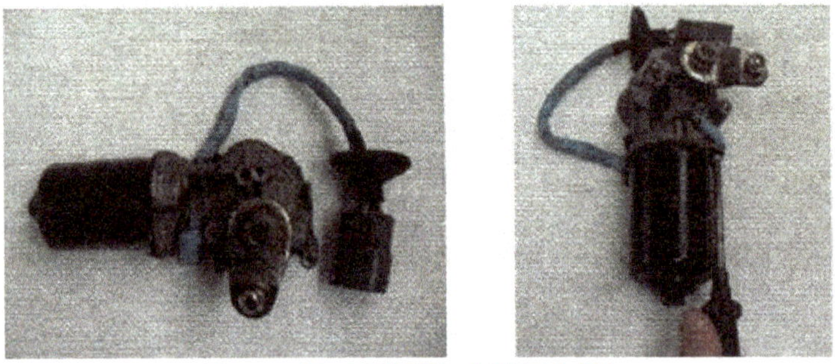

图 7-7　拆下刮水器机壳的固定螺钉

（2）取下机壳，如图 7-8 所示。

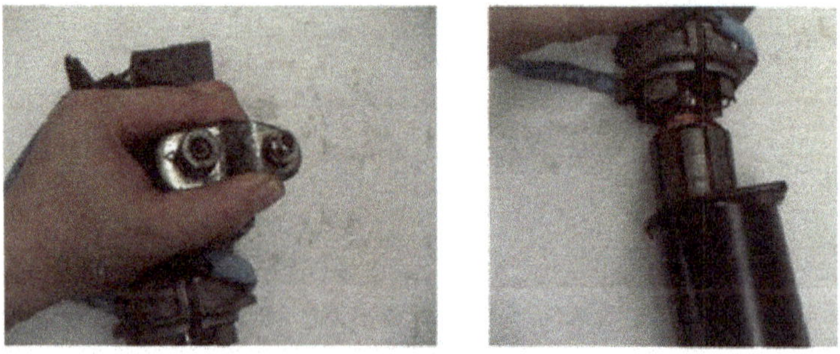

图 7-8　取下机壳

（3）拆下自动回位装置和减速齿轮盖，如图 7-9 所示。

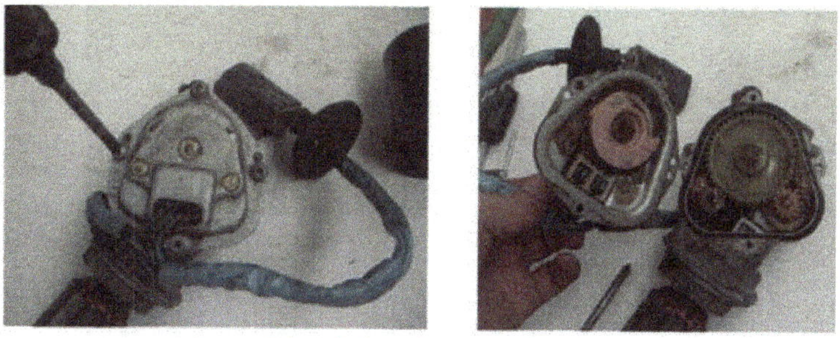

图 7-9　拆下自动回位装置和减速齿轮盖

（4）拆下曲轴固定螺母并抽出齿轮，如图 7-10 所示。

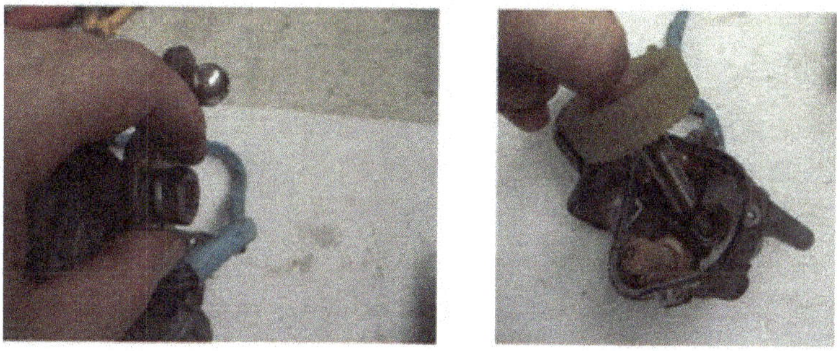

图 7-10　拆下曲轴固定螺母并抽出齿轮

（5）抽出电动机转子，如图 7-11 所示。

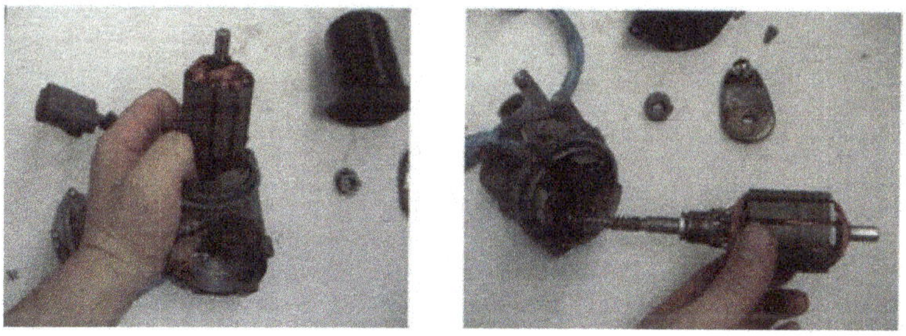

图 7-11　抽出电动机转子

242. 雨刮电动机的装配

（1）按住电刷安装电动机转子，如图 7-12 所示。

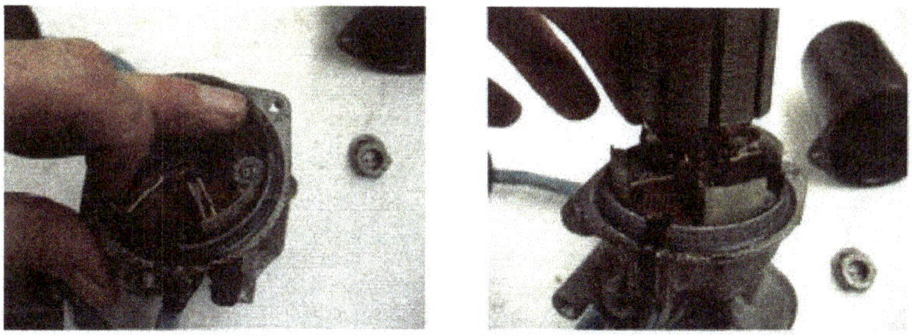

图 7-12　按住电刷安装电动机转子

（2）安装齿轮固定曲柄，如图 7-13 所示。

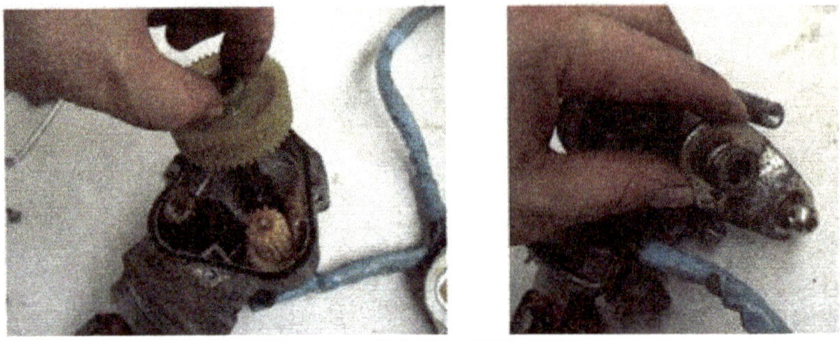

图 7-13　安装齿轮固定曲柄

（3）安装紧固自动回位装置和减速齿轮盖，如图 7-14 所示。

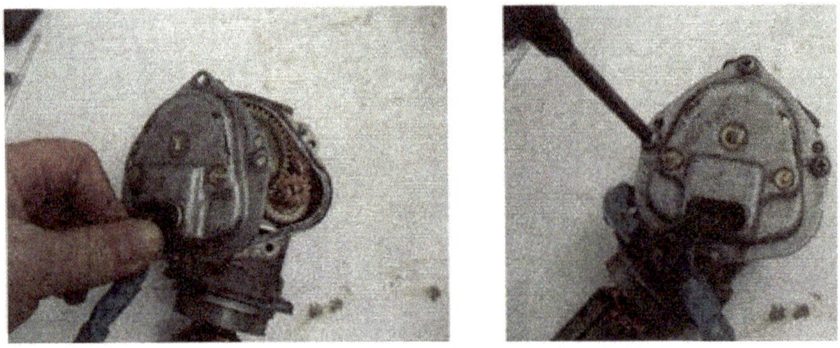

图 7-14　安装紧固自动回位装置和减速齿轮盖

（4）按住曲柄安装机壳，如图 7-15 所示。

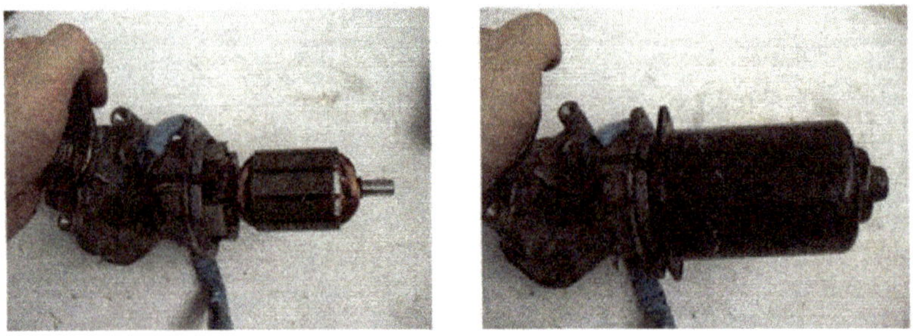

图 7-15　按住曲柄安装机壳

（5）固定机壳，如图 7-16 所示。

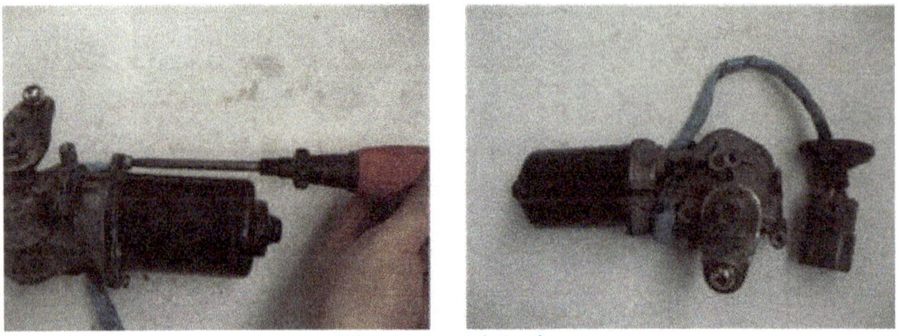

图 7-16　固定机壳

243. 雨刮片更换时扳起刮水臂

扳起刮水臂，打开锁止扣，如图 7-17 所示。

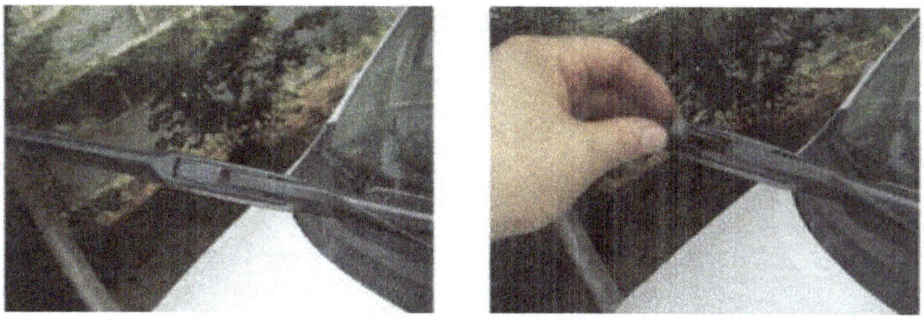

图 7-17　扳起刮水臂并打开锁止扣

244. 雨刮片更换时摘下刮水片

摘下刮水片并更换，如图 7-18 所示。

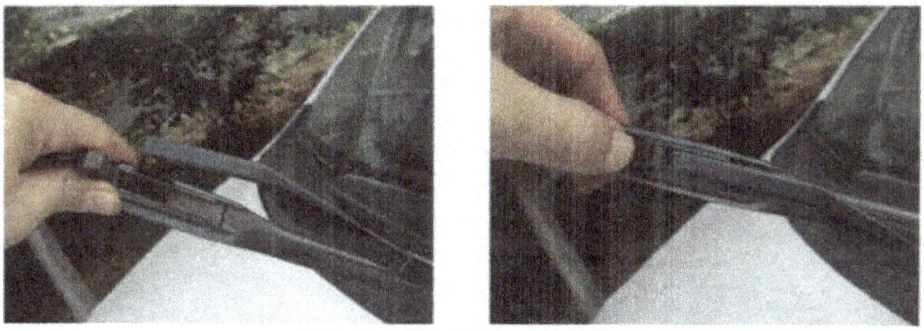

图 7-18　摘下刮水片并更换

245. 拆卸刮水器总成时拆下刮水臂固定螺母

取下刮水臂螺母护盖并拆下刮水臂固定螺母，如图 7-19 所示。

图 7-19　取下刮水臂螺母护盖并拆下刮水臂固定螺母

246. 拆卸刮水器总成时取下刮水臂

取下刮水臂和刮水片，如图 7-20 所示。

图 7-20　取下刮水臂和刮水片

247. 拆卸刮水器总成时拆下风挡玻璃下方的塑料护板

打开发动机仓盖拆下风挡玻璃下方的塑料护板，如图 7-21 所示。

图 7-21　拆下塑料护板

248. 拆卸刮水器总成时拔下刮水器电线插头

拔下刮水器电线插头，如图 7-22 所示。

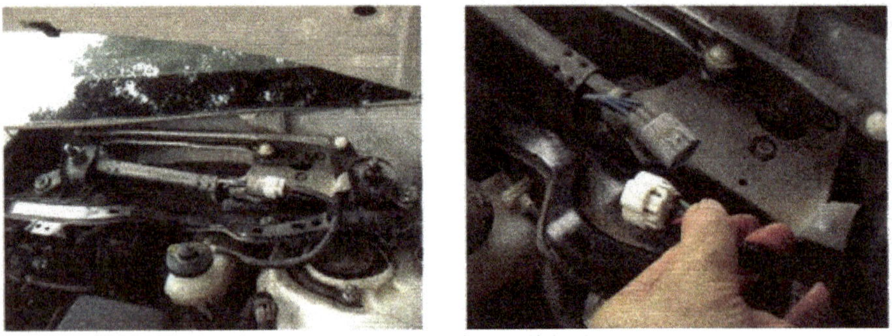

图 7-22　拔下刮水器电线插头

249. 拆卸刮水器总成时拆下刮水器总成固定螺钉

拆下刮水器总成固定螺钉，如图 7-23 所示。

图 7-23　拆下刮水器总成固定螺钉

250. 电动洗涤器

汽车在灰尘较多的环境中行驶时，会有一些灰尘飘落在风挡玻璃上，影响驾驶员的视线。汽车风窗洗涤装置的作用为：在需要的情况下向风窗表面喷洒专用洗涤液或水，在刮水片的配合工作下，保持风挡玻璃表面的清洁。

如图 7-24 所示，为桑塔纳轿车风窗玻璃洗涤器的结构。风窗玻璃洗涤器主要由储液箱、洗涤泵、输液软管与喷嘴组成；储液箱由塑料筒制成，内装洗涤液；洗涤泵由直流电动机和离心泵组成，其作用是将洗涤液加压后输送到喷嘴并喷洒在风窗玻璃表面。当风窗玻璃上有灰尘和污物时，先起动洗涤泵，将洗涤液喷洒在风窗玻璃刮水片的上部，湿润玻璃表面，然后再起动刮水器，将风窗玻璃上的灰尘和污物刮掉。

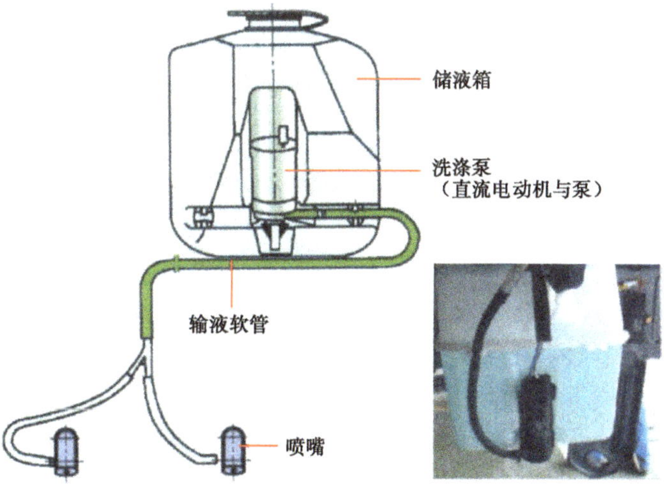

图 7-24　桑塔纳轿车风窗玻璃洗涤器

251. 典型电动刮水器与风窗玻璃洗涤器电路

如图 7-25 所示，为丰田凯美瑞轿车电动刮水器与风窗玻璃洗涤器电路。当点火开关处于 IG 时，电源通过刮水器组合开关控制洗涤电动机及刮水电动机的动作。组合开关 HI 为高速挡、LO 为低速挡、INT 为间歇挡、OFF 为关闭、MIST 为喷水挡。

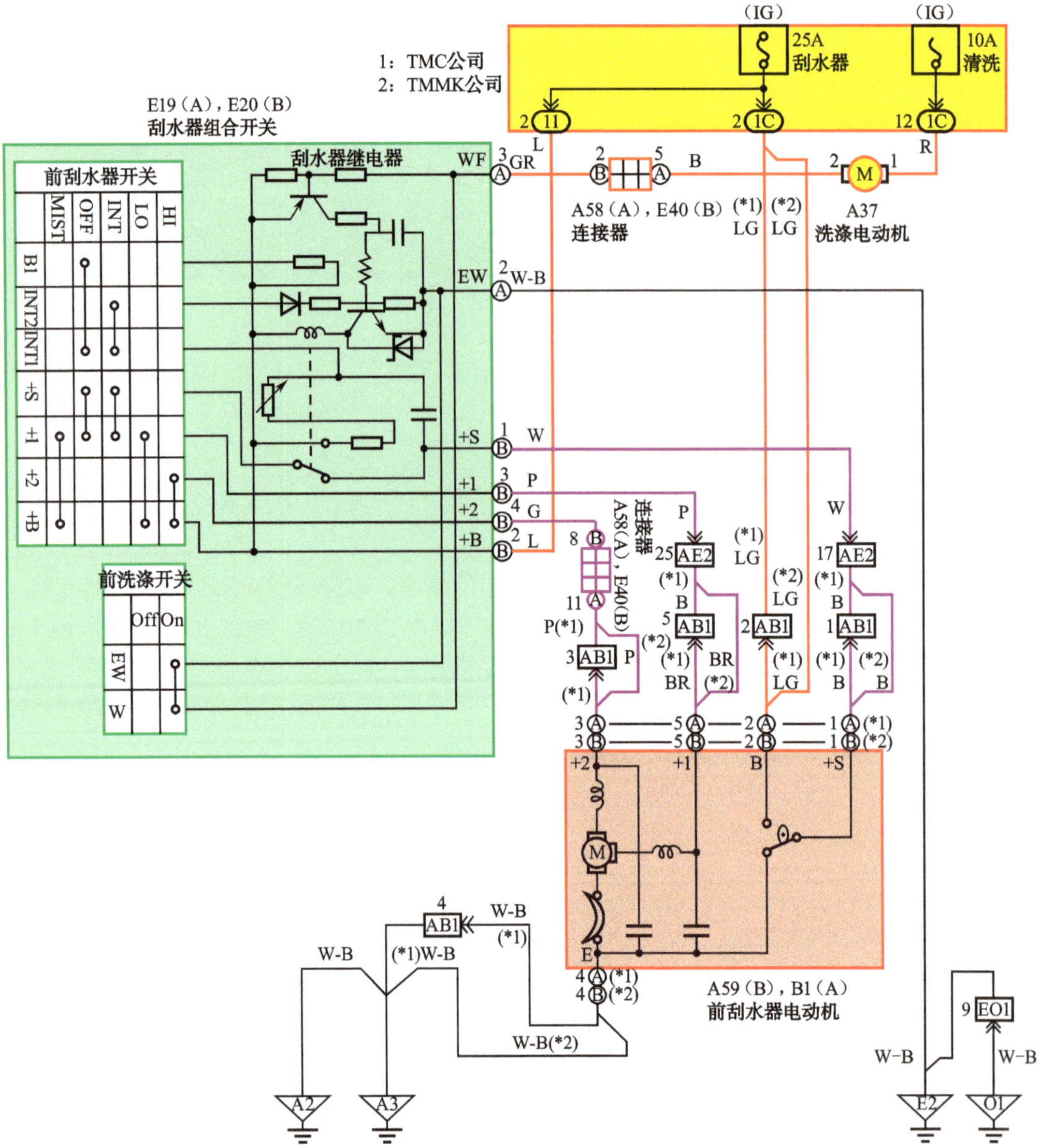

图 7-25　丰田凯美瑞轿车电动刮水器与风窗玻璃洗涤器电路

252. 电动刮水器控制开关拆卸时拆下方向盘中间防护盖

在更换电动刮水器与风窗洗涤器控制开关时，首先要拆下方向盘，然后卸下组合开关，拆下方向盘中间防护盖，如图 7-26 所示。

图 7-26　拆下方向盘中间防护盖

253. 电动刮水器控制开关拆卸时拆下方向盘

拆下方向盘，如图 7-27 所示。

图 7-27　拆下方向盘

254. 电动刮水器控制开关拆卸时拆下组合开关外壳

拆下组合开关外壳，如图 7-28 所示。

图 7-28　拆下组合开关外壳

255. 拆下电动刮水器组合开关

拆下组合开关，如图 7-29 所示。

图 7-29　拆下组合开关

256. 刮水器电路的一般检查方法

（1）刮水器电路熔丝的检查，如图 7-30 所示。

（2）拔下刮水电动机插头，如图 7-31 所示。

图 7-30　刮水器电路熔丝的检查

图 7-31　拔下刮水电动机插头

（3）用万用表检查电动机线路，如图 7-32 所示。

（4）检查刮水器开关，如图 7-33 所示。

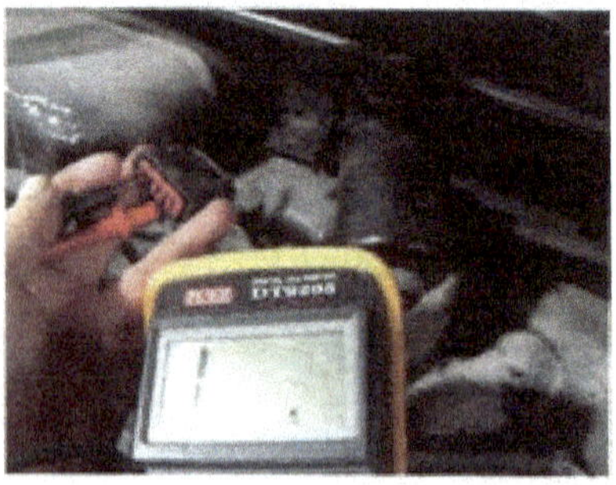

图 7-32　检查电动机线路

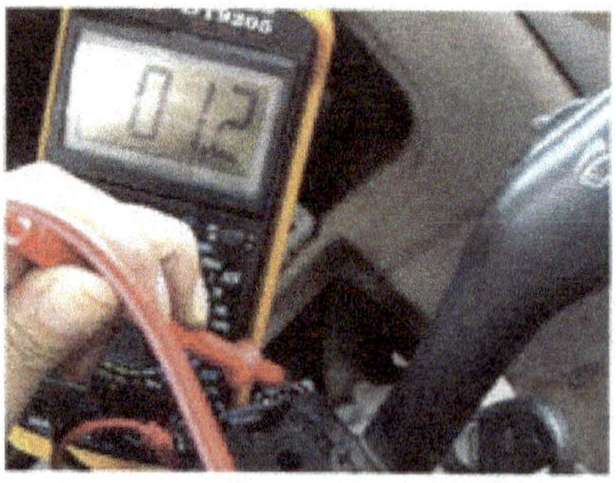

图 7-33　检查刮水器开关

（5）检查刮水器间歇继电器，如图 7-34 所示。

图 7-34 检查刮水器间歇继电器

257. 滚柱式电动汽油泵

滚柱式电动汽油泵外形、原理如图 7-35、图 7-36 所示，泵壳的一端是进油口，另一端是出油口。电源插头在出油口一侧，进油口一侧的滚柱式油泵由泵壳中间的直流电动机高速驱动，当油泵旋转工作时，由于离心力的作用，转子槽内的滚子向外移动，紧靠在偏心设计的泵体壁面上。滚柱随转子一同旋转时泵腔容积产生变化，汽油进口处容积越来越大，出口处容积越来越小，使汽油经过入口的滤网吸入油泵，加压后经过电动机周围的空间由出口泵出。油泵出口处有一单向阀，在油泵不工作时阻止汽油倒流回油箱，以保持发动机停机后，管路内的汽油具有残余压力，便于再次起动。出口处的缓冲器是用来减小出口处的油压脉动和运转噪声的。这种油泵的最大泵油压力可达 400kPa 以上。若因汽油滤清器的堵塞等原因使油泵出口的一侧油压过高，则与油泵一体的限压阀会被顶开，使部分油回到进油口一侧，以保护电动汽油泵。

图 7-35 滚柱式电动汽油泵外形

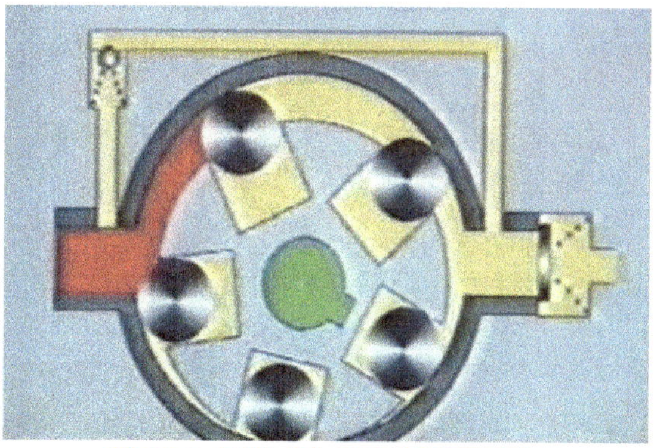
图 7-36 滚柱式电动汽油泵原理图

258. 平板叶片式电动汽油泵

滚柱式电动汽油泵运转时，噪声较大，泵油压力脉动大，易磨损，使用寿命较短。近年来，越来越多的汽油喷射发动机采用平板叶片式电动汽油泵。这种油泵的构造和滚柱式电动汽油泵相似，但它的转子是一块圆形平板，平板圆周有由许多半圆形小槽形成的泵油叶片，如图 7-37 所示。油泵运转时，转子槽坑内的汽油跟随转子一同高速旋转。由于离心力的作用，汽油出口处油压增高，同时在进口处产生一定的真空，从而使燃油从进口被吸入并被泵向出口。

这种电动汽油泵的优点是：最大泵油压力较高(可达600kPa以上)，运转噪声小，出油压力脉动小，转子无磨损，使用寿命长。

电动汽油泵中的油泵和电动机都是浸在汽油中的。在泵油过程中，汽油不断地穿过油泵和电动机，油泵本身及电动机中的绕组、电刷、轴承等部件都靠汽油来润滑和冷却。因此，禁止在无油的情况下运转电动机式汽油泵。也不要等油完全用尽后才去加油，以免烧坏电动机式汽油泵。

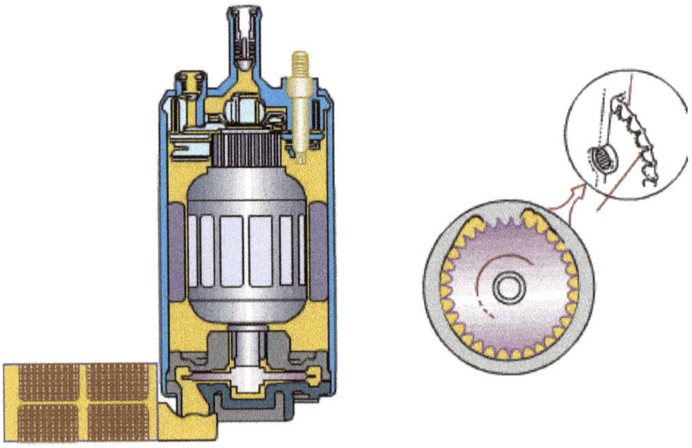

图7-37 平板叶片式电动汽油泵结构图

259. 电动车窗的组成

由电力驱动升降的车窗玻璃称为电动车窗。电动车窗由车窗、车窗升降器、电动机和开关等部件组成。车窗电动机分为永磁式和双绕组串励式两种。电动车窗系统装有两套控制开关，一套为总开关，可由驾驶员控制每个车窗的升降。另一套分别装在每个车窗中部，为分开关，可由乘客进行操纵。总开关与分开关的关系为：总开关与分开关互不干涉，均可独立地控制车窗玻璃的升降。

电动车窗通过齿扇式车窗的升降机构来实现换向作用，把电动机的旋转力通过齿扇变为上下运动，实现车窗的上升和下降，如图7-38所示。

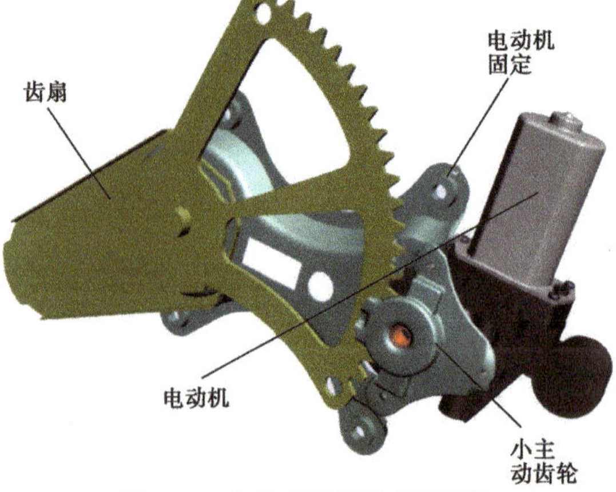

图7-38 齿扇式车窗的升降机构

260. 蜗轮蜗杆式升降器

如图 7-39 所示，当电动车窗玻璃升降器中的直流永磁电动机的电路接通后，转轴输出转矩，经过蜗轮和蜗杆的减速后，再由缓冲联轴器传递到转丝筒，使钢丝绳拉动安装在玻璃支架上的滑动支架在导轨中上下运动，达到使车窗玻璃升降的目的。

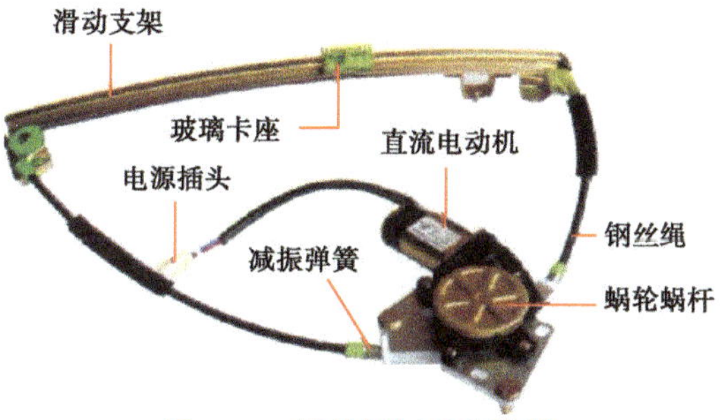

图 7-39　蜗轮蜗杆式升降器

261. 齿轮齿条式升降器

如图 7-40 所示，当电动车窗玻璃升降器中的直流永磁电动机的电路接通后，电动机带动轴端的小齿轮转动，使齿条移动，因为车窗是和齿条的一端相连的，所以带动车窗升降。

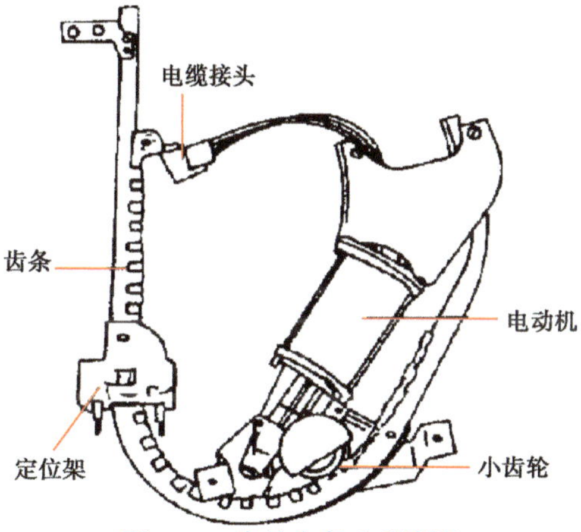

图 7-40　齿轮齿条式升降器

262. 齿轮齿扇式升降器

如图 7-41 所示，通过齿扇来实现换向作用。齿扇上安装有螺旋弹簧，当车窗玻璃下降时，连接在齿扇轮上的螺旋弹簧卷起来，存储了一定的能量；当车窗升高时，螺旋弹簧展开，释放能量；从而使车窗无论是在升起或下降中，电动机都承受相同的负荷。

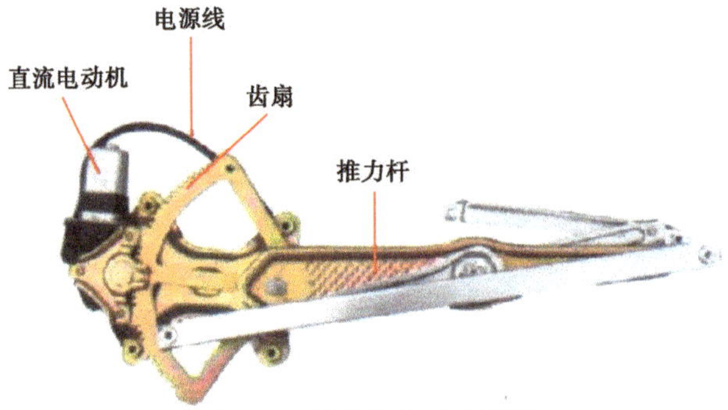

图 7-41　齿轮齿扇式升降器

263. 典型汽车电动车窗控制电路

如图 7-42 所示，为日产天翼车电动车窗控制电路。

1）供电电路

蓄电池正极→ 50A M 号→车身模块 BCM 端子 55 →车身模块 BCM 端子 54 →电动车窗主开关端子 19。

蓄电池正极→ 15A 17 号熔丝→ BCM 端子 42。

当点火开关在 ON 或 STATR 位置时，经点火开关后的电流→ 10A 1 号熔丝→ BCM 端子 38 →车身模块→ BCM 端子 53 后分四路：第 1 路至电动车窗主开关端子 10，第 2 路至电动车窗开关端子 1（乘客侧），第 3 路至左后电动车窗端子 1，第 4 路至右后电动车窗开关端子 1。

2）电动车窗锁

电动车窗锁开关位于电动车窗的主开关上，用于锁止除驾驶人侧车窗以外的其他所有的车窗操作。

当驾驶人按下“锁止”按钮时，电动车窗主开关中的乘客侧电动车窗开关的搭铁断开，使乘客侧电动车窗的电动机停止工作；当按下“开锁”按钮时，乘客侧的电动车窗的开关均可以控制相应的电动车窗升降。

3）驾驶人车门车窗的升降

车窗上升：当电动车窗主开关的驾驶人侧开关按到“上升”位置时，电动车窗主开关端子 16 输出电压→前电动车窗电动机（驾驶人侧）端子 1 →车窗升降（驾驶人侧）电动机→前电动车窗（驾驶人侧）电动机端子 2 →电动车窗主开关端子 12 →前电动车窗电动机（驾驶人侧）端子 17 → M71 或 M72 搭铁。此时电动机升起车窗，直至松开“上升”开关。

车窗下降：当电动车窗主开关的驾驶人侧开关按到“下降”位置时，电动车窗主开关端子 12 输出电压→前电动车窗电动机（驾驶人侧）端子 2 →车窗升降（驾驶人侧）电动机→前电动车窗（驾驶人侧）电动机端子 1 →电动车窗主开关端子 6 →前电动车窗电动机（驾驶人侧）端子 17 → M71 或 M72 搭铁。此时电动机降下车窗，直至松开“下降”开关。

4）前排乘客侧车门车窗的升降

（1）电动车窗主开关（驾驶人侧）的操作。车窗上升：当按下电动车窗主开关 G6 乘客侧“上升”按钮时，电动车窗主开关端子 10 的电压→电动车窗主开关端子 8 →前电动车窗开关（乘客侧）端子 2 →前电动车窗开关（乘客侧）端子 5 →前电动车窗电动机（乘客侧）端子 2 →前电动车窗电动机（乘客侧）端子 1 →前电动车窗开关（乘客侧）端子 4 →前电动

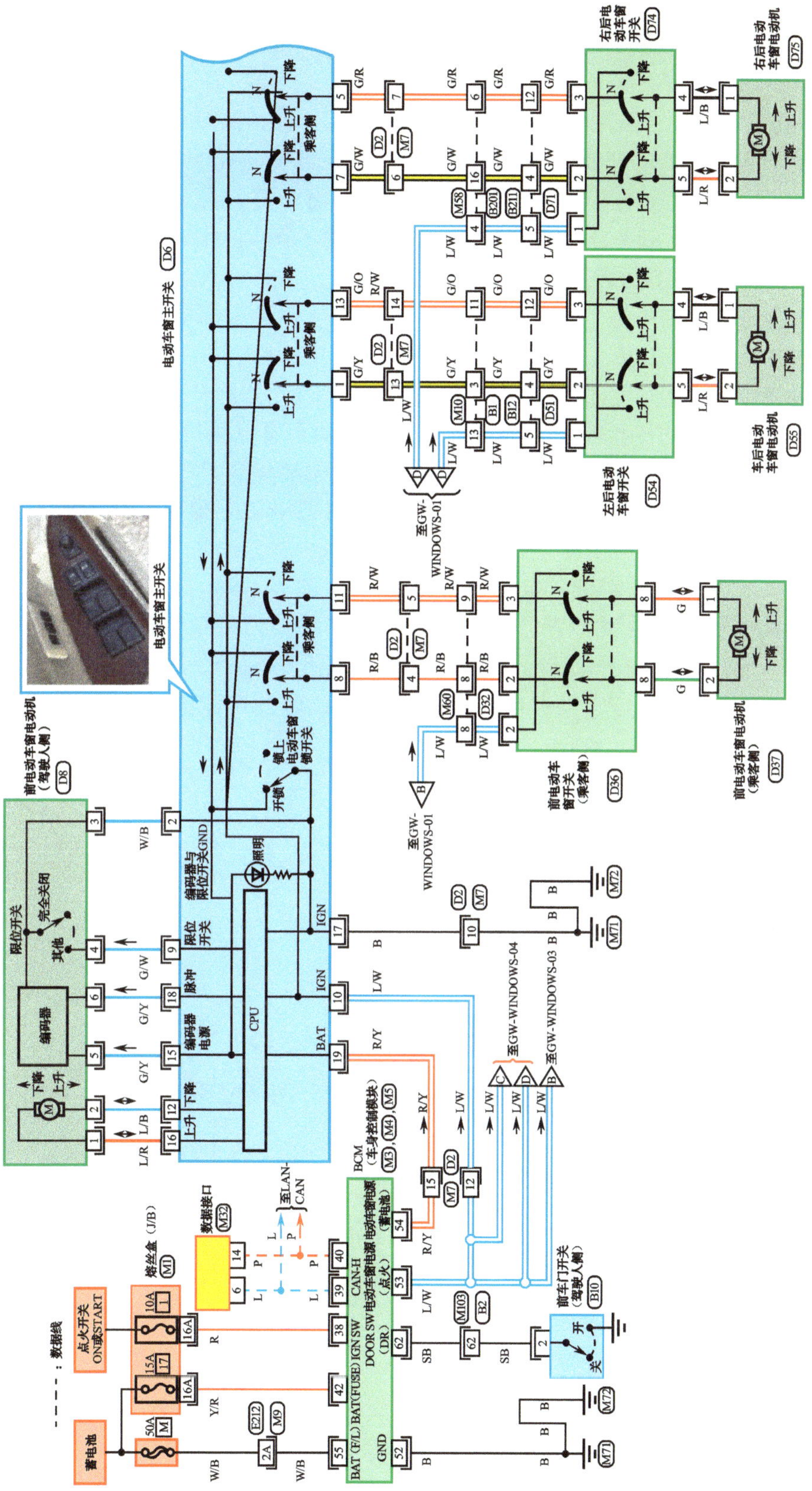

图 7-42　日产天翼车电动车窗控制电路

车窗开关（乘客侧）端子 3→前电动车窗主开关端子 11→电动车窗主开关端子 17→ M71 和 M72 搭铁。此时，前电动车窗（乘客侧）电动机升起车窗，直至松开开关。

车窗下降：当按下电动车窗主开关 G6 乘客侧“下降”按钮时，电动车窗主开关端子 10 的电压→电动车窗主开关端子 11→前电动车窗开关（乘客侧）端子 3→前电动车窗开关（乘客侧）端子 4→前电动车窗电动机（乘客侧）端子 1→前电动车窗电动机（乘客侧）端子 2→前电动车窗开关（乘客侧）端子 5→前电动车窗开关（乘客侧）端子 2→前电动车窗主开关端子 8→电动车窗主开关端子 17→ M71 和 M72 搭铁。此时，前电动车窗（乘客侧）电动机降下车窗，直至松开开关。

（2）前电动车窗开关（乘客侧）的操作。当按下电动车窗主开关的“开锁”按钮后，前乘客侧的电动车窗开关就可以控制其升降了（后左、右乘客侧的电动车窗操作基本相同）。

乘客侧车窗上升：当按下电动车窗开关 D36 的“上升“按钮后，到达前电动车窗开关端子 1 的电压→前电动车窗开关端子 5→前电动车窗电动机端子 2→前电动车窗电动机端子 1→前电动车窗开关端子 4→前电动车窗开关端子 3→电动车窗主开关端子 11→电动车窗主开关端子 17→ M71 和 M72 搭铁。此时前电动车窗电动机升起车窗，直至松开开关。

乘客侧车窗下降：当按下电动车窗开关 D36 的“下降“按钮后，到达前电动车窗开关端子 1 的电压→前电动车窗开关端子 4→前电动车窗电动机端子 1→前电动车窗电动机端子 2→前电动车窗开关端子 5→前电动车窗开关端子 2→电动车窗主开关端子 8→电动车窗主开关端子 17→ M71 和 M72 搭铁。此时前电动车窗电动机降下车窗，直至松开开关。

264. 电动车窗升降器的拆卸步骤

（1）拆下车门内装饰，如图 7-43 所示。

（2）用胶带固定好车窗玻璃，如图 7-44 所示。

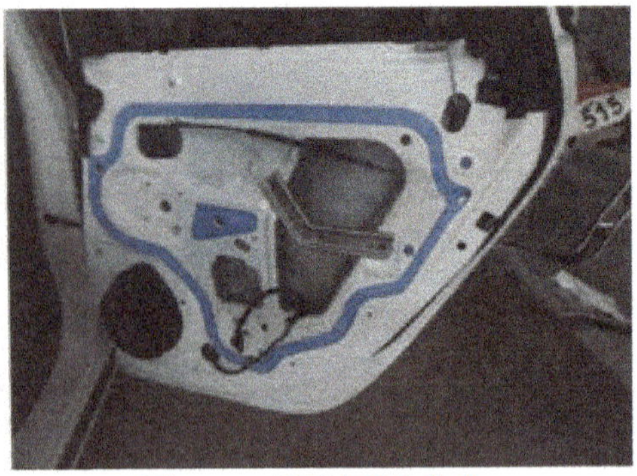

图 7-43　拆下车门内装饰

图 7-44　固定好车窗玻璃

（3）拆下电动车窗升降器如图 7-45 所示。

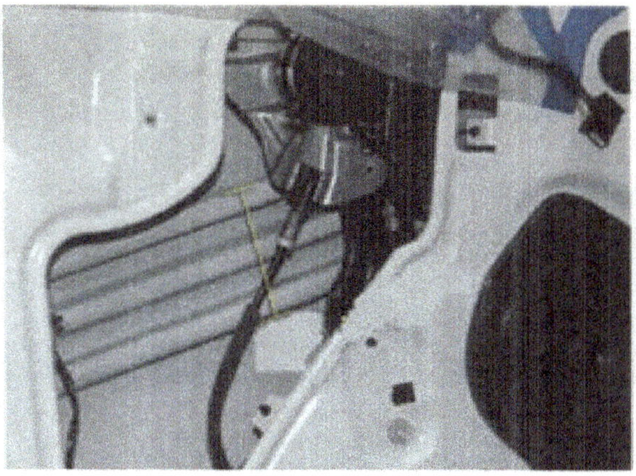

图 7-45　拆下电动车窗升降器

265. 电动车窗控制开关的拆卸

（1）拆卸车窗控制开关总成，如图 7-46 所示。

（2）拆下控制总开关接线插头，如图 7-47 所示。

图 7-46　拆卸控制开关总成

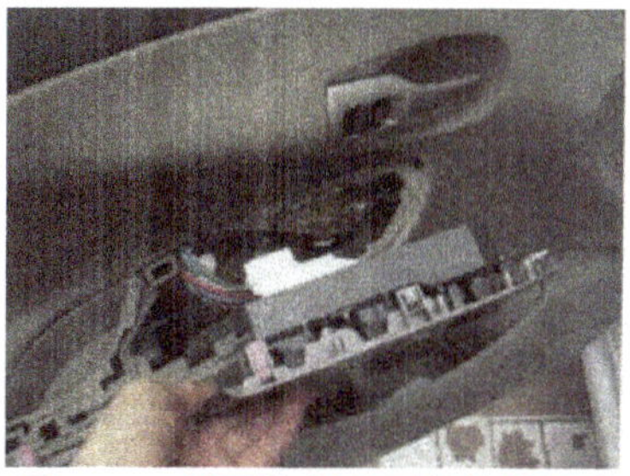

图 7-47　拆下控制总开关接线插头

（3）取下车窗控制开关总成，如图 7-48 所示。

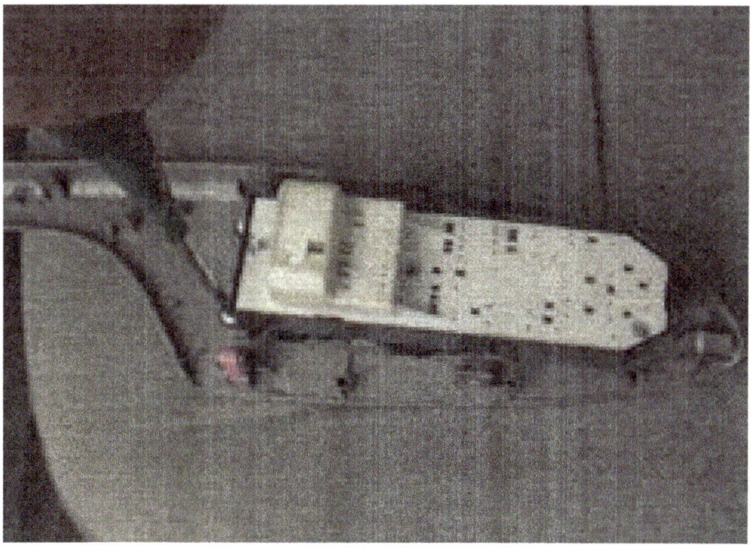

图 7-48　取下车窗控制开关总成

266. 电动座椅的基本结构

电动座椅由电动座椅电动机、开关及传动装置等组成，如图 7-49 所示。电动机多为双向永磁式，其数量取决于座椅调节功能的完善程度，只能前后移动的两向调整座椅装有一个双向电动机，如图 7-50 所示，在前后移动基础上还可升降的四向调整座椅通常装有两个双向电动机，除具有前后移动和上下升降功能外，座椅前端或后端还可分别升降的六向调整座椅，装有三个双向电动机。有的电动座椅甚至有四个或四个以上双向电动机，除以上调整功能外，还能调整靠背的倾斜角度，调整头枕高度及倾斜度、座椅长度、扶手位置等项目。

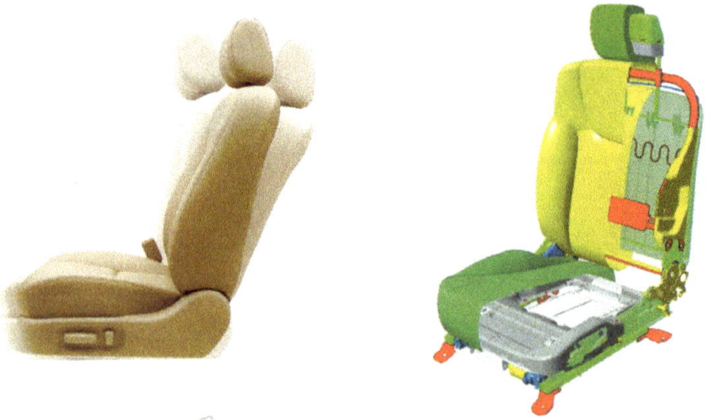

图 7-49　双向电动机座椅外形

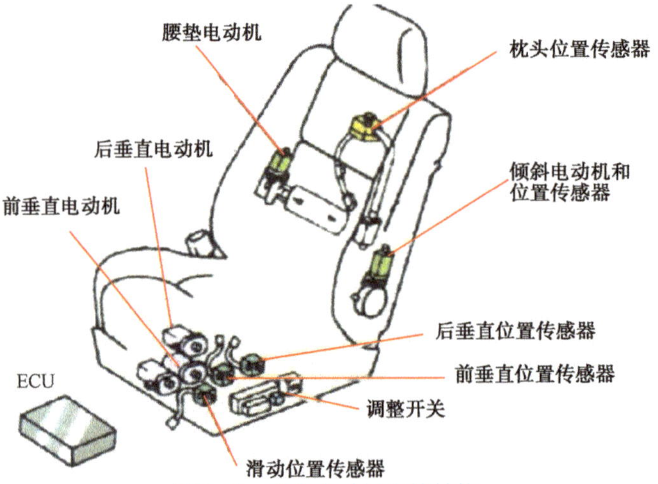

图 7-50　双向电动机座椅结构

267. 电动座椅的电动机的作用

双向电动机：如图 7-51 所示，电动座椅的电动机大多采用永磁式电动机，通过操纵控制开关来改变电流的流动方向，从而使电动机实现两个方向的旋转。电动机的采用数量根据座椅的类型来决定；通常双向座椅装有两个电动机，四向移动的座椅采用 4 个电动机，最多的座椅用 6 个电动机。为了防止电动机的过载烧毁，电动机内装有保护熔丝。

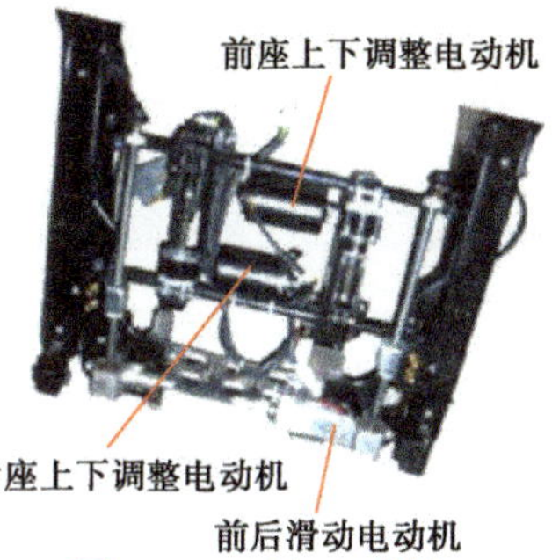

图 7-51　双向电动机

268. 电动座椅的传动机构

如图 7-52 所示，电动座椅的传动机构主要由变速器（蜗轮蜗杆）、联轴装置、齿轮齿条等组成，调整机构有前后调整和上下调整两种。

如图 7-52（a）所示，上下调整传动机构由蜗杆、蜗轮、心轴等组成。座椅需要调整时，双向电动机机轴所产生的力矩带动蜗杆轴，驱动蜗轮转动，使心轴在蜗轮内旋进旋出，带动座椅上下移动。

如图 7-52（b）所示，前后调整传动机构由蜗杆、蜗轮、齿条、导轨等组成；齿条安装在导轨上，调整时，双向电动机产生的力矩经蜗杆传递到两侧的蜗轮上，经过齿条使座椅前后移动。

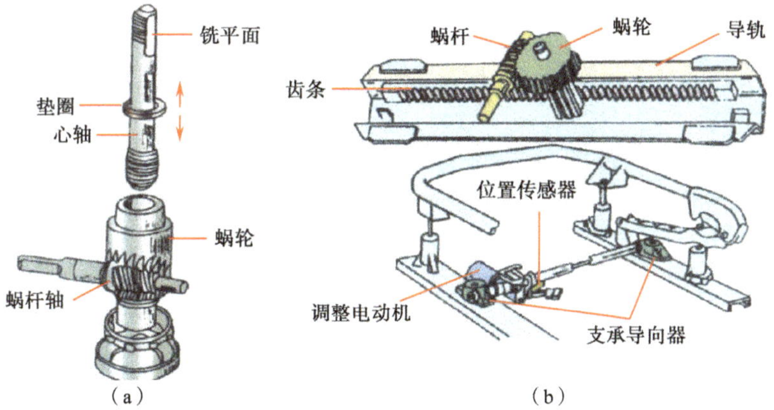

图 7-52 电动座椅的传动机构

269. 电动座椅的调整开关

调整开关：调整开关可控制电流流经电动机的方向，从而使双向电动机具有两个转动方向。图 7-53 所示，为丰田凯美瑞驾驶座电动座椅调节开关。

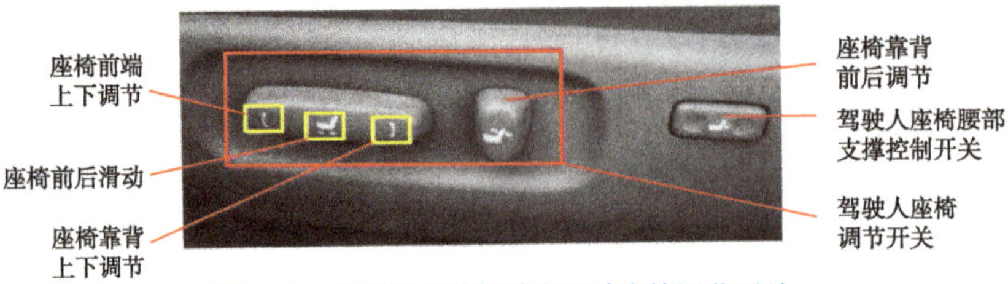

图 7-53　丰田凯美瑞驾驶座电动座椅调节开关

270. 电动座椅的工作原理

如图 7-54 所示，为本田雅阁驾驶人电动座椅电路，它由四个调节电动机和相应的调节控制开关构成，可以实现座椅的前后、座椅的前端上下、座椅的后端上下和座椅倾斜度共 8 个方向的调节。

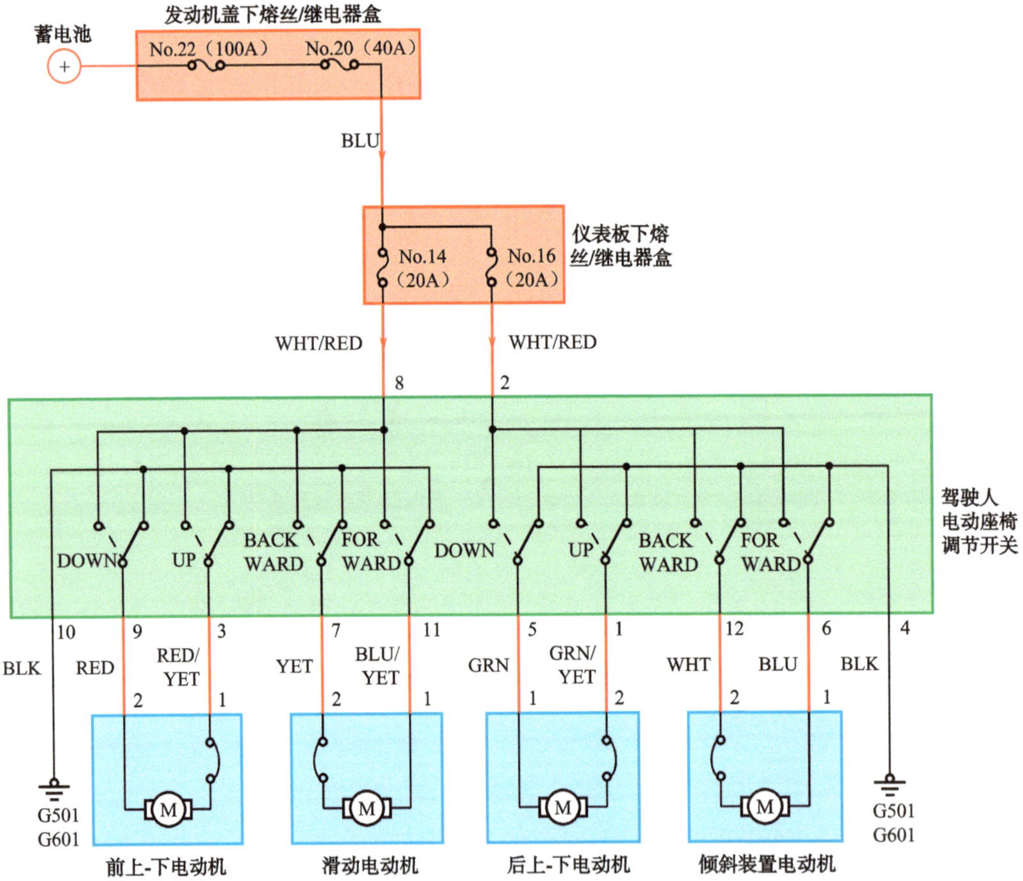

图 7-54　本田雅阁驾驶人电动座椅电路图

（1）电动座椅前端的上下调整。当按下座椅前端的向上按钮时，蓄电池正极→发动机盖下熔丝 / 继电器盒熔丝 No.22 →熔丝 No.20 →熔丝 No.14 →驾驶人电动座椅调节开关 8 号端子，经驾驶人电动座椅调节开关向上触点后，到达驾驶人电动座椅调节开关的 3 号端子→前上 - 下电动机 1 号端子→前上 - 下电动机 2 号端子→驾驶人电动座椅调节开关的 9 号端子→驾驶人电动座椅调节开关向下触点→驾驶人电动座椅调节开关的10号端子→G501、G601搭铁→蓄电池负极，此时座椅前端向上移。

当按下座椅前端的向下按钮时，到达驾驶人电动座椅调节开关的8号端子的蓄电池电压，经驾驶人电动座椅调节开关的向下触点到达驾驶人电动座椅调节开关的9号端子→前上-下电动机2号端子→前上-下电动机1号端子→驾驶人电动座椅调节开关3号端子→驾驶人电动座椅调节开关的向下触点→驾驶人电动座椅调节开关的10号端子→G501、G601搭铁→蓄电池负极，此时座椅前端向下移。

（2）电动座椅前端的前后调整。当按下座椅前端的向前按钮时，到达驾驶人电动座椅调节开关的8号端子的蓄电池电压，经驾驶人电动座椅调节开关的向前触点到达驾驶人电动座椅调节开关的11号端子→滑动电动机1号端子→滑动电动机2号端子→驾驶人电动座椅调节开关7号端子→驾驶人电动座椅调节开关的向后触点→驾驶人电动座椅调节开关的10号端子→G501、G601搭铁→蓄电池负极，此时座椅向前移动。

当按下座椅前端的向后按钮时，到达驾驶人电动座椅调节开关的8号端子的蓄电池电压，经驾驶人电动座椅调节开关的向前触点到达驾驶人电动座椅调节开关的7号端子→滑动电动机2号端子→滑动电动机1号端子→驾驶人电动座椅调节开关11号端子→驾驶人电动座椅调节开关的向前触点→驾驶人电动座椅调节开关的10号端子→G501、G601搭铁→蓄电池负极，此时座椅向前后移动。

（3）座椅后端的上下调整。当按下座椅后端的向上按钮时，蓄电池正极→发动机盖下熔丝/继电器盒熔丝No.22→熔丝No.20→熔丝No.16→驾驶人电动座椅调节开关2号端子，经驾驶人电动座椅调节开关向上触点后，到达驾驶人电动座椅调节开关的1号端子→后上-下电动机1号端子→驾驶人电动座椅调节开关的5号端子→驾驶人电动座椅调节开关向上触点→电动座椅调节开关的4号端子→G501、G601搭铁→蓄电池负极，此时座椅后背上移。

当按下座椅后端的向下按钮时，到达驾驶人电动座椅调节开关的2号端子的蓄电池电压，经驾驶人电动座椅调节开关的向下触点到达驾驶人电动座椅调节开关的5号端子→后上-下电动机1号端子→后上-下电动机2号端子→驾驶人电动座椅调节开关的向下触点→驾驶人电动座椅调节开关的4号端子→G501、G601搭铁→蓄电池负极，此时座椅后背下移。

（4）座椅前后倾斜调整。当按下座椅后端的向前倾斜按钮时，到达驾驶人电动座椅调节开关的2号端子的蓄电池电压，经驾驶人电动座椅调节开关的向下触点到达驾驶人电动座椅调节开关的6号端子→倾斜装置电动机1号端子→倾斜装置电动机2号端子→驾驶人电动座椅调节开关的12号端子→驾驶人电动座椅调节开关的向前倾斜触点→驾驶人电动座椅调节开关的4号端子→G501、G601搭铁→蓄电池负极，此时座椅向前倾斜。

当按下座椅后端的向后倾斜按钮时，到达驾驶人电动座椅调节开关的2号端子的蓄电池电压，经驾驶人电动座椅调节开关的向下触点到达驾驶人电动座椅调节开关的12号端子→倾斜装置电动机2号端子→倾斜装置电动机1号端子→驾驶人电动座椅调节开关的6号端子→驾驶人电动座椅调节开关的向前倾斜触点→驾驶人电动座椅调节开关的4号端子→G501、G601搭铁→蓄电池负极，此时座椅向后倾斜。

271. 带记忆功能电动调节座椅的特点

带记忆功能的电动调节座椅可存储座椅设置和反光镜位置，最多记忆两组驾驶员个性化座椅设置数据，从而省去重调的麻烦。

带记忆功能的电动调节座椅可记录座椅位置，并存储驾驶员座椅的个性化设置。由于具有两种独立的预设配置，只要按下按钮，两位不同的驾驶员即可恢复各自偏好的座椅设置，车辆外部后视镜的设置也同样可以通过记忆功能恢复，尤其对于两位身材不同的驾驶员而言，使用起来极为方便。驾驶员专用座椅位置信息可以存储到个人智能钥匙内。在有些车型中，前排乘客座椅也可以选配该功能。

带记忆功能的电动调节座椅由座椅位置传感器、电子控制器（ECU）和驱动电动机组成。如图 7-55 所示，座椅上的 4 个位置传感器用来检测座椅的位置，当座椅的位置确定后，驾驶人员按下存储器的按钮，微型计算机就把这些电压信号记忆在存储器中，作为重新调整位置的基准。使用时，只要按动按钮，就可以按照存储器里的位置要求调整座椅的位置。

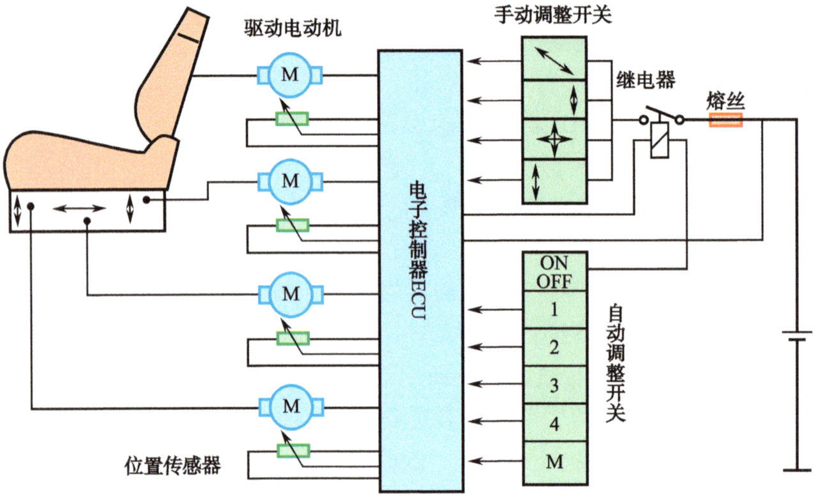

图 7-55　带记忆功能的电动调节座椅原理电路

272. 汽车安全气囊系统

随着高速公路的发展和汽车性能的提高，汽车的行驶速度越来越快，特别是由于汽车拥有量的迅速增加，交通越来越拥挤，使得事故更为频繁，所以汽车的安全性就变得尤为重要。安全气囊是现代轿车上引人注目的新技术装置。为了减小汽车发生正面碰撞时由于巨大的惯性力所造成的对驾驶员和乘员的伤害，现代汽车在驾驶员前端方向盘中央普遍装有安全气囊系统，有些汽车在驾驶员副座前的工具箱上端也装有安全气囊系统，如图 7-56 所示。

图 7-56　汽车安全气囊演示图

273. 汽车安全气囊系统的组成

安全气囊系统主要由碰撞传感器、安全气囊电脑、SRS 指示灯和气囊组件四部分组成，如图 7-57 所示。传感器和微处理器用以判断撞车程度、传递及发送信号；气体发生器根据信号指示产生点火动作，点燃固态燃料并产生气体向气囊充气，使气囊迅速膨胀。气囊装在方向盘毂内紧靠缓冲垫处，其容量为 50～90L，做气囊的布料具有很高的抗拉强度，多以尼龙材质制成，折叠起来的表面附有干粉，以防安全气囊粘着在一起在爆发时被冲破；为了防止气体泄漏，气囊内层涂有密封橡胶；同时气囊设有安全阀，当充气过量或囊内压力超过一定值时会自动泄放部分气体，避免将乘客挤压受伤；气囊中所用的气体多是氮气。

在汽车行驶中，传感器不断将车速变化的信息输入电子控制器，经电子控制器不断地计算、分析、比较和判断，并随时准备发出指令。当车速小于 30km/h 冲撞时，前方传感器和其串联的安全传感器同时向电子控制器输入撞车信号，并发出引爆安全带预紧器电雷管的指令，而中央传感器发出的信号不能使电子控制器发出引爆气囊电雷管的指令。所以，在低速（减速度较小）冲撞时，只要预紧器向后拉紧安全带，就足以保护驾乘人员不撞向前方。

在高速（减速度较大）冲撞时，前方传感器和中央传感器同时向电子控制器输入冲撞信号，电子控制器在迅速判断后发出指令，同时引爆左右预紧器和双气囊的电雷管。安全带向后拉紧的同时，两个气囊同时张开，吸收驾乘人员因减速度大而产生的冲撞能量，有效地保护其安全。

当汽车和前面的固定物冲撞时，汽车行驶的速度越快，减速度就越大，传感器接收到的力就越大。若将前方传感器和中央传感器预设定的力分为上、下限，即前方传感器的预定冲撞速度在小于 30km/h 的下限值，并且相应的安全传感器预设值也是下限值，则汽车发生低速冲撞时，电子控制器只使安全带预紧器引爆。中央传感器预设值为上限，则汽车高速冲撞时，前方传感器、中央传感器和安全传感器同时向电子控制器输出冲撞信号，电子控制器使所有的电雷管引爆，则安全带拉紧，气囊张开。

从发生冲撞、传感器发出信号到控制器判断引爆电雷管，大约需要 10ms 时间。引爆后，气体发生器产生大量氮气，迅速吹胀气囊。从发生冲撞到气囊形成，进而到安全带拉紧，全过程所需时间为 30 ～ 35ms，所以气囊系统的保护效果是非常好的。

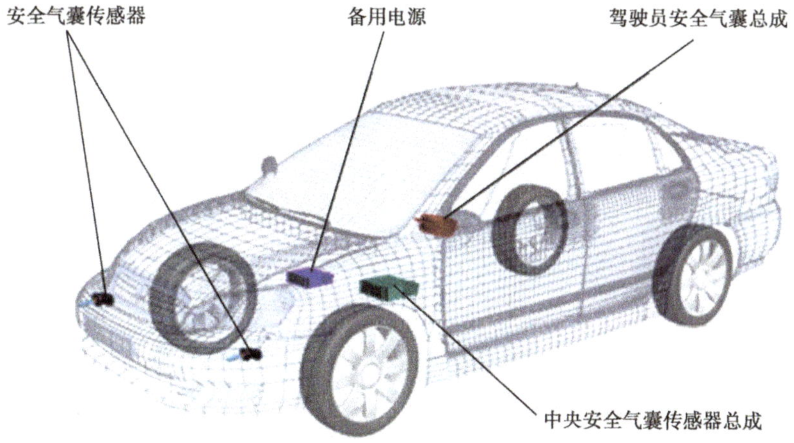

图 7-57　安全气囊系统主要组成部分

274. 气囊组件的组成

气囊组件由充气元件和气囊组成，均安装在方向盘内或工具箱上端，不可分解，如图 7-58 所示。充气元件由电爆管、点火药粉及气体发生剂组成。充气元件的功用是给气囊充气。气囊由尼龙布制成，内表面敷有树脂。

车辆发生碰撞时，碰撞冲击力使碰撞传感器和触发传感器接通，SRS 电脑接通引爆电路，使电流流过电爆管，使其发热将电爆管内的点火介质引燃，火焰随即扩散到点火药粉和气体发生剂，产生大量气体。气体经滤网冷却后进入气囊内，气囊急剧膨胀，冲破方向盘，缓冲对驾驶员和乘员的冲击。充气元件与气囊安装在方向盘上，与方向盘一起转动，电爆管与 SRS 电脑之间是靠螺旋导线游丝来连接的。

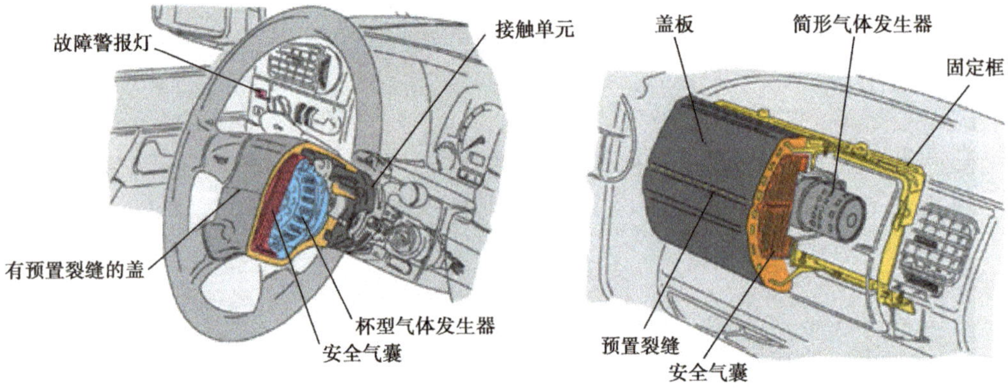

驾驶员安全气囊组件　　前排乘员安全气囊组件

图 7-58　气囊组件

275. 侧安全气囊

如图 7-59 所示，侧安全气囊总成被集成一个盒子里，安装在座椅靠背的外侧。侧安全气囊装置内有引燃器、气体发生剂药柱、高压气体和密封隔框。

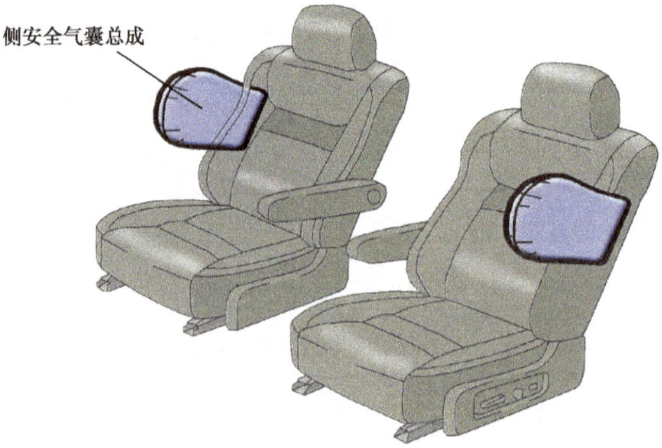

图 7-59　侧安全气囊

276. 窗帘式安全气囊

如图 7-60 所示，窗帘式安全气囊安装于车顶两侧，当遇有严重的侧面撞车或翻车时，会自动从车顶部张开下落，为驾乘人员提供安全保护，避免头部受到撞击，从而减小受伤的几率。

图 7-60 窗帘式安全气囊

277. 中控门锁机构

中控门锁机构，如图 7-61 所示；中控就是中央控制的简称，是驾驶座门上中央门锁开关，如图 7-62 所示；按下中控开关后，其他三个门的门锁和玻璃就不能单独控制了，就要由驾驶人一个人操控了，反之，就可以单独操控。主要功能是防止儿童行驶时误开车门和防止从车外面把门打开。

电磁线圈式中央门锁由驾驶员侧车门锁制开关、开锁开关、换向继电器、回转式电磁线圈、中央门锁 ECU、输入器、存储器、鉴别器、编码器、驱动极、抗干扰电路、显示装置、保险装置和电源等部分组成。

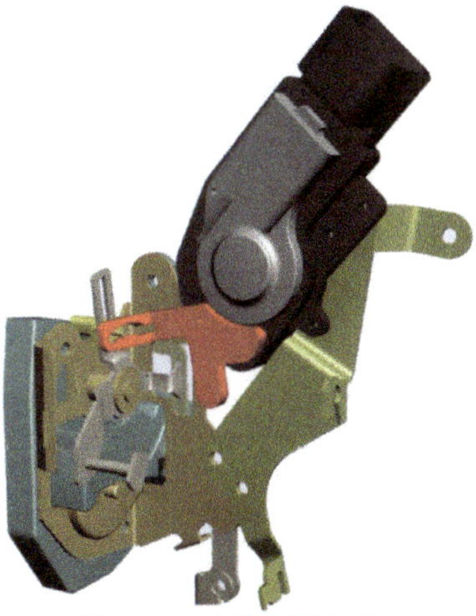

图 7-61 中控门锁机构

图 7-62　中央门锁开关

278. 电动门锁控制电路图

电控中央门锁具有锁门控制、开门控制、防止钥匙遗忘、行李舱门开启器控制等多种功能。如图 7-63 所示，为电动门锁控制电路图。

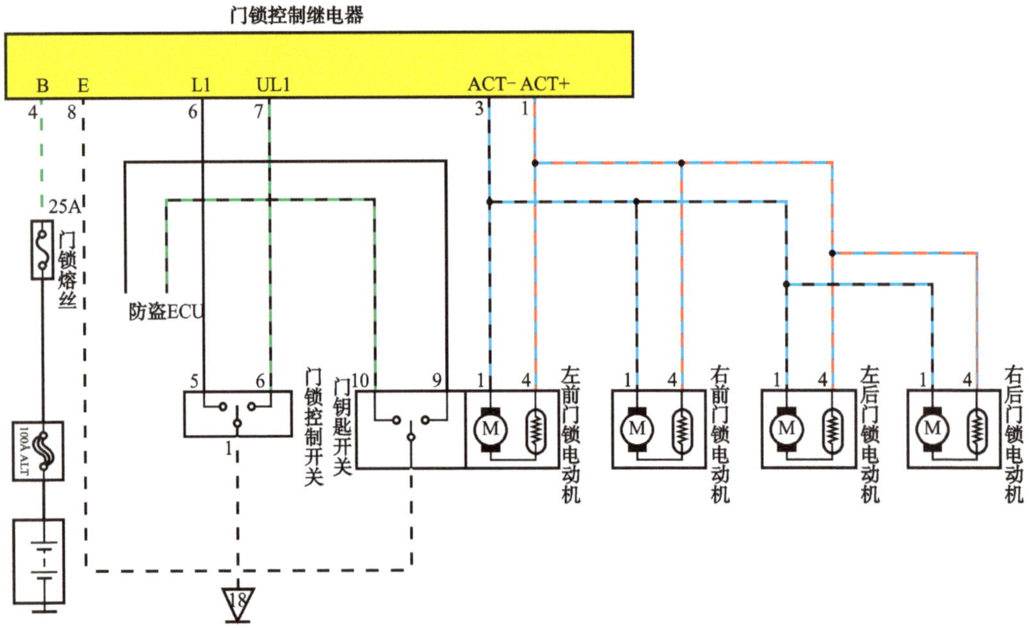

图 7-63　电动门锁控制电路图

279. 现代汽车多媒体系统组成

汽车多媒体技术已成为中高档轿车多媒体系统的主流，一些中高档轿车还装用了车载 VCD、DVD 多媒体系统，使行车增加了更多的乐趣，成为名副其实的移动影院和娱乐中心。

另外，车载 GPS 系统导航车载免提电话的配置，在行车过程中也可以时刻保持和外界的联系，更加方便行车的需要。如图 7-64 所示，为汽车多媒体系统组成。

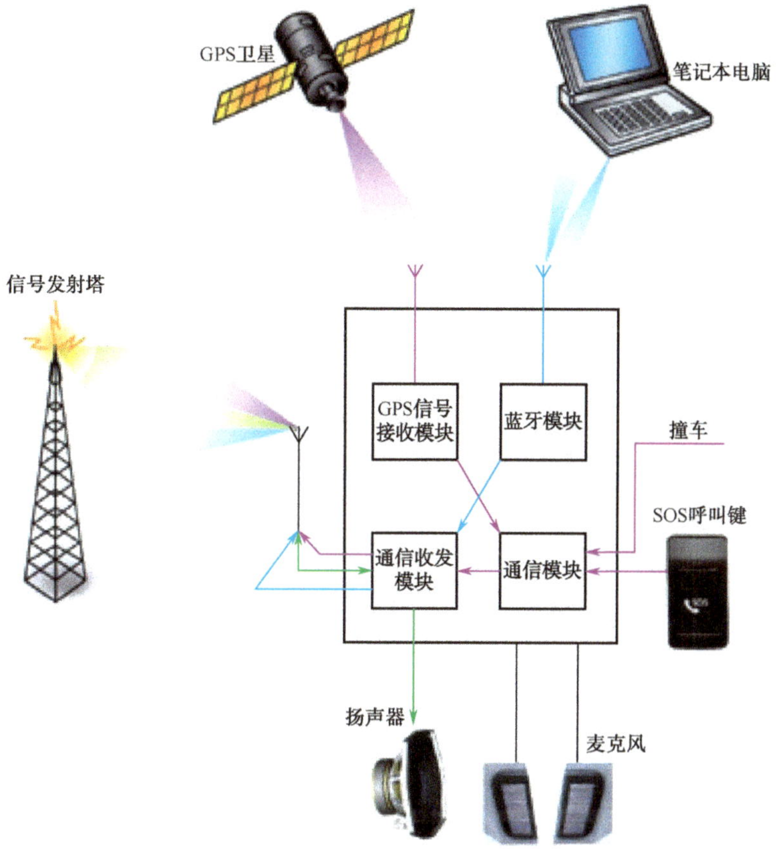

图 7-64　汽车多媒体系统组成

280. 车载 GPS 系统

GPS 由三个独立的部分组成：空间部分由 21 颗工作卫星和 3 颗备用卫星组成；地面支撑系统由 1 个主控站、3 个注入站、5 个监测站组成；用户设备部分接收 GPS 卫星发射信号，以获得必要的导航和定位信息，经数据处理，完成导航和定位工作。GPS 接收机硬件一般由主机、天线和电源组成。

GPS 车辆应用系统一般分为两大类：车辆跟踪系统和车辆导航系统。它们在功能上截然不同，一种用于车辆的防盗，另一种则用于车辆的自主导航。

GPS 技术是利用 GPS 卫星信号接收的，可以 24 小时不间断地接收卫星发送的数据参数，计算出车辆的三维位置、三维方向以及运动速度和时间信息。车载导航仪通过接受卫星信号，配合电子地图数据，适时掌握自己的方位与目的地，自主导航的模式不收取任何使用费用，用户可以根据自己的需要有选择地购买地图数据。当使用者把车载 GPS 安装在车上后，无论使用者身处哪个城市、城镇或是郊区，都能在转瞬之间找到一家餐馆或最近的一家加油站。

如图 7-65 所示，为车载 GPS 卫星定位示意图。

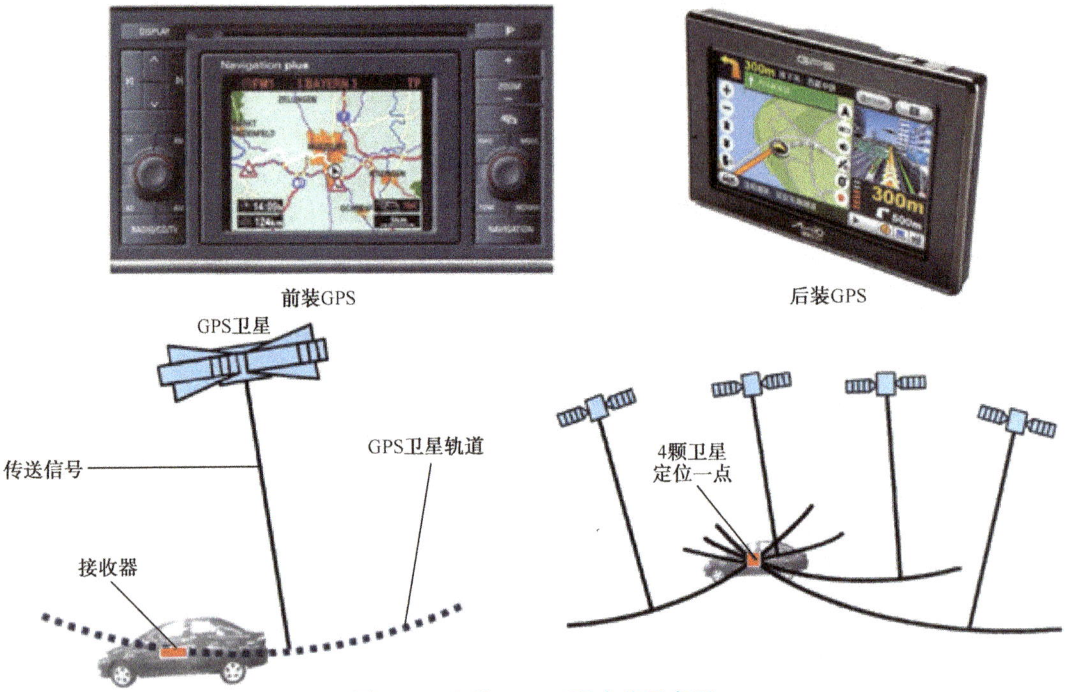

图 7-65　车载 GPS 卫星定位示意图

281. 车载倒车雷达

倒车雷达全称叫“倒车防撞雷达”，也叫“泊车辅助装置”，如图 7-66 所示，是汽车泊车或者倒车时的安全辅助装置，由超声波传感器（俗称探头）、控制器和显示器（或蜂鸣器）等部分组成，能以声音或者更为直观的显示告知驾驶员周围障碍物的情况，解除了驾驶员泊车、倒车和起动车辆时前后左右探视所引起的困扰，并帮助驾驶员扫除了视野死角和视线模糊的缺陷，提高驾驶的安全性。

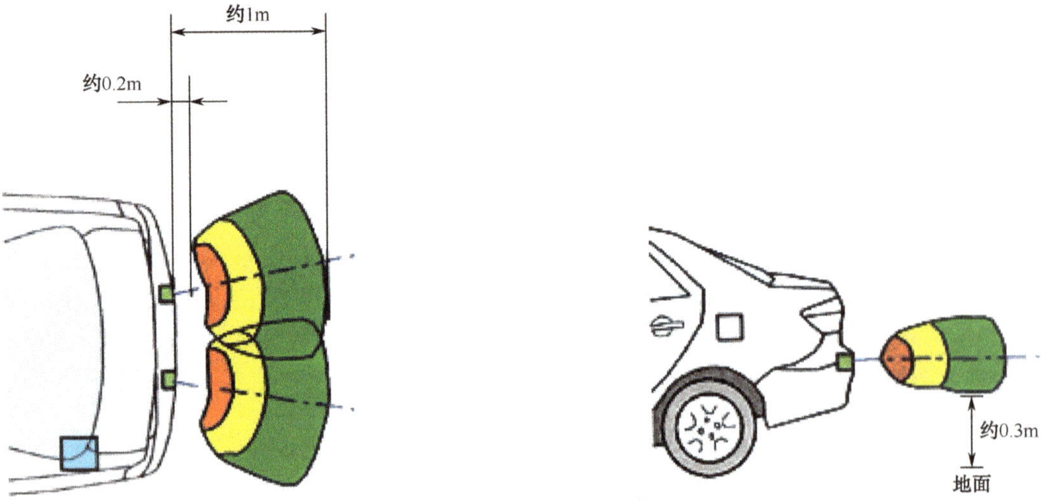

图 7-66　车载倒车雷达示意图

282. 报警式倒车雷达

报警式倒车雷达主要由主机、探头报警器等组成，如图 7-67 所示。当挂上倒车挡时，倒车雷达主机电源接通，探头发出超声波（声纳原理），当发出的超声波遇到障碍物时，产生反射波，反射波被传感器接收后，主机就会利用发射波和反射波计算出障碍物与雷达传感器之间的距离，发出提示声音，距离障碍物越近，发出的提示声音越大、频率越高。

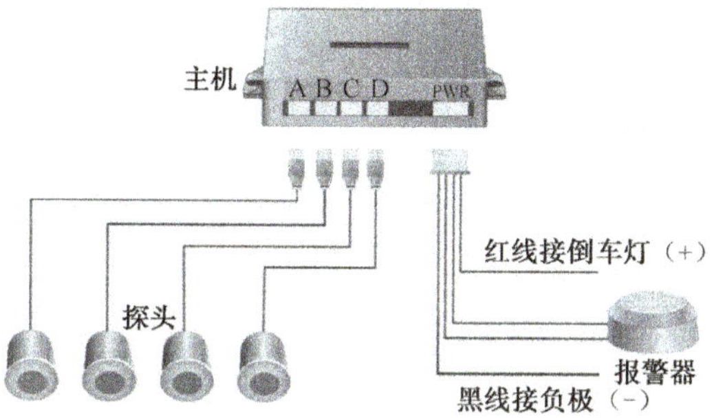

图 7-67　报警式倒车雷达

283. 数显式倒车雷达

数显式倒车雷达主要由主机、探头报警器等组成，如图 7-68 所示。数显式倒车雷达和报警式不同的是，倒车雷达的显示器可以显示出障碍物与车的距离。

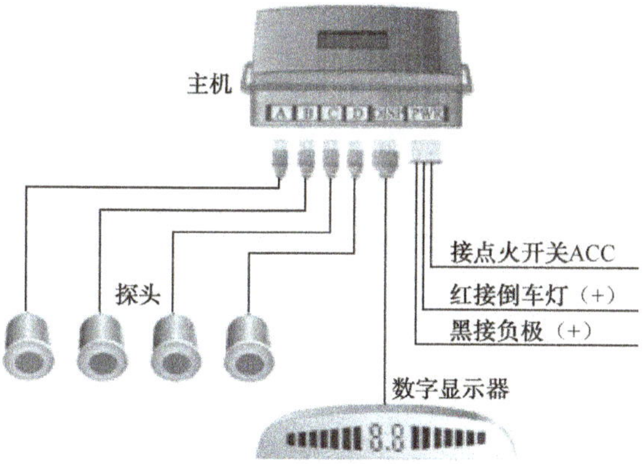

图 7-68　数显式倒车雷达

284. 影像式倒车雷达

影像式倒车雷达主要由主机、探头、摄像头、影像显示器等组成，如图 7-69 所示。影像式倒车雷达不但具备了报警功能，还可以将车后的情况用摄像头记录下来，在显示器上显示影像与障碍物的距离。

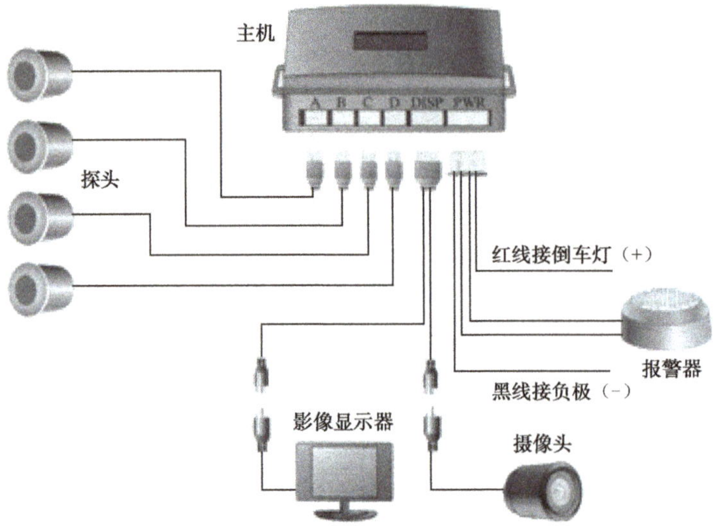

图 7-69　影像式倒车雷达

285. 泊车辅助装置的检测形式

如图 7-70 所示，用双向声纳以检测障碍物的距离、角度与方向，用麦克风 A 与 B 接收声波信号的差别，计算出障碍物的距离与角度。

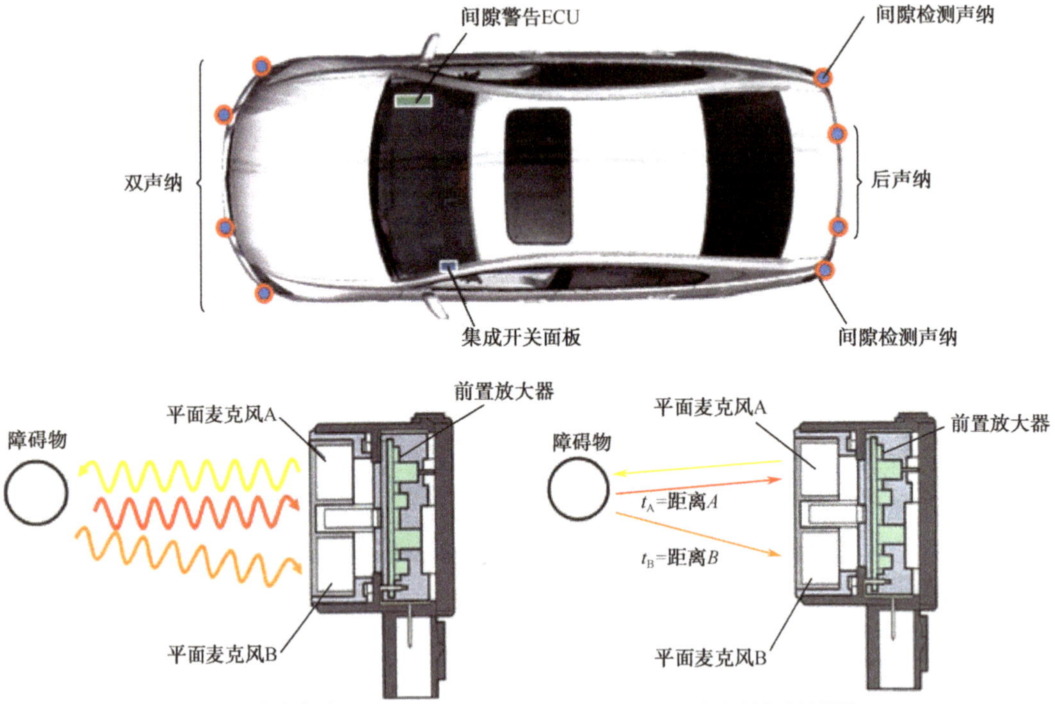

图 7-70　泊车辅助装置

286. 发动机锁定器系统

如图 7-71 所示，发动机锁定器系统由应答器芯片、应答器钥匙线圈、应答器钥匙放大器、应答器钥匙（ECU）、发动机（ECU）等组成，是一种车辆防盗系统。在车辆的使用中，除了用已经注册的有 ID 代码的钥匙外，用其他任何钥匙也不能起动发动机。发动机锁定器系统被设置后，安全指示等会闪烁，指示系统已经工作。

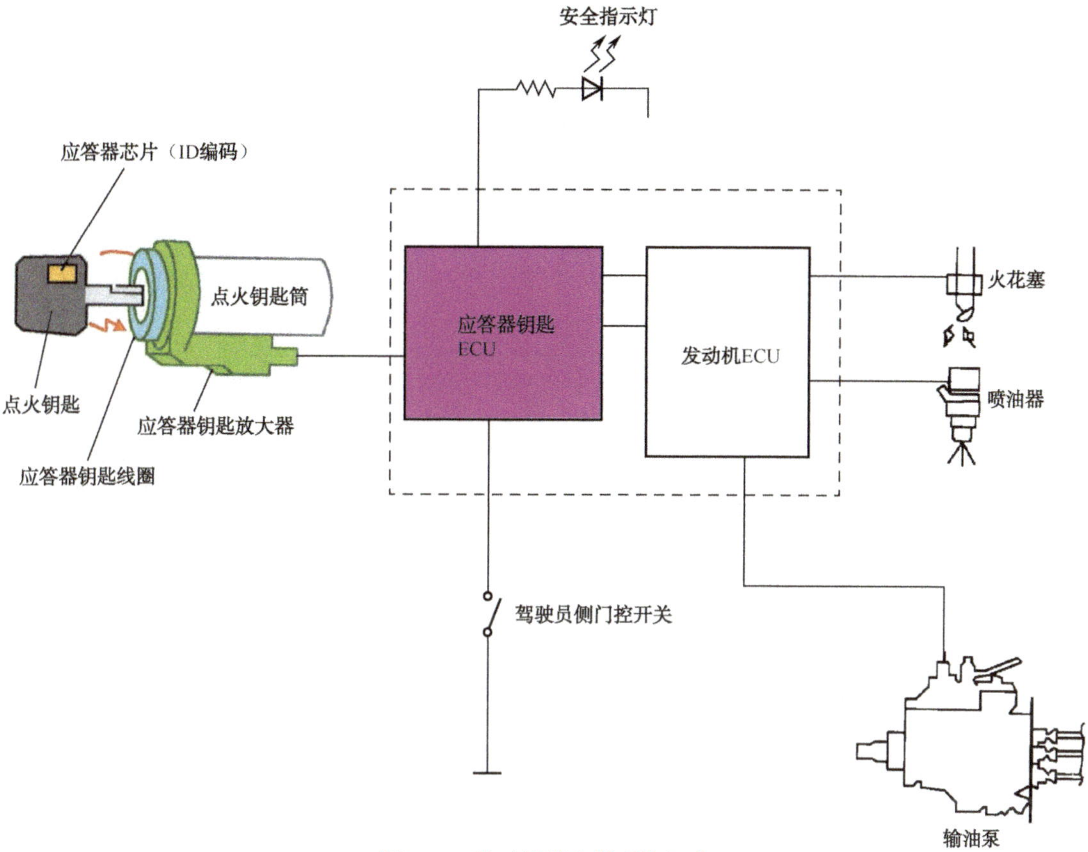

图 7-71　发动机锁定器系统组成

287. 汽车防盗系统

如图 7-72 所示，汽车防盗系统主要由汽车防盗器、感应检测装置、门控装置、报警装置等组成。当所有车门都锁上后，如果任何车门和发动机仓盖被强制打开或蓄电池的接线被断开后再重新连接上，报警装置会立即驱动喇叭发声并使车辆外部所有照灯闪烁。

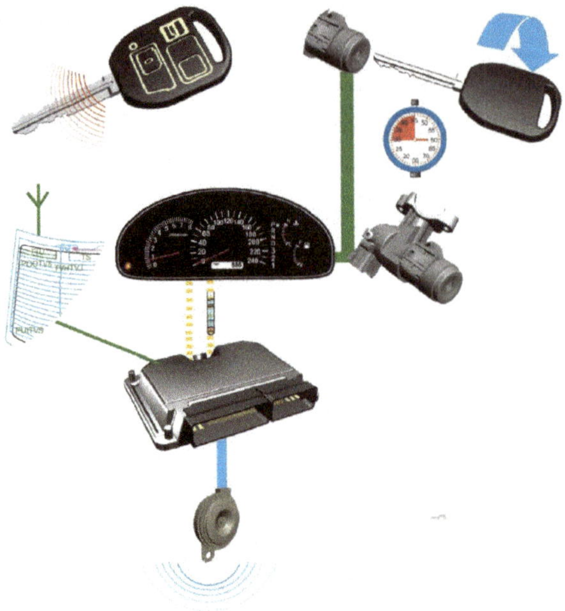

图 7-72　汽车防盗系统组成

288. 轮胎压力检测系统

如图 7-73 所示，轮胎压力检测系统利用安装在每一个轮胎里的压力传感器来直接测量轮胎压力，通过无线信号发射器将压力信号从轮胎内部发送到中央接收器模块上，然后对各轮胎气压数据进行显示，对漏气轮胎和低压轮胎进行报警，以确保行车安全。

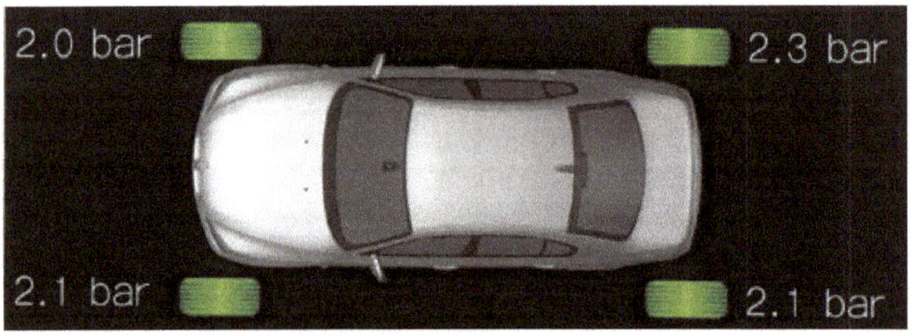

（a）各轮胎的气压实时显示（1bar=105Pa）

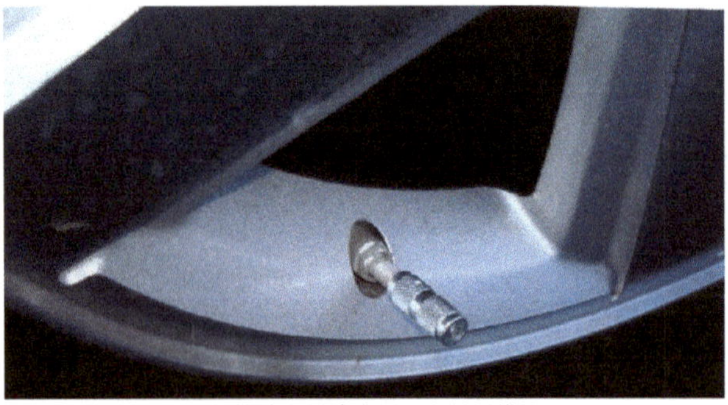

（b）轮胎内的感应器、发射器模块

图 7-73　轮胎压力检测系统

289. 座椅安全带

座椅的安全带装置里面有一个卡轮，如果快速地拉动安全带，比如说发生车祸的情形下，里面的卡子会由于安全带滚轮的快速转动而被离心力带出，迅速将安全带锁死，把座位上的人员固定在椅子上。待冲击峰值过去，或者人已经能受到安全气囊的保护时安全带就会放松以免压伤人的肋骨。从以上一系列的动作来达到保证驾乘人员安全的目的。

常见安全带类型：

（1）两点式安全带；

（2）三点式安全带；

（3）五点式安全带；

（4）六点式安全带（赛车用）；

（5）零压迫感智能安全带。

如图 7-74 所示，为座椅安全带位置图。

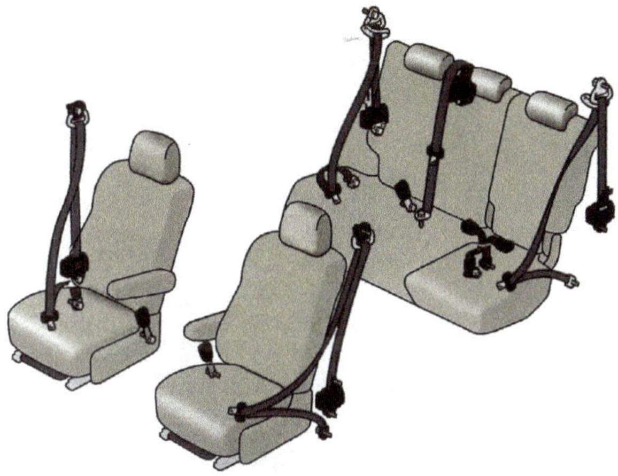

图 7-74　座椅安全带位置图

290. 座椅安全带预紧器结构

座椅安全带预紧器内置于座椅安全带，此装置由座椅安全带收紧器和安全带张力限制器组成。在碰撞初期，预收紧装置便会立刻起动，将安全带迅速收紧，将乘客拉紧到座椅上。这样在车辆发生碰撞时乘客被紧紧固定在座椅里，使乘客能够始终处在这个安全的位置。最大程度避免了乘员在驾驶舱里发生二次碰撞的危险，并且避免了空气囊工作时对乘员的误伤害。安全带张力限制器的作用是，当安全带的张力过大，超过预定极限时，也就是负荷达到规定值时，拉力限制器随即将安全带锁紧力量减弱，以使作用在乘客胸部的力不致过大。在事故中可以减轻对乘员胸部造成的损伤。

座椅安全带预紧器有机械型和电控型两种，电控型座椅安全带预紧器与空气囊是配合工作的。当空气囊点火引爆时，SRS 电脑将信号同时输出给安全带收紧器，使安全带收紧器与空气囊同步作用于驾驶员和前排乘客。通过在时间方面的高精度配合，给成员提供最理想的保护。如图 7-75 所示，为座椅安全带预紧器结构。

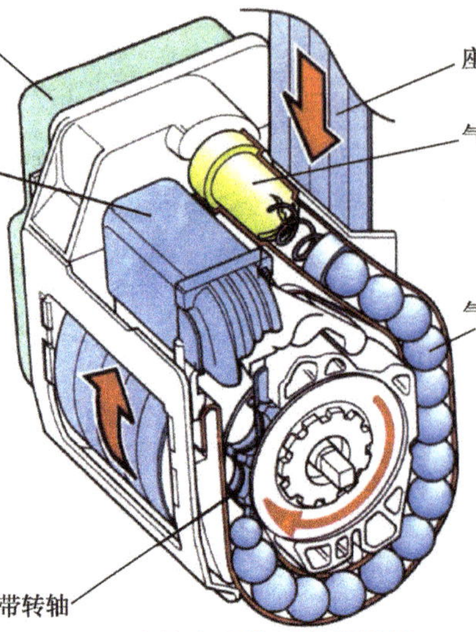

图 7-75 座椅安全带预紧器结构

291. 座椅预拉紧安全带原理

当车辆发生碰撞时，传感器一旦检测到前方碰撞高于规定值，电力信号即被传送到动力装置的电子点火器，完成预拉紧式安全带的起动。在乘客因碰撞向前方移动之前，预紧式安全带收紧并保持该状态。使乘客能够牢固地坐在座椅上。当安全带尚未松弛时，安全带收紧约 50mm，若安全带多少有些松弛的话，安全带最大会收紧约 100mm。另外，安全带的拉紧负荷设置在不会伤害乘客的程度。

如图 7-76 所示，为座椅预拉紧装置动作原理图。首先由一个探头收集撞车信息，然后释放出电脉冲，该脉冲传递到气体发生器上，引爆气体。爆炸产生的气体在管道内迅速膨胀，压向所谓的球链，使球在管内往前窜，带动棘爪盘转。棘爪盘跟轴连为一体，安全带就绕在轴上。简单地讲，就是气体压力使球动，球带动棘爪盘转，棘爪盘带动轴转，瞬间实现了安全带的预收紧功能。从感知事故到完成安全带预收紧的全过程仅持续千分之几秒。管道末端是一截空腔，用于容留滚过来的球。

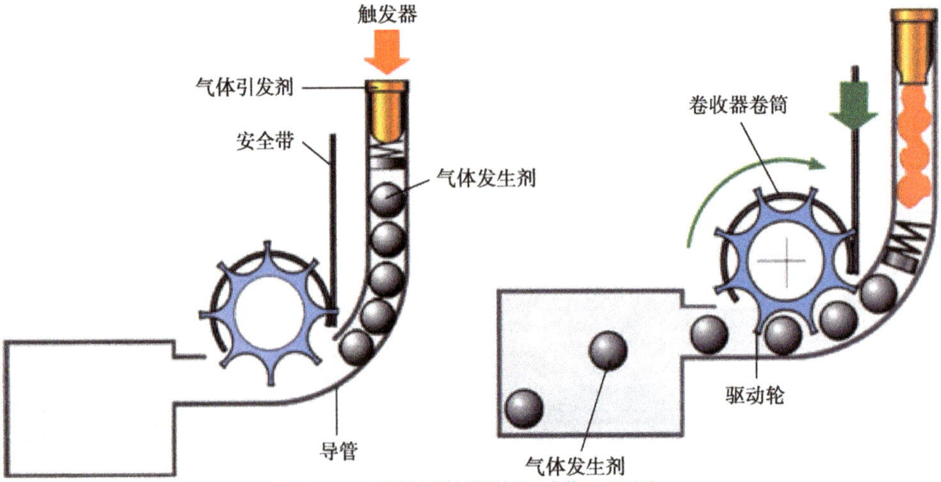

图 7-76 座椅预拉紧装置动作原理图

292. 座椅安全带拉力限制器结构

当车辆发生碰撞事故后，安全带在预收紧装置的作用下，已经绷紧了。但在人体受力峰值过去后，安全带的张紧力度马上降低，以减小乘员受力，这份特殊任务就由安全带拉力限制器来完成：在安全带装置上，有一个如前所述的预收紧装置，底下卷绕着安全带。轴芯里是一根钢质扭转棒 。当负荷达到预定情况时，扭转棒即开始扭曲，这样就在一定程度上放松了安全带，实现了安全带的拉力限制功能。在安全带预收紧装置和安全带拉力限制器的共同作用下，安全带的保护能力几乎达到了理想状态。先进的安全带确实能给乘员提供可以信赖的安全保护。

当发生正面碰撞时，预紧式安全带能够在瞬间收紧，使乘客能够牢固地坐在座席上，从而进一步提高了安全带的功效。采用预紧装置，不仅达到了使用简单、舒适的效果，而且可以进一步提高保护效果。如果同时使用预紧式安全带与 Honda SRS 安全气囊系统，则能够进一步提高对乘客的保护效果。如图 7-77 所示，为座椅安全带拉力限制器结构图。

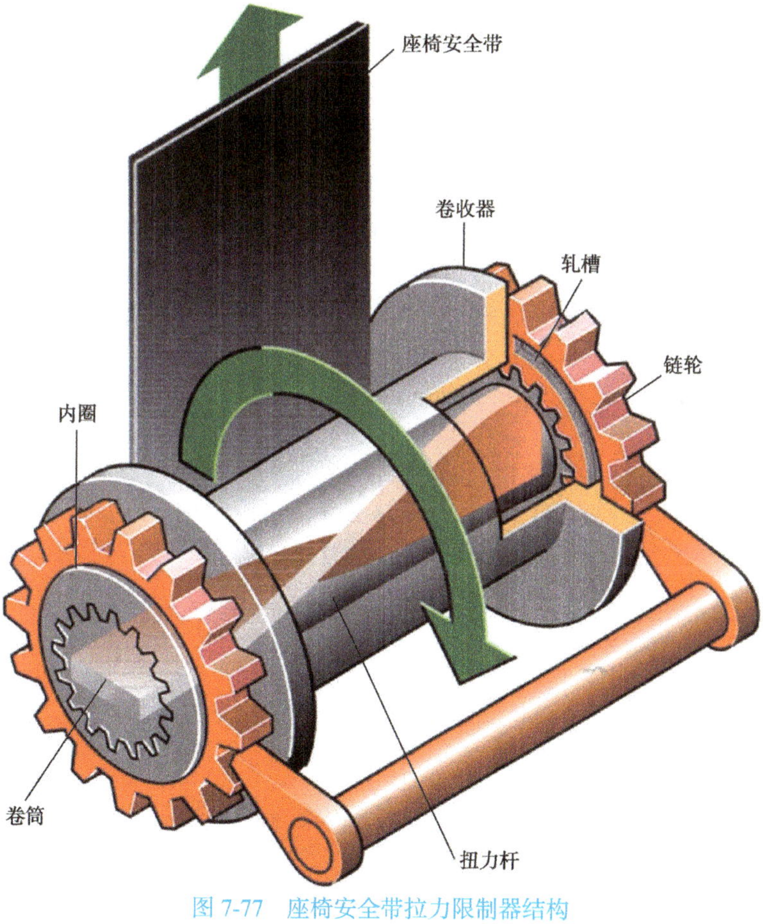

图 7-77　座椅安全带拉力限制器结构

293. 汽车后视镜

汽车后视镜也叫倒车镜，如图 7-78 所示；车外后视镜左右侧都有，其功能就是叫驾驶人观察车两侧的行人和车辆以及其他障碍物，保障行车和倒车的安全。

图 7-78　汽车后视镜

294. 电动后视镜

电动后视镜是指车外两侧的后视镜，在需要调节视角时驾驶员可以不必下车，而在车内通过电动按钮就可以调节。经常可以看到在行车的时候有人伸出手去调节后视镜，这时驾驶员已不能正确观察前方的道路，对安全造成了极大的隐患。电动调节的后视镜就不会出现这样的情况，在需要调节后视镜的视角时，可以通过车内的电动按钮调节，其按钮一般设计在方向盘左侧，可以对左右两侧的后视镜进行调节，在狭窄的路段时行车时，可以折叠收缩，以提高汽车的通过性。

现在大部分轿车的后视镜都是电动调节的，有些高级的还带有加热除霜功能。

如图 7-79 所示为汽车电动后视镜，里面有两个电动机，分别控制镜片上下、左右运动，镜片的上下、左右运动组合可形成任意方向角度的调整。

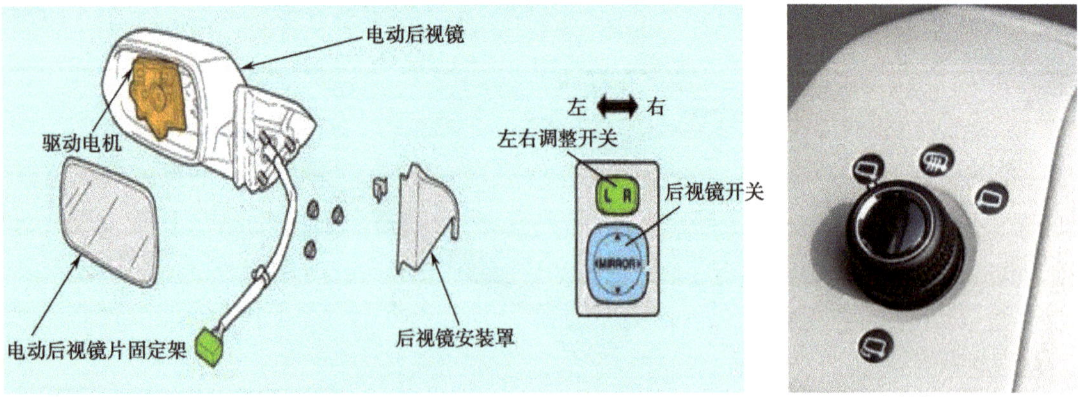

（a）电动后视镜组成　　（b）操控钮

图 7-79　汽车电动后视镜

295. 防眩目后视镜

防眩目后视镜由一面特殊镜子和两个光敏二极管及电子控制器组成，电子控制器接收光敏二极管送来的前射光和后射光信号，安装在车厢前挡风玻璃下面，可分为手动防眩目后视镜和自动防眩目后视镜。

如图 7-80 所示为自动防眩目后视镜，如果照射灯光照射在车内后视镜上，如后面灯光大于前面灯光，电子控制器将输出一个电压到导电层上。导电层上的这个电压改变镜面电化层颜色，电压越高，电化层颜色越深，此时即使再强的照射光照到后视镜上，经防眩目车内后视镜反射到驾驶员眼睛上则显示暗光，不会耀眼。镜面电化层使反射光线强度根据后方光线的入射强度自动持续变化以防止眩目。当车辆倒车时，防眩目车内后视镜防眩功能被解除，右外后视镜自动照射地面。

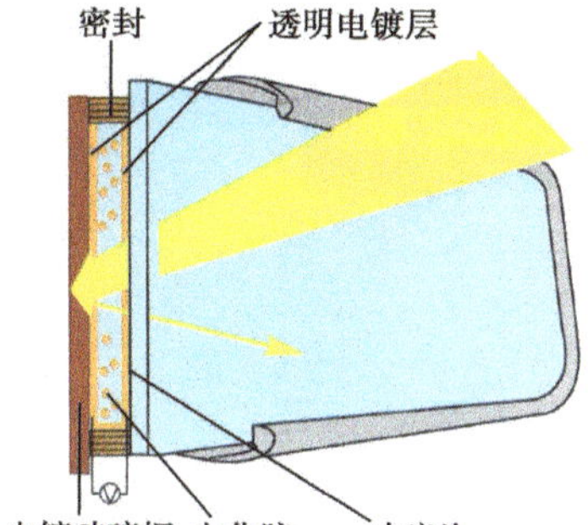

图 7-80 防眩目后视镜结构

296. 中央接线盒

如图 7-81 所示，为了便于装配和使用过程中排除故障，汽车的各种控制继电器与熔丝安装在一起，成为中央接线盒，其正面装有继电器和熔丝的插头，背面是插座，用来与线束的插头相连。

图 7-81 中央接线盒

297. 继电器

如图 7-82 所示，继电器是汽车上使用最多的电器元件之一。当电气控制系统中输入的信号达到一定值时，能使被控制电气系统的被控制量由零突变到一定值或由一定值突变到零，从而达到对电气系统的控制、保护、传递和转换信号的作用。用小电流控制大电流，是控制继电器的特点。

（a）继电器外形　　（b）继电器与插座

图 7-82　车用继电器

298. 汽车熔丝与易熔线

汽车电气线路的熔丝安装在易熔线和电器部件之间，当超过额定值的电流流过单个电器部件时，熔丝就会熔断以保护电器。如图 7-83 所示，常用的熔丝有叶片型和管型。

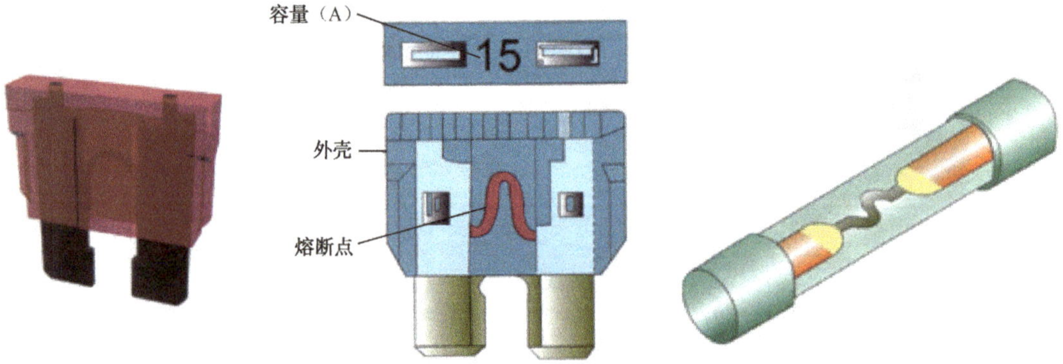

（a）叶片型熔丝　　（b）管型熔丝

图 7-83　常用的熔丝

易熔线是一种截面积小于被保护电线截面积，可长时间通过额定电流的铜芯低压导线或合金线，用于保护工作电流较大的电路。如图 7-84 所示，常用的易熔线有管型和连锁型。

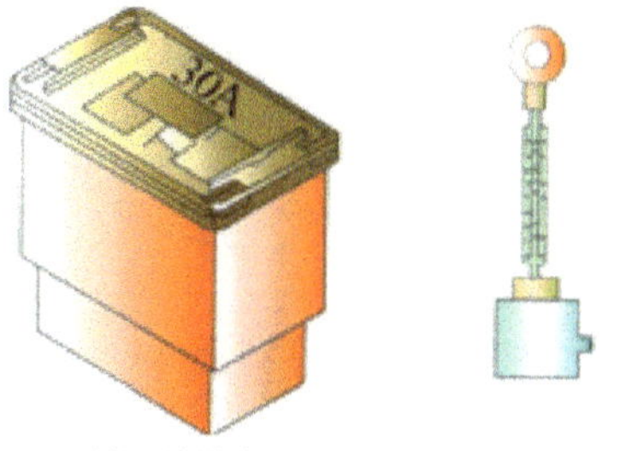

图 7-84　易熔线

299. 汽车线束

汽车线束又称低压电线，如图 7-85 所示。它与普通家用电线是不一样的。普通家用电线是铜质单蕊电线，有一定硬度。而汽车电线都是铜质多蕊软线，有些软线细如毛发，几条乃至几十条软铜线包裹在塑料绝缘管（聚氯乙烯）内，柔软而不容易折断。

汽车线束内的电线常用规格有标称截面积 0.5、0.75、1.0、1.5、2.0、2.5、4.0、6.0mm^2 的电线(日系车中常用的标称截面积为 0.5、0.85、1.25、2.0、2.5、4.0、6.0mm^2)，它们各自都有允许负载电流值，配用于不同功率用电设备的导线。以整车线束为例，0.5 规格线适用于仪表灯、指示灯、门灯、顶灯等，0.75 mm^2 线适用于牌照灯、前后小灯、制动灯等，1.0 mm^2 线适用于转向灯、雾灯等，1.5 mm^2 线适用于前大灯、喇叭等，主电源线例如发电机电枢线、搭铁线等要求 2.5～4mm^2 的电线。

这只是对于一般汽车而言，关键要看负载的最大电流值，例如蓄电池的搭铁线、正极电源线则是专门的汽车电线，它们的线径都比较大，起码有十几平方毫米以上，这些电线不会编入主线束内。

图 7-85　汽车线束

300. 汽车电路的接插件

汽车接插件形式和结构繁多，其主要由四大基本结构组件组成，分别是：接触件，外壳（视品种而定）、绝缘体、附件，如图 7-86 所示。

（a）接插件

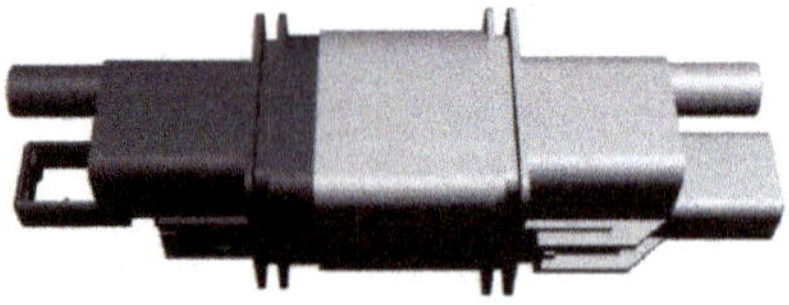

（b）插件整体

图 7-86　电路的接插件

（1）接触件。是汽车接插件完成电连接功能的核心零件。一般由阳性接触件和阴性接触件组成接触对，通过阴、阳接触件的插合完成电连接。

阳性接触件为刚性零件，其形状为圆柱形（圆插针）、方柱形（方插针）或扁平形（插片）。阳性接触件一般由黄铜、磷青铜制成。阴性接触件即插孔，是接触对的关键零件，它依靠弹性结构在与插针插合时发生弹性变形而产生弹性力与阳性接触件形成紧密接触，完成连接。插孔的结构种类很多，有圆筒型（劈槽、缩口）、音叉型、悬臂梁型（纵向开槽）、折叠型（纵向开槽、9 字形）、盒形（方插孔）以及双曲面线簧插孔等。

（2）壳体。也称外壳（shell），是汽车接插件的外罩，它为内装的绝缘安装板和插针提供机械保护，并提供插头和插座插合时的对准，进而将连接器固定到设备上。

（3）绝缘体。绝缘体也称汽车连接器基座或安装板，它的作用是使接触件按所需要的位置和间距排列，并保证接触件之间和接触件与外壳之间的绝缘性能。良好的绝缘电阻、耐电压性能以及易加工性是选择绝缘材料的基本要求。

（4）附件。附件分结构附件和安装附件。结构附件有卡圈、定位键、定位销、导向销、连接环、电缆夹、密封圈、密封垫等。安装附件有螺钉、螺母、螺杆、弹簧圈等。附件大都有标准件和通用件。

为了避免在装配和维修中接线出错，接插件还做成不同的规格和颜色。

参考文献

[1] 黄宏成，何维廉 . 汽车电器系统原理与检修彩色图册 [M]. 北京：人民交通出版社，2009.

[2] 辛长平 . 汽车电气设备与维修 [M].2 版 . 北京：电子工业出版社，2011.

[3] 谭本中 . 看图学修汽车电器 [M]. 北京：机械工业出版社，2012.

[4] 张振 . 汽车电工操作技能 [M]. 北京：中国电力出版社，2014.